O QUE AS MULHERES QUEREM

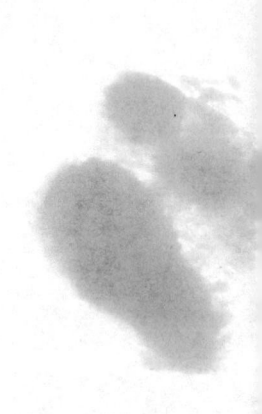

Susan Maushart

O QUE AS MULHERES QUEREM

MELHORAMENTOS

Dados Internacionais de Catalogação na Publicação (CIP)
(Câmara Brasileira do Livro, SP, Brasil)

Maushart, Susan

O que as mulheres querem / Susan Maushart ; tradução Carolina Caires Coelho. — São Paulo : Editora Melhoramentos, 2006.

Título original: What women want next.
ISBN 85-06-04710-2

1. Mulheres - Comportamento 2. Mulheres -Psicologia I. Título.

05-8718   CDD 155.633

Índices para catálogo sistemático:
1. Mulheres : Psicologia 155.633

Tradução: Carolina Caires Coelho
Ilustração e projeto gráfico de capa: Fernanda Guedes
Miolo: Carlos Magno

Título original em inglês: *What Women Want Next*
© 2005 Susan Maushart
Publicado originalmente por The Text Publishing Company

Todos os direitos reservados
© 2006 Editora Melhoramentos Ltda.

Atendimento ao consumidor:
Caixa Postal 11541 – CEP 05049-970 – São Paulo – SP – Brasil

1.ª edição, fevereiro de 2006

ISBN 85-06-04710-2

Impresso no Brasil

Impressão e Acabamento: Quebecor World São Paulo

Às minhas filhas

"Há duas tragédias na vida: uma é realizar nossos desejos; a outra é não realizá-los."

George Bernard Shaw

Sumário

Introdução	9
O suficiente é mais do que bom	25
Estamos nos divertindo?	39
Correndo atrás da sorte	55
Amor em uma garrafa de vinho	73
Mulheres muito sensíveis	91
O guia da amiga para culpa e depressão	105
Constituindo e controlando nossas famílias	123
Se a mamãe não estiver feliz, ninguém mais estará	147
Equilíbrio	169
À espera da fada da isenção de culpa	189
E quanto ao sexo?	207
Enfetiçada, incomodada e anestesiada	231
Aceito e não aceito	253
Ambivalente para sempre	275
Nunca satisfeita	299

Introdução

> Uma mulher fará tudo a seu gosto,
> E esse é seu único desejo.
> The Marriage of Sir Gawain

Era uma vez, nos tempos da rainha Guinevere, uma sábia senhora que tinha o dom de resolver os problemas de todo mundo, menos os seus. Atualmente, poderíamos chamar essa mulher de terapeuta. Mas, naquela época, a Psicologia ainda não tinha sido criada, e as pessoas precisavam se virar com formas mais primitivas de magia.

Mas a Madame Malfadada – como era chamada – era conhecida em todo o reino por sua astúcia sem limites e seus indesejados pêlos faciais (igualmente abundantes). Que ironia do destino! Apesar de a bruxa possuir poderes fortes o suficiente para salvar nações inteiras, nada podia fazer para mudar o formato de seu nariz, tampouco as verrugas que nele havia, ou suas sobrancelhas que, como uma estranha trepadeira sem poda, ameaçavam encobri-lo, ou seu cabelo, que crescia em rolos desgrenhados, ensebados e cheirando a queijo parmesão... Bom, acho que já dá para ter uma idéia.

Certo dia, um bonito cavaleiro foi até o casebre da bruxa. Do alto de sua sabedoria, e apesar da fineza das roupas e dos modos dele, ela pôde perceber o tormento do homem. (Os gritos suplicantes dele também ajudaram.) Com rapidez, aplicou um pouco de cor nos lábios – escolheu um tom verde – um pouquinho de Água de Entranhas e abriu a porta.

Mal tinha olhado para fora quando o cavaleiro – que ela reconheceu como sendo o rei Artur em pessoa – pediu-lhe que tivesse misericórdia dele, batendo no peito másculo e implorando proteção.

– Tem certeza de que quer ser salvo? – Madame Malfadada perguntou com arrogância. Artur fez cara de enfado.

– Não vim até aqui para receber conselhos conjugais – explicou. – Ajude-me, eu lhe imploro, ou serei morto!

Que exagerado!

Era a mesma história de sempre, pensou Malfadada, olhando para seu relógio de pulso. Um cara incompetente exigindo ser protegido e oferecendo, em troca, pouco mais do que umas batidas no peito. Mas, mesmo assim, ele era o rei – e era divertido vê-lo preso entre seus dedos tortos.

– Tuuuuudo bem! – a bruxa concordou. – Vou ajudá-lo. Mas você deve fazer algo em troca, precisa desvendar uma charada... Uma charada feminista.

Ao ouvir a palavra que começava com "f", Artur empalideceu.

– Uma charada do tipo: se um homem pode ser levado à Lua, por que então não levam todos os homens para lá? – perguntou, com timidez.

Madame Malfadada ergueu suas consideráveis sobrancelhas. Talvez aquele cara não fosse tão burro quanto parecia. – Mais ou menos – disse. – Só que a charada que você terá de desvendar é muito, muito mais difícil: o que as mulheres querem?

Artur soltou um gemido. Quase nunca conseguia descobrir o que sua própria esposa queria de presente no Dia das Mães. (E olha que ele tinha pensado que ela gostaria daquele espanador...).

— A boa notícia — Madame continuou — é que você pode fazer uma pesquisa de mercado. Pergunte a qualquer mulher que encontrar. Escreva um livro sobre o assunto, se for o caso.

— O rei assentia, mas, em silêncio, perguntava a si mesmo se a bruxa o estaria confundindo com a Shere Hite[1].

— Se você acertar a resposta, ótimo. Mas, se não responder — disse, em tom ameaçador —, fico com suas facas de cortar carne... — Pensou por um instante. — E com o fofo do seu sobrinho... Ai, qual é o nome dele mesmo? Você sabe, aquele que se parece um pouco com o David Beckham sem o brilho labial?

— Seria o Sir Gawain? — Artur sussurrou. Ela assentiu com a cabeça, e os olhos do rei encheram-se de lágrimas. Ele adorava aquelas facas de cortar carne.

Na verdade, Malfadada estava de olho (o estrábico) em Gawain havia anos. Claro, ele era belo, robusto e conhecido por ter o mais vistoso corcel do reino. Porém, mais do que isso, era inocente, gentil e talvez só um pouquinho... submisso. Ela gostava de pensar em um futuro marido com essas qualidades.

O rei sabia que aquela era uma porcaria de oferta, mas o que podia fazer? Guinevere nunca o perdoaria se ele voltasse morto de uma viagem de negócios. — "Qualquer coisa, minha senhora! Qualquer coisa!" — ele clamou enquanto galopava (e pense bem se você acha que isso é algo fácil de fazer em um cavalo de pau). Ele era chegado a seu sobrinho, mas nem tanto. De qualquer maneira, havia a chance de conseguir descobrir o mistério.

1 Shere Hite: célebre historiadora, feminista e sexóloga americana.

Não havia?

"O que as mulheres querem?" – ele começou sua pesquisa na internet. Ledo engano. Quando terminou de checar todos os trinta mil resultados, sabia tudo que poderia saber sobre preferências das mulheres em relação a jogos eróticos e candidatos à presidência (não necessariamente nessa ordem). Grande parte do que leu era bobagem. Mas teve o cuidado de anotar tudo mesmo assim. Afinal, não era assim que se fazia uma pesquisa?

O rei Artur estava à beira do desespero quando se lembrou do conselho de Malfadada: perguntar às mulheres o que elas achavam que as mulheres queriam. Naquele dia, isso tinha parecido forçado demais. Agora, estava desesperado o suficiente para tentar qualquer coisa. Talvez não encontrasse o que estava procurando, mas... Vai saber? E, se tudo desse errado, poderia vender sua pesquisa a uma revista feminina.

As mulheres tinham muitas e muitas idéias, como ele acabou descobrindo, e todas pareciam válidas. Algumas achavam que o que as mulheres queriam, de verdade, era amor. Outras tinham certeza de que o que queriam mesmo era poder. Outras citaram segurança, fazer sexo ou dormir. Muitas queriam casar e ter filhos; outras enfatizaram liberdade, amizade ou independência financeira.

As feministas disseram a ele que tudo que as mulheres queriam era igualdade. As tradicionalistas garantiram que tudo que queriam era respeito.

As moças mais novas disseram que queriam os sapatos de salto alto Manolo Blahnik, e as mulheres mais velhas falaram de apartamentos com vista para o mar ou de hospedarem algum jovem estrangeiro em troca de pequenos serviços domésticos. Uma mulher jurou que se contentaria se tivesse cinco minutos para ficar sozinha no banheiro. E quase todas mencionaram chocolate.

Um ano se passou, e Artur voltou ao casebre da bruxa com uma grande decepção e um manuscrito surrado. Tinha a impressão de que não conseguira decifrar a charada. Na verdade, estava mais confuso do que nunca sobre O Que as Mulheres Queriam. Era como se ele fosse um pesquisador de verdade! Seus pensamentos melancólicos foram interrompidos quando Madame Malfadada segurou o livro com suas mãos frias e cobertas de verrugas e o devorou, como se fosse uma caixa de trufas, lendo-o até o fim, de uma só vez. Quando chegou à última página, ela fechou o livro com força e gritou:

– Contratem o *buffet*!

Por mais estranho que possa parecer, Sir Gawain foi filosófico em relação a seu destino. Nos últimos anos tinha enjoado da vida de solteiro. A noite no reino era muito agitada, e ele já estava cansado da badalação. Ainda assim, na sua noite de núpcias, quando vislumbrou Madame Malfadada bêbada, a seu lado, em uma piscina de lodo, ele instintivamente levantou o braço para pedir a saideira.

Então, lembrando-se de seus bons modos e percebendo, com aflição, que seu tio havia trancado a saída de emergência, olhou dentro dos olhos caídos e avermelhados de Malfadada. Ao fazer isso, conseguiu enxergar diretamente dentro do coração da bruxa toda a sua sabedoria e desejo, esperança e pesar. Ele se curvou, com coragem e, encontrando um espaço entre o herpes labial, tascou-lhe um beijo na boca.

Surpresa com a delicadeza do cavaleiro, o coração da bruxa derreteu-se. Felizmente, seu nariz logo ficou normal. Na verdade, dentro de segundos ela se transformou em uma criatura de enfeitiçante beleza, com estupendos opcionais e partes pudendas que ardiam de desejo por ele. O jovem cavaleiro ficou boquiaberto com tudo aquilo, e com razão.

– O quê? Como? Quem? – balbuciou.

Malfadada soltou um suspiro. Ela o amava. Mas, às vezes, ele era um tapado.

– Você não percebe, querido? Até agora eu estava sob o efeito de um feitiço. Conhece a história do sapo? Foi um disfarce. Esta que você tem diante de seus olhos agora é quem eu sou de verdade. Quando você me beijou, quebrou o feitiço – ela o olhou com carinho, e ele sentiu seu corcel subindo. – Quer dizer, mais ou menos – ela acrescentou. E ele sentiu seu corcel descendo outra vez. – Obrigada por seu coração puro e pela sua generosidade – ela prosseguiu. – Tenho o poder de ser quem realmente sou (ou seja, linda de morrer), mas só metade do tempo – ela pôde perceber que Gawain estava se esforçando para entender. Ou será que sempre mexia os olhos em todas as direções? – Quero dizer que ainda vou precisar usar o truque do sapo de vez em quando. Mas não se preocupe. É só metade do tempo. Tudo o que precisa fazer é decidir qual metade.

Malfadada explicou para o aflito cavaleiro que poderia ser voluptuosa de dia e horrorosa à noite ou horrorosa de dia e voluptuosa à noite – e que a escolha era dele. – Mas, para ter direito a essa oferta especial – ela acrescentou –, você precisa decidir agora!

Coitado do Sir Gawain! Sendo um libriano, tomar decisões definitivamente não era um de seus dons. Lembrou-se do dia em que participou do Desafio Pepsi – e perdeu. Dessa vez, estava determinado a fazer a escolha certa sozinho, mesmo que tivesse de acordar sua mãe no meio da madrugada. Mas não haveria tempo para mandar um mensageiro até Fort Lauderdale agora. Teria de se virar.

– Para lhe dizer a verdade – ele começou, desanimado –, sou péssimo em perguntas de múltipla escolha. Será que não posso responder uma questão dissertativa? – Malfadada balançou a cabeça com veemência, indicando que não seria possível. – Ah, tudo bem, então... Bem, ao meu modo de ver, minha senhora, bem... – Nesse momento, Sir Gawain fechou os olhos com força e fez figas com os dedos das mãos e dos pés... – É a sua vida. Por que eu deveria ter o destino dela em minhas mãos? Você decide.

E, com aquelas palavras – como você já deve ter adivinhado – o feitiço foi desfeito, e a extrema beleza tornou-se permanente. A Madame Malfadada não era mais horrorosa.

Sir Gawain, minhas amigas, havia conseguido acertar a resposta que o rei Artur, com toda a sua avançada pesquisa metodológica, não descobrira. O Que as Mulheres Querem não é ter poder sobre os homens, nem equilíbrio de vida e de trabalho, nem, necessariamente, "igualdade". O Que as Mulheres Querem é a liberdade de decidir, elas mesmas, como viver. Assim como a Madame Malfadada, O Que Toda Mulher Quer de Verdade é a possibilidade de ser quem é – e de ser exaltada por isso à noite e valorizada por isso de dia.

Quanto à sábia bruxa e seu jovem e bonitão marido, eles viveram em plena felicidade para sempre, é claro... Até a manhã do dia seguinte, quando acordaram.

•

A primeira versão escrita da lenda da Madame Malfadada surgiu no século XV, uns quinhentos anos antes de o feminismo ser sequer uma esperança nos olhos de nossas ancestrais. Ainda assim, sua importância nos dias de hoje continua notável. Muitas versões para a história têm surgido desde que a antiga lenda foi transcrita como o poema "The Wedding of Sir Gawain and Dame Ragnell", em 1460. Chaucer contou-a duas vezes no livro *Contos da Cantuária*. Meio milênio mais tarde, o criador de *Shrek*, William Steig, deu sua versão. (Lembra-se da personagem da princesa, que depois se transforma em ogra, Fiona?).

Na minha versão, exagero na lenda da Madame Malfadada apenas para ser engraçada. Não se deixe enganar. Como feminista, mãe, amiga e mulher, acredito que ela é uma história para a qual eu sempre volto. (Se ao menos Freud a tivesse lido!, às vezes me pego sonhando. Se ao menos São Paulo... ou até meu primeiro marido!) Para qualquer pessoa que já sofreu para entender o coração de uma mulher, talvez não haja uma explicação melhor do que a dada por Sir Gawain. De um modo real, o que as mulheres desejam agora é a mesma coisa que sempre desejaram: a liberdade de decidir, sozinhas, o que querem.

Para mim, a lenda da Madame Malfadada continua sendo um dos textos mais reveladores da condição humana (da subespécie fêmea). E não consigo tirar da cabeça a idéia que já chegou a hora de uma seqüência ser criada para a lenda, ou pelo menos mais uma parte dela. O presente momento em nossa evolução sexual como mulheres é "a manhã do dia seguinte", metaforicamente falando, e estamos apenas acordando para vislumbrar nosso final feliz à luz do dia. Conseguir tudo o que queríamos foi o primeiro milagre. Talvez precisemos de um segundo para aprender a viver com o que alcançamos.

Você e eu não estamos em uma fase de transformação. Graças a quarenta anos de feminismo, nossas vidas já se transformaram. Temos o privilégio de viver em uma época na qual O Que As Mulheres Têm é, de longe, soberania para levar as próprias vidas como quiserem. Apesar disso, o final feliz que fomos levadas a esperar parece estar mais longe do que nunca.

No começo, o feminismo admitia que as mulheres queriam o que os homens tinham – com ovários ao lado. O resultado era uma lista de direitos e garantias, a maioria deles exigindo igualdade perante a lei, no ambiente de trabalho e na pia da cozinha. Quatro décadas depois, esses desejos foram quase todos satisfeitos (na teoria, mesmo que nem sempre na prática). As mulheres de hoje estão mais livres, mais preparadas e financeiramente mais independentes do que nunca. As, evidências, no entanto, sugerem que também estamos mais deprimidas, estressadas, com mais peso na consciência. Sentimo-nos mais confusas em relação ao que importa de verdade, sem saber se estamos no caminho certo.

Temos tudo aquilo que sempre quisemos – ou que sempre pensamos que queríamos. Mas... somos mais felizes do que éramos antes?

Agora, antes que você pense que meu bom senso tenha sido anulado por um feitiço, deixe-me dizer que reconheço uma coisa: ainda temos muitas lutas para enfrentar. Deus sabe que o "triunfo" do feminismo tem sido exagerado de modo tão absurdo quanto as conhecidas fofocas que dão por certa a morte dele. Não é preciso usar um par de binóculos potentes para perceber que o campo está cheio de buracos – ou que o teto de vidro sustentado pela "barreira maternal" continua a pressionar as estruturas.

Na vida pública, há vários lembretes de que o espaço entre a retórica e a realidade continua sendo preenchido com um tipo político e barato de massa corrida. Também vidas pessoais – em nossos relacionamentos e em nossas famílias –, a igualdade pode ser reconhecida mais no rompimento de relações, e nas áreas que vão desde a divisão do trabalho doméstico ao "trabalho com as emoções" sobra um grande espaço para as reclamações constantes. (Eu que o diga. Tenho sido uma das pessoas que reclamam sem parar.) Mas, ao mesmo tempo, seria uma bobagem e um erro continuar sustentando que as mulheres de nossa sociedade são "oprimidas". Deprimidas, pode até ser. Pressionadas, é quase uma certeza. Mas, oprimidas? Acho que não.

Se, neste ponto da evolução do feminismo, ainda há algo que segura as mulheres – e todas as evidências sugerem que há – não são Eles aí fora. Somos Nós aqui dentro. Se nossas vidas parecem sufocadas, então precisamos analisar nosso próprio apego às coisas. Se, como a feminista indígena americana Winona LaDuke observou: "Não queremos um pedaço maior do bolo, mas um outro bolo", então talvez seja a hora de deixarmos de nos queixar e começarmos a cozinhar.

•

Durante várias décadas, a palavra "felicidade" – pelo menos quando aplicada à vida das mulheres – parece ter ficado fora de moda, como o batom laranja ou a louça inglesa. Nas décadas de 1970 e 1980, as mulheres pararam de falar sobre o que suas mães chamavam de "encontrar a realização"– geralmente um eufemismo um pouco disfarçado para a servidão doméstica a pessoas mais influentes, ou seja, maridos e filhos. A "felicidade" era uma emoção reservada para as esposas do filme *Mulheres Perfeitas* ou para as candidatas dos concursos de beleza. As mulheres de verdade não queriam ter nada parecido com isso.

Naqueles anos, em vez de falar em felicidade, as mulheres falavam em Ter Tudo, como se o mundo fosse um restaurante do estilo coma-quanto-puder que estávamos determinadas a consumir completamente em apenas uma refeição. Nos anos de 1990, já havíamos esgotado esse conceito também – ou é possível que o conceito simplesmente tivesse nos esgotado.

"Não se pode ter todas as coisas", o comediante Steve Wright nos lembra. "Onde você as guardaria?"

Hoje, desejamos ter algo estranhamente intitulado "equilíbrio entre o trabalho e a vida" – como se aquelas de nós que aceitamos a derrota nas guerras do Ter Tudo (em outras palavras, quase todas) estivéssemos prontas agora para uma negociação. É claro que ninguém sabe ao certo o que é o equilíbrio entre o trabalho e a vida – talvez uma vida na qual o pai e a mãe biológicos consigam lembrar o nome da professora do filho? Talvez isso seja um pouco parecido com a famosa definição de obscenidade dada pelo juiz Stewart Potter: "Não tenho certeza de como defini-la, mas consigo reconhecê-la quando a vejo".

Ainda assim, seja lá o que queira ou não dizer, o conceito do equilíbrio entre trabalho e vida pelo menos nos faz lembrar que a felicidade – como um prato delicioso ou uma roupa bonita – é um produto das escolhas que fazemos. E o que deixamos fora da equação é tão importante quanto o que tentamos somar a ela.

•

"Como é que você vai conseguir escrever um livro sobre 'as mulheres e a felicidade'?", minha prima Felicity perguntou, irritada. (A boa e velha Felicity. Como uma feminista que acabou de escutar a piada da lâmpada, ela sempre encontra uma razão para se sentir ofendida: Quantas mulheres são necessárias para trocar uma lâmpada? Cinco. Uma para segurar a lâmpada e quatro para girar a escada.) "A felicidade significa uma coisa diferente para cada mulher, Susan." Sério? Não me diga! "O final feliz para uma mulher é a sentença de morte de outra." Mas não me diga mesmo! "O feminismo tem a ver com dar opções às mulheres. Você não entende? Significa que as mulheres podem formular sua própria definição de felicidade".

Entendo, sim. O que pode ser tão difícil para eu não entender? O feminismo – assim como Sir Gawain – nos libertou. Essa é a parte maravilhosa. O que ele não fez, infelizmente, foi nos dar um mapa e uma bússola. E é aí que está a parte ruim.

Muitos gritos de guerra têm sido associados aos quarenta primeiros anos do feminismo – desde "Salário Igual por Trabalho Igual" a "Vamos Reconquistar a Noite"[2]. Mas, e "Esqueça seus problemas, vamos lá, fique feliz"? De jeito nenhum. Até hoje, o movimento feminista tem se concentrado quase que exclusivamente nos obstáculos para o progresso – e quase nunca na razão do progresso, para começo de conversa. De maneira breve, experimental e bastante presunçosa, este livro procura levar o feminismo de volta àqueles primeiros passos, que de uma forma ou de outra esquecemos de dar. Para pensar profunda e criticamente a respeito do que as mulheres querem de verdade... Agora.

Esta é uma pergunta ilusoriamente complexa. Pergunte a uma mulher o que ela quer "de verdade", e, quase como um reflexo, ela responderá: "ser feliz". Assim como qualquer homem, é claro. O problema é que a felicidade, que os filósofos dizem que nada mais é do que uma maneira mais simples de dizer "a vida boa", é algo escandalosamente subjetivo. Não se trata simplesmente do fato de que a felicidade significa diferentes coisas para diferentes pessoas. Na verdade, a disparidade é muito menor do que você imagina.

A felicidade, como podemos ver, é tanto um produto de cultura e de história quanto de preferência pessoal. E isso abrange tanto as coisas mais triviais como as mais importantes.

"Na nossa época" – dizemos aos nossos filhos, com ares de santidade –, "ficávamos felizes em pular amarelinha e pular corda."

"Na nossa época" – eles dirão aos filhos deles –, "ficávamos felizes em navegar na *Internet* em nossos *laptops*." O que era o suficiente para nossas mães e avós deve ser o suficiente para nós, também... A questão é que, quando falamos sobre emoções humanas, o "dever" não tem espaço.

---

2 *Take Back the Night* ("Vamos Reconquistar a Noite") – lema usado na marcha que teve início na Inglaterra nos anos de 1970, o qual protestava contra o medo que as mulheres sentiam de andar nas ruas à noite. (N. da T.).

É claro que o sucesso indiscutível do feminismo em multiplicar as opções das mulheres não é o final da história das mulheres e da felicidade. Na melhor das hipóteses, é apenas uma introdução promissória. Se quiser uma prova, veja a multiplicidade de opções de vida que estão disponíveis aos homens de nossa sociedade. Depois veja quantos deles realmente levam uma vida repleta de contentamento e significado. Preciso dizer mais? Na pior das hipóteses – e misturando uma metáfora – a grande variedade de opções no prato de uma mulher pode diminuir ainda mais sua chance de comer bem. A curto prazo é quase certo que isso aconteça.

A idéia de que mais opções de vida necessariamente trarão uma vida mais satisfatória é uma profissão de fé que costuma não ser desafiada nem mesmo pelas mais conservadoras de nós. Ainda assim, o apoio empírico para essa opinião quase não existe. Pelo contrário, o que as pesquisas nos mostram é que é a clausura que costuma trazer a felicidade. Pense nos casamentos arranjados, com seus surpreendentes índices de sucesso, em comparação com os casamentos "livres", com seus igualmente surpreendentes níveis de fracasso. Quando todas as saídas são fechadas, as pessoas costumam fazer o melhor com o que têm – ou seguem tentando.

De modo mais profundo, queremos saber o que esperar da vida. Saber isso é um tipo de garantia, uma maneira de controlar os riscos. A ironia do destino é que quanto mais liberdade e menos certezas os seres humanos têm, mais ansiosos eles ficam. Quando a liberdade é apenas outra palavra que precisamos inventar para seguir adiante, é normal que nos sintamos irritados. Talvez isso explique por que as mulheres têm mostrado, ao longo da história, índices maiores de felicidade em relação aos homens – e também por que a grande diferença existente na maneira como homens e mulheres encontram a felicidade tem diminuído regularmente nas últimas duas décadas. É como se finalmente tivéssemos ganhado a liberdade de sermos tão ranzinzas quanto os homens.

Na busca pela felicidade, as mulheres enfrentam desafios particularmente desanimadores no atual ambiente de alta-liberdade/alto-risco. Em comparação com a maior parte dos homens, a maioria das mulheres é pouco ousada, principalmente quando se refere ao comportamento em público. Somos muito mais cuidadosas quando temos de nos expor – seja física ou metaforicamente – e muito mais propensas a nos culpar quando as coisas dão erradas. De modo trivial, dizem os pesquisadores, isso explica a escassez de mulheres que participam em programas de perguntas na televisão. Também pode ajudar a explicar a escassez de candidatas ao Congresso ou ao corpo diretivo de empresas – ou o porquê de muitas de nós termos a tendência de ser mais cuidadosas financeira, criativa e sexualmente do que deveríamos.

Mas não há nada que prove que as mulheres são avessas aos riscos por natureza. Não estamos falando sobre hormônios; estamos falando sobre hábitos. Nossa aversão aos riscos talvez seja uma conseqüência de nossa recente (e muito longa) história de falta de autoridade, e não uma causa. Assim como são os vencedores que escrevem a história, são os destemidos que correm mais riscos na vida.

Hoje em dia, as mulheres com certeza têm tanta autoridade quanto os homens para controlar e direcionar seus próprios destinos. Mesmo assim elas continuam se abrigando em comportamentos autoprotetores e avessos a riscos, mais condizentes com as realidades sociais das gerações passadas. Talvez não devêssemos nos surpreender tanto com isso. As atitudes, assim como os elementos radioativos, podem ter uma meia-vida surpreendentemente longa.

"Tenha cuidado com seus desejos", minha mãe costumava dizer a nós, suas filhas. "Porque eles podem se realizar." (Pensamento positivo nunca foi seu forte.) George Bernard Shaw pensou praticamente a mesma coisa quando disse: "Há duas tragédias na vida: uma é não realizar nossos desejos; a outra é realizá-los".

Podemos dizer que as duas primeiras ondas do feminismo ajudaram as mulheres a ter seus desejos realizados. E Shaw e minha mãe nos lembram que é aí que está o desafio do feminismo hoje em dia. Nossas oportunidades são agora ilimitadas. Nossa capacidade de gerenciar essas oportunidades para termos uma vida satisfatória e significativa... bem, essa é outra história. Ou talvez eu deva dizer que essa é a próxima parte da história.

O Suficiente é mais do que bom

"Você fez o quê?!", minha mãe gritou do outro lado do telefone. Eu havia acabado de confessar as novidades que tentava esconder havia meses: que a "separação temporária" que meu marido e eu estávamos "testando" tinha chegado ao fim. Não estávamos mais separados. Para falar a verdade, nunca estivemos. Quando terminamos, rompemos como um espelho espatifado – irrevogavelmente destruído e com estilhaços afiados o bastante para arrancar sangue.

"Divórcio? Mas por quê?", ela pressionou. Tentei explicar que o divórcio não era culpa de ninguém, que não era preciso mais uma "razão" – isso não é coisa lá dos anos de 1970? –, mas posso dizer que só estava me complicando ainda mais.

"Eu estava muito, muito infeliz, mamãe. Não podemos parar por aqui?". Não, é óbvio que não. Uma vez, anos antes, quando insinuei que estava enfrentando um problema de violência doméstica, ela respondeu, de maneira ríspida: "Bom, você sabe ser irritante, e sabe bem disso".

"Felicidade insuficiente? Essa é a sua razão para se divorciar?", ela bufou. "Escute aqui, mocinha: a felicidade está onde você a encontra."

Suspirei. Quantas vezes tinha escutado aquela frase ao longo dos anos? O que ela ia me dizer em seguida? Para relaxar e gozar?

"Ele não bebia. Não te traía. Pagava as contas. Onde está a infelicidade nisso?"

Foi difícil pensar em uma resposta. "As coisas são diferentes hoje em dia" não pareceu surtir efeito – nem refletir a imensidão da mudança de geração entre o meu casamento e o dela. O que me deixava feliz – por exemplo, manter um emprego exigente mesmo quando eu não "precisava" – apenas conseguia deixá-la confusa. O que a deixava feliz só conseguia me deixar irritada.

Não é de estranhar, então, que falar sobre a "felicidade", seja ela como um objetivo social ou mesmo pessoal, deixe tantas pessoas nervosas. Costumamos pensar na felicidade como algo inalcançável, ou até mesmo imaturo – como um bocado de algodão-doce capaz de sumir rapidamente em nossas bocas. A felicidade, como muitos acreditam, não pode ser medida ou analisada, que dirá prevista ou politizada. Aristóteles considerava a felicidade algo "vulgar". Wittgenstein a considerava irrelevante. Freud a rejeitava, dizendo que era insustentável do ponto de vista terapêutico. É interessante que até mesmo a palavra "feliz" tenha, em sua etimologia, a palavra "ventura". Acreditamos que a felicidade, assim como a sorte, é algo que ou nasce com você ou simplesmente não acontece. Acreditamos que não é possível "planejar" ser feliz, assim como não é possível "planejar" se apaixonar ou ganhar na loteria.

Em especial para as mulheres, a felicidade parece estar mais difícil do que nunca – quase impossível. Como minha amiga Charlie, uma mãe solteira que me contou que amava seu parceiro, mas não tinha tempo de viver com ele, é quase como se víssemos a felicidade como um prazer que não podemos nos proporcionar. As mulheres que têm suas próprias famílias costumam enxergar a felicidade como algo que deve ser dado aos outros, como roupas íntimas alinhadas. Nos dias de cão da maternidade, com nossos parceiros tendo de trabalhar várias horas por dia e com os filhos ainda muito pequenos para freqüentar a escola, até mesmo as necessidades mais básicas de uma mulher podem ser sacrificadas pelo bem da família. Querer qualquer coisa psicologicamente mais nobre do que algumas horas de sono ou até mesmo os famosos cinco minutos em paz no banheiro pode ser um sonho distante.

Quando comecei a pensar na pergunta: "O que as mulheres querem?", estava fugindo de um segundo casamento fracassado, a vinte quilômetros de distância de uma instituição de apoio familiar, desempregada, e era a única responsável pelo sustento de três crianças: uma de quatro anos, uma de dois e outra de seis meses de idade. E – apesar daquele telefonema horroroso para minha mãe – nunca tinha me sentido tão feliz na vida. Estava tão feliz que quase me envergonhava. Como Ebenezer Scrooge[1] numa manhã de Natal, eu tinha certeza de que tinha feito por merecer tanta felicidade. Mas não conseguia me controlar. (1.ª Lição de Felicidade: A alegria às vezes é um presente não merecido).

Muitas das coisas que tinham me ensinado – ou será que eu tinha percebido sozinha? – que eram os ingredientes necessários para a felicidade de uma mulher estavam se tornando estranhamente irrelevantes. Como se a vida tivesse me

---

1 Ebenezer Scrooge: famoso personagem do conto "Canção de Natal", de Charles Dickens. (N. da T.)

dado uma sacola cheia de produtos que não combinavam entre si – um pote de pasta de amendoim, um pouco de macarrão para lasanha, um frasco de detergente e uma caixa com seis latinhas de cerveja, por exemplo – e tivesse me pedido para preparar o jantar com eles. Em meu casamento eu tinha um marido disposto a trabalhar várias horas para nos sustentar, uma grande e bela casa, roupas legais, muito dinheiro e o perfeito carro de família. Quando fiquei grávida de minha segunda filha, tirei licença do emprego que tinha em uma universidade. Meu marido ganhava tão bem que eu não precisava mais trabalhar por causa do salário, e isso, eu ficava me lembrando, era uma grande vantagem. De fato, tudo era um grande privilégio: desde a maravilhosa piscina (completa, com sistema de hidromassagem) até a mulher que passava as roupas, cuja chegada era como o presente de aniversário perfeito que vinha toda semana.

Aprendi da maneira mais dolorosa que um aspirador de pó, um utilitário e três banheiros não bastam para uma família. Que um "estilo de vida" sem uma "vida", parafraseando Sócrates, não merece ser vivido. Em alguma parte do caminho, me enganei. Confundi "ser sustentada por meu marido" com ser... É, sustentada por meu marido. Aceitei as vantagens de um estilo de vida familiar em que apenas um dos pais trabalhava e nunca arquei com nenhum custo – o que no meu caso (apesar de não acontecer em todos os casos) significou uma brusca queda na autonomia pessoal. O contrato invisível da tradicional vida em família me deu um papel que eu não tinha o temperamento, a preparação nem a convicção para assumir. Sentia saudade do meu trabalho mais do que imaginei que sentiria. Sentia falta de ter colegas de trabalho. Sentia falta de almoçar fora. Sentia saudade dos meus amigos. Sentia saudades de muitas coisas das quais as outras novas mães sempre sentem: de caminhadas na praia, de fazer um telefonema sem interrupções, do corpo que tinha antes. E, acima de tudo, sentia saudade do antes desvalorizado privilégio de saber que a minha vida – o meu destino, se preferir – era só minha.

Pode chamar isso de um problema de controle. Prefiro usar o termo "problema de importância".

Sei agora – e já suspeitava naquela época – que nenhuma mulher se sente feliz quando um relacionamento chega ao fim. Transformar-se em mãe solteira em qualquer estágio da vida, e principalmente quando os filhos são ainda muito pequenos e dependentes, não é nenhuma receita secreta de felicidade. Muito pelo contrário: é um fator de risco para uma depressão. Apesar de suas armadilhas familiares, meu casamento não era uma união típica. Mesmo assim, estar fora dele me deu uma gande oportunidade fora do comum de refletir sobre as fontes de meu bem-estar, Antes e Depois. Também permitiu que eu conseguisse separar o que eu definia como "coisas de mãe" – o estado normal de suspensão da vida pessoal que chamamos de maternidade recente – das "outras coisas".

A separação me fez analisar minha vida com atenção, nos mínimos detalhes. Enquanto estava casada era muito fácil jogar todas as minhas insatisfações na "relação" (ou seja, nele). Minha euforia do começo temporariamente incentivou-me a acreditar nessa ilusão. Até que, inevitavelmente, a poeira da separação baixou. Então, eu não tinha mais ninguém para culpar por minhas frustrações e mau humor, minhas crises freqüentes de culpa e ataques ocasionais de exaustão e desespero. Ele não estava mais "me fazendo infeliz". Por mais que detestasse admitir, minhas insatisfações eram problema meu. Assim como minhas recompensas.

Eu estava com trinta e sete anos quando meu casamento veio abaixo, levando junto uma vida inteira de crenças – principalmente aquela relacionada ao "viveram felizes para sempre" (até minha filha de quatro anos sabia que o casamento era o momento em que todas as histórias chegavam ao fim). E agora? Até então, nunca tinha me perguntado, com seriedade, o que eu queria, muito menos começado a pensar no que as outras mulheres poderiam querer. Sabia o que minha mãe queria para a minha vida. Sabia o que meu marido tinha pensado que eu queria. Sabia o que a sociedade me dizia para querer. E sabia também o que minhas amigas feministas politicamente corretas insistiam que eu queria "na verdade". Sabia o que todo mundo queria, menos o que eu queria.

Nessa época, assisti a um programa humorístico na televisão que me fez dar tanta risada que acabei engasgando e assustando meus filhos. Era sobre uma mãe que culpava seu filho por tudo – desde o leite que foi derrubado na hora do jantar à extinção dos dinossauros. A frase-chiclete, repetida pela mãe como se fosse uma ladainha, era: "Está feliz agora?" ("... graças ao seu descuido, agora minha toalha de mesa está com uma mancha enorme. Parabéns. Está feliz agora?... Sem esquecer o que aconteceu na Era do Gelo. Você tinha de ter se envolvido, não é? E veja o que aconteceu. Está feliz agora?") Com a menção de cada novo desastre, a frase-chiclete parecia ficar cada vez mais engraçada. No final, só conseguia rolar no sofá engasgando, tossindo e chorando, com uma roda de crianças muito preocupadas ao meu redor.

Naquela época, não teria sido capaz de explicar o que me fazia rir daquilo. A tensão entre a culpa e o prazer? O absurdo de culpar uma criança pelos desastres mundiais? Ou será que tinha alguma coisa a ver com a frase "Está feliz agora?"? Deus sabe que eu lembrava muito bem de minha infância, inconfundível como Nova York, cheiro de cigarro e gosto de chucrute. Hoje, a resposta me parece óbvia. Dei tanta risada porque me identifiquei muito. Assim como o menino do humorístico, eu também estava incumbida de carregar o peso da responsabilidade pelo bem-estar de todos ao meu redor... Menos o meu próprio.

Passei a década seguinte tropeçando nos blocos da felicidade pessoal mais do que os enxergando. (Foi muito depois, ao fazer a pesquisa para este livro, que percebi como minhas experiências como mulher, esposa, mãe e amiga correspondiam à "idéia geral".) Uma das primeiras coisas que notei foi uma estranha relação entre dinheiro e bem-estar: o fato de que ter muito dinheiro não era, nem de longe, mais importante do que ter meu próprio dinheiro, aquele que eu pudesse controlar e gerenciar. Assim, a transição do papel de esposa do médico ao de mãe solteira com filhos para criar foi muito menos traumática do que eu esperava. No dia em que fui até uma agência de empregos, a atendente parecia estar mais triste do que eu.

Mas após anos de bipolaridade financeira, em que o dinheiro para os gastos mensais ou eram mais do que o suficiente ou faltavam, estava satisfeita com a simples estabilidade de minha nova renda. Era pouco, mas era minha, e eu sabia que conseguiria me virar com ela. Sei agora que a relação entre dinheiro e felicidade é surpreendentemente fraca não apenas para as recém-separadas mães de classe média, mas para quase todos os seres humanos. É por isso que as pesquisas internacionais mostram que as pessoas mais felizes do mundo residem nos lugares com menos recursos – em países como Nigéria, México e Venezuela. (Outro estudo mostra que a renda *per capita* e o bem-estar estão mais ligados, mas apenas quando o dinheiro está relacionado aos direitos humanos.) Estudos internacionais também mostram que a maioria das pessoas, independentemente de terem rendas mais altas ou mais baixas, diz que poderiam ser mais felizes se ganhassem só um pouco mais. É por isso que a satisfação no trabalho está mais relacionada às mudanças nos salários do que aos níveis dos salários. Além disso, o índice médio de felicidade é maior em países onde a renda é mal distribuída, e a mobilidade social – ter de igualar-se aos padrões de vida dos outros – é mais baixa.

Quando o assunto é bem-estar pessoal, uma renda adequada – e não uma grande renda – é a chave. O suficiente é, de verdade, mais do que bom.

Óbvio. Chega a ser trivial. Ainda assim, para mim, essa informação foi uma grande novidade. Porque, apesar da conversa fiada que sempre escutamos, o simples fato de o dinheiro ser bem menos importante do que achamos foi uma mensagem que nunca recebi de ninguém. Com certeza não a recebi de meus pais de classe média alta, cujas infâncias do Tempo da Depressão haviam deixado uma indelével (e compreensível) marca de ansiedade econômica. Deus bem sabe que não a recebi de meu marido, cuja autovalorização estava desastrosamente ligada a quanto dinheiro ganhava. Até mesmo meu modelo feminismo de referência – que insistia na importância do trabalho remunerado – falhou ao me preparar para as grandes alegrias de um estilo de vida com menos dinheiro.

Uma mulher tinha de querer um marido rico que pudesse arcar com um estilo de vida mais requintado possível. Ao mesmo tempo, precisava ter um emprego de período integral e com um ótimo salário para poder ser seu próprio marido rico. Virar-se pagando suas contas e trabalhando como autônoma significava, para qualquer pessoa em sã consciência, ser um grande fracasso.

Quando eu não estava pensando em dinheiro, estava pensando em sexo. Algo normal quando você fica solteira pela primeira vez desde os seus quinze anos de idade. E, mesmo assim, nos primeiros anos, eu fazia um esforço especial para não pensar em sexo. Normal, quando se tem três filhos com menos de quatro anos de idade. Para nós, assim como para muitos casais com filhos em idade pré-escolar, o sexo havia se transformado em outra queda-de-braço. No pouco tempo que passamos casados antes de nossos filhos nascerem, fazer amor era o modo mais fácil de comunicação entre nós. Mas assim que as crianças começaram a chegar, meu apetite sexual diminuiu quase tão abrupta e completamente quanto meu vício por cigarros. Ainda transávamos – provavelmente com mais freqüência do que a maioria dos casais na mesma fase que nós, – mas não era a mesma coisa. No fundo, no fundo, sentia que tinha "largado o vício" da necessidade de fazer sexo. Ou até, para ser sincera, da vontade.

Estava dividida quanto a isso. Posso dizer que não sentia saudade de fazer sexo –, mas sentia saudade da época que fazia. Por um lado, ficava feliz por estar livre do peso das tensões e incertezas da intimidade sexual: decidir quem devia começar, o tal do estou-fazendo-direito, o tal do por que-ele-está-fazendo-isso. Era da proximidade entre nós que eu sentia saudade – não de ficar abraçados depois (adorava dormir sozinha, esparramada no meio da cama), mas a sensação de unidade, a conexão. Mais do que qualquer outra coisa, talvez, eu estava preocupada com o que minha completa falta de interesse podia significar. Perder o desejo sexual era como perder a fome para almoçar. Ou era uma vantagem inesperada – ou um sinal de doença.

Desde aquela época, passei de sobrevivente de pós-parto a sobrevivente de pré-menopausa. Voltei a me "ligar" no sexo – demais, se me permite dizer – e a me "desligar" várias vezes depois. Às vezes, me pergunto se o sexo para mim é menos como um desejo e mais como um estágio, fase ou (correndo o risco de parecer uma cadela) uma estação. Independentemente da fase da lua sexual em que estou, fico me perguntando se o que quero (ou não quero) é a coisa errada.

Esta é minha experiência. Meus pensamentos a respeito dela – incluindo uma extensa crítica à literatura da sexualidade feminina contemporânea – confirmam que muitas mulheres dividem essas mesmas ansiedades. Muitas de nós nos sentimos tão culpadas e erradas em relação a nossa sexualidade quanto achamos que nossas avós se sentiam. Isso tem sido uma constante. O que mudou foi o direcionamento de nossa culpa. Poucas mulheres hoje em dia se preocupam se são vistas como assanhadas. Mas muitas ficam preocupadas se não parecerem assanhadas o suficiente. Em um mundo onde a falta de interesse pelo sexo é vista, clinicamente ou não, como uma forma de disfunção sexual, não é difícil entender o porquê.

Como filha da revolução sexual, amadureci acreditando que o que as mulheres queriam sexualmente era transar como os homens: livres, com a mesma freqüência e dispensadas de maiores compromissos. Acredito nisso implicitamente. O fato de eu nunca conseguir colocar essa crença em prática era um mero detalhe, eu tentava me convencer. Como uma garota de classe média que viveu nas décadas anteriores a explosão da família nuclear, "sexualidade" não era sequer uma palavra ainda. As meninas decentes vestiam calcinhas de algodão sob seus pijamas de flanela. Assim como suas mães. Não existia MTV, bandas femininas ousadas ou painéis destacando a protuberante genitália de modelos do sexo masculino. Naquela época não havia mães solteiras, apenas "desquitadas", e o padre de nossa igreja sempre fazia o sermão a respeito do pecado mortal que era o aborto. Eu tinha catorze anos quando assisti ao meu primeiro filme recomendado para maiores de dezesseis anos, *A Primavera de uma Solteirona*, e ainda tive de aturar a mão de minha mãe tapando meus olhos nas cenas de nudez. Um ano antes de meu casamento, meus pais ficaram horrorizados ao descobrir que meu noivo e eu – de 36 e 26 anos de idade, respectivamente – havíamos dormido juntos "sob o teto deles", como eles mesmos disseram. Para o diabo com a história do transar da mesma maneira que os homens transavam! Porque, na minha família, nem mesmo meu pai tinha esse direito.

Vinte anos depois, muitos pais toleram que seus filhos que estão no ensino médio passem a noite com seus namorados em casa, e o fato de um namorado ou uma namorada passar a viver com a família é uma prática cada vez mais aceita para as pessoas de classe média. As mensagens confusas sobre a sexualidade feminina que minha geração lutou para aceitar ainda não desapareceram completamente, e não me interessa quantos jornalistas citem o seriado "Sex and the City" como prova positiva do contrário. (Eles deveriam tentar escutar as conversas das meninas de treze anos falando sobre as "vadias" que já estão Fazendo Aquilo na sétima série.)

Ainda há contradições, mas elas são menos rígidas e menos ambíguas. Uma das primeiras músicas que minha filha aprendeu em sua escola maternal foi "eu tenho um corpo, ele é muito especial e pertence a mim!", que ela não se cansava de cantar com vigor diante de seus indignados avós. O colégio de nosso bairro ensina os alunos do primeiro ano do ensino médio a colocarem uma camisinha em uma banana. As meninas de oito anos não vestem mais maiôs, mas *tops* e calcinhas de biquíni. E não ouse chamá-las de "menininhas". Elas já são "pré-adolescentes", os anunciantes insistem em dizer, e têm o poder de compra para provar tal argumento.

Todas as evidências mostram que a prática sexual está sendo iniciada cada vez mais cedo entre as jovens mulheres de hoje. E o outro lado dessa onda é que a apatia sexual chega mais cedo também. Determinar o que as mulheres querem do sexo agora – pós-feminismo, pós-pílulas, pós-Aids, pós-Regras, pós-TRH (Terapia de Reposição Hormonal) – é uma questão que nem mesmo os mais arrogantes dos observadores, incluindo eu mesma, se atreveriam a responder definitivamente. Ainda assim, várias observações podem ser feitas. A primeira e mais subversiva coisa que as mulheres de hoje querem sexualmente é decidir sozinhas o que desejam sexualmente. Talvez até mesmo decidir por si mesmas o que é a sexualidade: como ela será definida e medida, praticada e avaliada. Até pouco tempo, a sexualidade das mulheres era um problema dos homens. Até mesmo nosso sucesso na conquista da liberação sexual foi em grande parte direcionado a alcançar o privilégio – se é assim que você quer chamá-lo – de nos comportarmos como os homens. A destruição desse padrão duplo nos deixou com apenas um padrão... Mas não é o nosso. É o deles. Agora é a hora de ir além na liberdade de sermos tão sexuais quanto os homens, e descobrir como é ser tão sexual quanto as mulheres. Seguir o mesmo manual de instruções foi um grande progresso. Na próxima fase, vamos conseguir escrever nossas próprias regras.

Sexualmente, assim como em todas as dimensões da vida, a grande mudança para as mulheres é exigir igualdade, definida como "a que os homens têm". De certa maneira, aquilo pelo que nossas ancestrais lutaram foi uma política de assimilação. Mas agora que as mulheres estão mais ou menos direcionadas no caminho certo, as conquistas parecem inesperadamente pequenas. Por um lado, porque estamos cansadas. Se Ter Tudo é fazer o que os homens fazem no lugar de fazer o que as mulheres sempre fizeram, a maioria de nós decidiu que prefere uma porção mais modesta, muito obrigada. Afinal, o objetivo era multiplicar as opções das mulheres – e não dividir o nosso bem-estar.

•

Entender o que as mulheres querem agora em relação a sexo, casamento, maternidade e trabalho é um pedido absurdamente grande. Tudo bem. Eu não chego nem perto de realizá-lo. Ninguém – nem mesmo eu – seria presunçosa o suficiente para dar respostas definitivas a essas perguntas. E, de qualquer maneira, você não tem um monte de pessoas lhe dizendo o que você quer "de verdade"? Desde os críticos feministas até os membros do Family First[2] aos escritores de contos de fadas, não faltam pessoas gritando ordens às mulheres sobre como viverem suas vidas. Case tarde, case cedo, não case nunca. Tenha filhos agora ou vai se arrepender. Faça sua carreira agora ou vai se arrepender. Expresse-se sexualmente. Respeite-se sexualmente. Trabalhe meio período ou será explorada. Trabalhe em período integral ou não será levada a sério. Mostre-se e seja competitiva! Recolha-se e contenha-se! Coloque seu relacionamento em primeiro lugar. Coloque-se em primeiro lugar. Coloque seus filhos em primeiro lugar.

E, acima de tudo, conquiste equilíbrio entre vida e trabalho – que droga! – ou morra tentando.

Não se preocupe. Este não é outro livro que lhe dirá o que você quer "de verdade" ou o que fará você feliz. É menos um sermão do que uma pesquisa, assim espero – ou uma série de investigações, talvez –, a fundo do que entendemos por felicidade, tanto como mulheres quanto como seres humanos.

2 *Family First*: organização australiana dedicada a defender e garantir os direitos e o bem-estar das famílias.

No decorrer, analisaremos a grande gama de possibilidades com as quais nosso mundo pós-feminista nos confronta, e descobriremos as maravilhosas notícias de que há numerosas maneiras de fazer a coisa certa.

Ao mesmo tempo, veremos que conquistar a felicidade verdadeira em uma idade em que já vivemos bastante é muito mais difícil do que parece – não porque temos poucas opções, mas porque temos muitas. Esse "paradoxo da opção", como o sociólogo Barry Schwartz o chama, é particularmente importante para as mulheres. Há muitas coisas boas no cardápio no momento. Não é de surpreender que mostremos uma tendência esquizofrênica de alardear (insistindo na questão do Ter Tudo) ou de desculpar-nos (ao Optar Por Nada).

"Mulheres!" – diz o familiar bordão – "Nunca estão satisfeitas!". Sou a primeira a admitir que isso é verdadeiro. Mas também acho que é importante reconhecer o lado bom disso. O insaciável desejo do gênero feminino de fazer algo melhor é um dos maiores trunfos evolucionários da humanidade. Nossa insistência em dizer que o suficiente não é, de jeito nenhum, o ideal é o que faz nossas famílias melhorarem e os negócios lucrarem. Também é a força que revigora nossos relacionamentos – todos eles. (Aprender a esquecer um pouco o "bom o suficiente", por outro lado, é sem dúvida uma qualidade que muitas de nós poderíamos aprimorar – mas não há razão para não colocarmos isso na lista de desejos também!)

Seria mais fácil escrever um livro sobre o que as mulheres não querem agora? É bem provável. Mas não seria tão divertido.

Estamos nos divertindo?

> "Se não puder dançar, não quero fazer parte de sua evolução."
>
> Emma Goldman

"A idéia de que a revolução feminina ininterrupta tinha e tem o propósito de deixar as mulheres felizes e realizadas é um engano contínuo", foi o que escreveu a líder ativista norte-americana Merle Hoffman em uma matéria com o – improvável – título "Happiness and the Feminist Mind" (A Felicidade e a Mente Feminista).

E nós nos perguntamos por que tantas jovens mulheres continuam a se esquivar do esquema feminista.

Mas Hoffman tem certa razão. O "feminismo" e a "felicidade" não parecem ser companheiros naturais. Para muitos de nós, tanto homens quanto mulheres, a idéia de uma "feminista feliz" não passa de um jogo de palavras contraditórias. As feministas, como é esperado delas, devem ser pessoas especialistas na arte da ousadia. Como sabemos, quase todas as feministas são pessoas insatisfeitas com a vida – pessoas que gostam de fazer provocações para causar o que minha mãe costumava chamar de "aborrecimento".

Se a chave para a felicidade é a aceitação, e a chave para o feminismo é a resistência... O que uma mulher pode fazer? Principalmente uma mulher que quer ter opções e usufruir delas?

Conquistar a felicidade pessoal – nos relacionamentos, na vida em família, no trabalho – dentro do contexto de uma ordem social mais justa é o que a maioria das mulheres quer agora, independentemente de se considerarem feministas ou não. E se isso é algum tipo de "erro" ideológico, então acredito que a maioria de nós ficaria feliz em ser reprovada. Ironicamente, o alerta de que o desejo das mulheres de alcançar a felicidade pessoal está, de alguma maneira, errando o alvo – que é incorreto, imaturo ou mesmo perigoso – é uma das histórias mais velhas do patriarcalismo. É a velha história do autosacrifício feminino sob uma capa agonizantemente "correta". As mulheres devem ser desapegadas. As mulheres devem ser "boas". As mulheres devem pensar na felicidade dos outros.

Platão tinha um problema de atitude parecido quando o assunto era felicidade. Sua crença de que uma pessoa precisava atingir o prazer para ser feliz pode ter sido filosoficamente defensável. Mas não o transformou numa sensação.

A mesma reclamação poderia ser feita em relação às feministas reacionárias. Na verdade, a mesma reclamação tem sido feita, apesar de ser mais em relação às mulheres que mostram seu descontentamento indo embora do que participando de manifestações sobre o assunto. O feminismo, como o platonismo, foi afligido pela mesma desconfiança mesquinha de prazer por si só. E a idéia de que as feministas não são pessoas felizes – e, pior ainda, não aprovam completamente a felicidade – tem resultado em revoltas de ambos os sexos, em especial entre as pessoas mais jovens. Para mim, isso é completamente compreensível. Uma feminista que rejeita brincadeiras (pense em se vestir com elegância e se maquiar), risadas (lembra-se da velha piada da lâmpada? P: Quantas feministas são necessárias para trocar uma lâmpada? R: Não tem graça), e prazeres carnais (com medo de dormir "com o inimigo") é tão atraente quanto um par de chinelos. Não é de surpreender que cada vez menos mulheres queiram ser feministas.

Se as alegrias mamíferas da maternidade são vistas sob suspeita da "falsa consciência" – se a gravidez é algo a ser "atravessado" como se fosse uma gripe forte, a amamentação algo que você faz com uma bombinha, e se cuidar dos filhos é um *hobby* praticado durante a licença-maternidade – então o feminismo perdeu a conexão com o que as mulheres querem. Acredito que a idéia de que o feminismo e a felicidade são impossíveis de se juntar é só isso: uma idéia. Por outro lado, não é uma idéia completamente errada. O ônus da refutação – retoricamente, sim, mas também na maneira como levamos nossas vidas – pesa sobre as costas das pessoas que ainda se consideram feministas. Quem quer que tenha dito que "viver bem é a melhor vingança" não levou essa idéia adiante o bastante. Viver bem, como finalmente está ficando claro, é só o que interessa.

Assim como a medicina define "saúde" como a ausência de doenças, o começo do feminismo centralizava-se no que havia de errado na vida das mulheres. Só Deus sabe que não houve escassez de matéria-prima. As mulheres não tinham o direito de expressão. Não podiam controlar sua fertilidade. Enfrentavam discriminação no ambiente de trabalho. Sofriam abusos sexuais e físicos em seus relacionamentos. Esses fatos estavam entre os maiores males sociais que a primeira e a segunda ondas feministas conseguiram, em grande escala, curar. Pode-se dizer que o começo do feminismo adotou um modelo doentio para a mudança social. O desafio de hoje é criar um movimento de bem-estar feminino, no qual a mulher ouse questionar não apenas do que o mundo necessita, mas o que nós mesmas desejamos.

Seja lá o que as mulheres queiram, parece pouco provável que estejam conseguindo. Talvez o objetivo do feminismo nunca tenha sido nos fazer feliz. Mas será que ele teve a intenção de nos deixar ansiosas, confusas e cheias de dúvidas? Será que teve o objetivo de elevar às alturas o número de divórcios e atirar a fertilidade ralo abaixo? Teve a intenção de transformar a paternidade em um campo de batalha e de arrancar a dignidade do trabalho remunerado? Tentou nos afastar de nossas mães, ou de criar um tempo de "seca", seja no sono ou na intimidade? Quis transformar a depressão feminina em uma epidemia mundial? Teve a intenção de separar as mães daquelas que não o são, ou as mulheres que amamentam das mamadeiras? Teve o intuito de dizimar nossos momentos de lazer (se trabalhamos e temos um salário) ou nossa auto-estima (se não trabalhamos e não temos um salário) – e nos paralisar de culpa independentemente da escolha que fizermos?

Foi a raiva que deu o pontapé inicial na bola do feminismo: a raiva da injustiça e do abuso, das oportunidades perdidas e dos recursos desperdiçados. A raiva que era explosiva, moralista e tensa pela energia como um arco. Sem a raiva das mulheres expressada e canalizada em ação, não haveria feminismo para ser questionado. Não haveria progresso para ser analisado. E a raiva – assim como o desejo – tem um período de validade psicológico previsível. Por mais que estejamos pegando fogo, mais cedo ou mais tarde a paixão esfria. O mesmo acontece com todos os movimentos sociais que pregam que devemos "manter a chama acesa". Tão impossível quanto manter um orgasmo.

Em um mundo onde mais e mais mulheres jovens vêem a palavra que começa com "f" com suspeita, e até mesmo medo, o feminismo não pode mais se sustentar em suas grandes idéias. Ou talvez eu deva dizer: em suas grandes idéias sem análise. A "igualdade", por exemplo, que é vista como algo muito bom. Os homens e as mulheres são "iguais" e devem ser tratados "igualmente". Nisso todos nós concordamos. O que ainda não conseguimos entender é quando "igual" significa "idêntico", e quando significa "equivalente". "Igualdade" é a mesma coisa que "justiça"? (Essa é uma pergunta de especial importância para aquelas de nós que nos propomos a estudar ou – que Deus nos ajude – até mesmo a fazer o serviço doméstico).

O segundo estágio do feminismo dedicava-se principalmente a lutar com justiça por oportunidades igualitárias no ambiente de trabalho – acreditando-se que, uma vez que as barreiras para a participação das mulheres fossem derrubadas, ou pelo menos colocadas de lado, conseguiríamos ganhar o pão de cada dia como um patinho n'água ou um homem com um emprego de sessenta horas semanais. E conseguimos, também. No começo.

Da década de 1960 à de 1990, a participação das mulheres na força de trabalho, que era um sopro, transformou-se em um tsunami. No final dos anos de 1980, o adesivo colado nos carros que nos lembrava que Toda Mãe é uma Trabalhadora (Every Mother is a Working Mother) assumiu um sentido não intencional, já que a maioria das mães, mesmo aquelas com filhos muito pequenos, estava agora trabalhando e recebendo um salário. O lar, como muitas concordavam, era, na melhor das hipóteses, terra-de-ninguém, e na pior, um poço de areia movediça espiritual esperando para engolir os desavisados nas profundezas do tédio doméstico.

No início dos anos de 1990, o desencanto do lar, como a socióloga australiana Kerreen Reiger diz, atingiu seu ponto mais baixo. O momento foi resumido pelo clássico trabalho de 1997 de Arlie Hochschild, *The Time Bind* ("O Laço do Tempo"), cujo subtítulo – *When Work Becomes Home, and Home Becomes Work* ("Quando o Trabalho Vira a Casa e a Casa Vira o Trabalho") – parecia dizer tudo. Quatro anos depois, em *The Second Shift* ("O Segundo Turno"), com certeza um dos trabalhos de sociologia mais comentados, Hochschild demonstrou que as mulheres de famílias de dupla renda estavam começando a sentir o peso do "segundo emprego" – as tarefas domésticas e os cuidados com os filhos pelos quais elas ainda tinham grande responsabilidade.

Era óbvio que algo teria de ficar para trás. Em *The Time Bind*, Hochschild disse que esse algo era o conceito do "lar". Para as mulheres, assim como para os homens, ela declarou, o trabalho era oficialmente o lar das mulheres.

Ou não?

Quatro anos depois, em 2001, o bem-sucedido livro de Nigella Lawson *How to Be a Domestic Goddess* ("Como Ser uma Deusa Doméstica") deu início à revolução da cozinha. (Ou será que ele apenas mostrou uma crescente saudade dos tempos e lugares mais confortáveis, um desejo de regressar ao lar outra vez?) Houve comentários de que o improvável *best-seller* da *sexy chef* das celebridades era devorado por mulheres com dois empregos, ocupadas demais para fazer qualquer outra coisa além de salivar sobre as fotos – uma fatia mais jovem da mesma demografia que a resoluta, porém irremediavelmente antiquada, Martha Stewart tentava atrair havia mais de uma década. Uma coisa estava tão clara quanto gelatina sem sabor: nascia um subgênero literário. O voyeurismo doméstico.

Ao mesmo tempo, o *best-seller* internacional de Laura Doyle, *Sim, Querido* – imagine uma mistura de *A Megera Domada* e *Quem Mexeu no Meu Queijo?* – insistia com as mulheres para que recapturassem a perdida magia do casamento estilo Ralph e Alice Kramden, do filme *The Honeymooners*. A teoria de Doyle – de que as mulheres poderiam ressuscitar a instituição do casamento rolando no chão, fingindo de mortas e simulando o orgasmo – era pura ilusão. Até mesmo a própria autora admitiu isso. E o *Sim, Querido* foi um daqueles livros dos quais todo mundo faz piadas, mas que ninguém consegue deixar de comprar. Laura Doyle, pelo menos, conseguiu se entregar.

Quatro anos depois, a Dra. Laura Schlessinger, rainha americana das respostas impertinentes e atravessadas, reciclou o mesmo tema no livro *Do Que Os Homens Gostam*. A principal razão para as separações, ela disse, era o "egoísmo" das mulheres, um vício encorajado por anos de lavagem cerebral feita pelo feminismo. O subtexto era tão gritante quanto uma mulher "barraqueira" em uma rádio AM: mulheres que insistem em levar em consideração suas próprias necessidades no casamento se arriscando a Perder Tudo. "A pergunta: 'Tenho o direito de ser feliz, não tenho?', não é uma indagação pouco freqüente de ouvintes frustradas com o fato de seus casamentos não serem eternamente como o efeito causado pelo Valium" – a Dra. Laura disse. "E esse foco na felicidade as ajuda a racionalizar seu quase abandono do casamento e da família." O livro foi bombardeado pela crítica e vendeu como água nas livrarias.

E exatamente o oposto aconteceu com Sylvia Ann Hewlett e seu livro de 2002, *Baby Hunger* ("Fome de Bebê"), (publicado originalmente nos Estados Unidos com o título de *Creating a Life* ["Criando uma Vida"]), um triunfo de crítica que foi direto do circuito de *talk shows* para a seção de livros menos vendidos nas livrarias. Hewlett escreveu para a geração do "Oh, Meu Deus! Esqueci de ter filhos!", alertando as mulheres para checarem suas datas de validade biológica antes de planejarem suas carreiras e relacionamentos. Como uma mãe de primeira viagem que pegou o último trem para a fertilidade aos 45 anos de idade, Hewlett abordou, com sua própria e amarga experiência, as prioridades que igualavam a realização pessoal ao sucesso profissional. Hewlett fez suas semelhantes assustadas lembrarem uma verdade que ninguém em particular queria escutar: que a idade, como o sexo, era mais do que um estado mental, principalmente no que dizia respeito à fertilidade. A anatomia não era bem o destino, mas a data de "validade" de uma mulher também não era apenas uma propaganda patriarcal.

Livros especialmente escritos para as mulheres "esquecidas pelo feminismo" – aquelas para quem os objetivos dos relacionamentos (casamento e maternidade) sempre significaram mais do que as ambições profissionais – começaram a aparecer cada vez mais a partir de meados dos anos de 1990. Entre os primeiros estavam *What About Us?: An Open Letter to the Mothers Feminism Forgot* ("E Quanto a Nós?: Uma Carta Aberta às Mães que o Feminismo Esqueceu"), de Maureen Freely, publicado em 1995. Meu próprio livro *The Mask of Motherhood* ("A Máscara da Maternidade") (1997) e a obra de Naomi Wolf, *Misconceptions* ("Idéias Erradas") (2001), entre um monte de outros, diziam que o feminismo tinha falhado em preparar as jovens mulheres – ou seja, nós mesmas – para o ataque furioso da maternidade. Ou para suas recompensas requintadas.

As feministas mais velhas (talvez previsivelmente) negaram que o feminismo, para começo de conversa, tenha "esquecido" a maternidade – afinal, a maioria delas não tinha suas próprias famílias? Algumas gritaram "de jeito nenhum!" Outras diagnosticaram a nova onda como solipsismo ou simplesmente acusaram as mulheres de sofrerem de "amnésia feminista".

No final da década, os comentaristas conservadores iam além. Eles insistiam que o feminismo não só tinha falhado em preparar as mulheres para seus papéis de mães e protetoras, mas também vendia a elas um mentiroso pacote completo da vida adulta. Com sua ênfase no trabalho remunerado, no enriquecimento dos direitos das mulheres de viverem a vida como os homens – que era o que o Ter Tudo devia significar –, o que o feminismo "esqueceu" não foi somente a maternidade, nem o casamento, nem o valor da vida doméstica. Esqueceu, antes de qualquer coisa, o que tinha valor na vida. Esqueceu, resumindo, a felicidade. Um ponto de vista considerável na estimativa de qualquer um.

Entre os críticos mais incisivos (e irritantes) da categoria do feminismo estava a neoconservadora Danielle Crittenden e seu polêmico *What Our Mothers Didn´t Tell Us* ("O Que Nossas Mães Não nos Contaram") (1999). Crittenden, jornalista, editora da *Women´s Quaterly* e mãe de dois filhos, explicou, segundo as palavras do subtítulo, "por que a felicidade ilude a mulher moderna" –, começando com a observação de que o preço pago pelo feminismo era uma dor de barriga eterna.

Crittenden disse que as mulheres têm mais liberdade graças ao feminismo. Mas, ao mesmo tempo (e talvez até pelas mesmas razões), elas também gozam de "menos felicidade, menos realização, menos dignidade" – isso sem falar de mais confusão, mais culpa, mais ansiedade, e muito mais divórcios. As feministas do *baby boom*[1] podem nos garantir que suas próprias e totalmente independentes vidas têm sido ricas, comple-

---

1 *Baby boom*: aumento repentino da taxa de natalidade. Este termo ficou mais conhecido nos Estados Unidos, na época que abrangeu o final dos anos 1940 até o início dos anos 1960. O termo baby boomers refere-se às pessoas nascidas nesse período.

tas e gratificantes. "Mesmo assim, tudo o que está relacionado ao modo como suas vidas ficaram", Crittenden observou maldosamente, "as contradiz". Resumindo, O Que Nossas Mães Não nos Contaram é que uma vida sem o que a autora Faulkner Fox chama de pacote casa/marido/filhos não vale a pena ser vivida. E uma vida que inclua esse pacote, se for para ser vivida completamente e de acordo com as instruções do fabricante, significa dar as costas à ilusão da igualdade de modo decidido e definitivo.

Danielle Crittenden não é uma cientista social. Sua base de dados é a última pesquisa Gallup, e sua metodologia um pouco mais do que um desdém participatório. Ainda assim, sua crítica à segunda onda do feminismo traz à tona uma série de questões desagradáveis com as quais a maioria dos observadores, incluindo as atuais "feministas do *baby boom*", provavelmente concordaria.

"Se houve um legado do feminismo moderno", Crittenden escreve, "este foi ensinar às mulheres a enxergarem a si mesmas como vítimas da humanidade e não como participantes ativas de uma sociedade livre e democrática." Por mais que eu deteste ter de admitir, ela está certa – e a prova, como uma verdadeira parede de vidro, está ao nosso redor. O feminismo incentivou a mentalidade de se fazer de vítima. Muitas de nós sofremos de um descontentamento quase congênito. E permitimos que nossas reclamações substituam uma análise e, pior ainda, uma atitude.

Podemos dizer que as mulheres se sentem como vítimas pelo simples fato de, às vezes, o serem. Ainda assim, entender os motivos para explicar um comportamento é uma coisa. Aprová-los é outra. O fato é que ninguém ganha nada se fazendo de vítima – a não ser se fazer de vítima ainda mais.

Como muitos críticos, Crittenden guarda seus comentários mais maldosos para a mitologia do Ter Tudo, o ponto fraco de maior destaque da segunda onda do feminismo, e um dos mais avidamente desmascarados (e desmascaráveis) artefatos da vida no final do século XX. Com toda a tinta espalhada e todo o dinheiro arrecadado desperdiçado, se não soubermos agora que as mulheres não podem ter tudo – e que ninguém pode – é difícil imaginar o que mais alguém pode saber.

O próprio elogio de Crittenden à supermãe dá ênfase a um tema já desgastado, dizendo que, nos últimos quarenta anos, "as mulheres têm dado voltas, tornando a descobrir por experiência própria as vidas ocupadas, mas espiritualmente ocas, das quais pensamos que o trabalho nos afastaria". Uma opinião parecida é dada por um informante veterano na pesquisa social, o livro *Generations* ("Gerações"), de Hugh Mackay, um estudo sobre as mudanças entre as gerações na sociedade australiana. "Nossas filhas pensam que tivemos uma vida terrível", uma mulher confidenciou aos pesquisadores. "A minha pensa que eu servi de pano de chão para o pai dela. Mas eu não acho nada disso. Apesar de admirar as conquistas dela, acho que minha filha serve um pouco como pano de chão para seus filhos e seu trabalho; então, talvez nenhuma geração consiga atingir a perfeição."

Não há como não admirar seu espírito generoso. É uma virtude que nós, filhas da revolução, parecemos ter descartado juntamente com os aventais sujos e os penhoares.

Nossas mães e avós pré-feministas nunca se viram como vítimas – muito menos como panos de chão –, apesar de nós, suas filhas, termos dificuldades de entender o porquê. Hoje, as mulheres nascidas na época do *baby boom* referem-se às donas-de-casa dos anos de 1950 e 1960 com "uma mistura de pena, crítica ao seu comportamento e imitações engraçadas", como Caitlin Flanagan diz em Atlantic Monthly – nosso horror coletivo de nos degenerarmos e ficarmos como nossas mães, levemente deprimidas homenageadas em cartões, toalhas de mesa e ímãs de geladeira ("Marjorie conseguia tomar uma caipirinha, dormir e ainda deixar a cozinha brilhando"). Flanagan diz que essa "narrativa de tédio, opressão e inutilidade" é um equipamento-chave para a história de sucesso do feminismo. O feminismo, segundo ela, precisa de opressão... da mesma forma que um morcego precisa de sangue fresco.

Na mudança de uma única geração, a dona-de-casa causava horror. Duas gerações depois, ela está sendo recolhida e limpa – renovada, se preferir – como uma boneca velha ou uma casa térrea do século XIX. Caitlin Flanagan – uma mãe "que fica em casa" ajudada por uma babá em tempo integral – confessa uma queda por Erma Bombeck[2] e pela remoção de manchas. Ela é, evidentemente, uma companhia cada vez mais agradável.

A "Opt-Out Generation" (Geração que Abriu Mão da Carreira Profissional), como a jornalista do New York Times Lisa Belkin a apelidou, está enfrentando um novo tipo de empecilho no ambiente de trabalho: a variedade DIY (*Do It Yourself* – Faça Você Mesmo). As mais ricas e qualificadas (ou seja, aquelas que têm dinheiro suficiente para tanto) estão "rejeitando o ambiente de trabalho". Nos Estados Unidos, a porcentagem de novas mamães que voltaram ao trabalho depois do nascimento do primeiro filho caiu de 59% em 1998 para 55% em 2000, e o número de crianças que são criadas por mães que ficam o dia todo em casa aumentou para quase 13% na última década.

Entre as mães, são as que trabalham que parecem liderar a fila. Um recente estudo realizado pela empresa de pesquisas Catalyst mostrou que 26% das mulheres prestes a assumir cargos de direção não querem ser promovidas. Quase uma em cada cinco mulheres que foram parar na lista das

---

2 Erma Bombeck (1927-1996), escritora e humorista norte-americana.

Mulheres Mais Poderosas da revista *Fortune* nos últimos anos deixou seu posto, a maioria delas voluntariamente, para se dedicar a vidas "menos intensas" e "mais satisfatórias".

"Por que as mulheres não comandam o mundo?", Belkin pergunta. "Talvez seja porque não querem."

O novo radicalismo (se é assim que você quer chamá-lo) não é exclusividade das pessoas mais poderosas. Dados australianos reunidos pela empresa de *marketing* Heartbeat Trends de Sydney apóiam a hipótese de Belkin. Em um relatório de 2004, baseado em uma pesquisa de grupo com mil mães australianas com idade entre 30 e 45 anos, Heartbeat identificou uma revolta crescente contra a "compartimentalização da vida" vivida por mulheres na força de trabalho.

"As mulheres não se sentem nem um pouco restringidas agora", é o que diz o diretor da Heartbeat, Neer Korn. "O que elas dizem é que o preço pago pelo sucesso profissional é muito alto." Quanto às jovens de hoje, a pesquisa de Korn descobriu que a dona-de-casa transformou-se completamente de um desenho cultural de mau gosto a uma peça encontrada cada vez com mais freqüência. Tudo bem, o espaço entre o que dizemos e o que fazemos pode ser grande o bastante para comportar a passagem de um caminhão. Mesmo entre os pais, a crença de que "não há nada mais valioso do que ficar com nossos filhos" está tão na moda que chega a ser banal. Chega de desmantelar a família nuclear.

Em uma outra recente pesquisa australiana, a pesquisa do Relationship Indicators, de 2003, nove em cada dez entrevistados acreditavam que a moda da dupla jornada estava "colocando os relacionamentos em risco"; 93% descreveram "ser uma boa esposa ou um bom marido" como o aspecto mais importante de sua identidade pessoal. (Um pouco estranho, talvez, quando você pára para pensar que 40% dos homens no começo de seus trinta anos estão solteiros – e a proporção dos casados despencou quase 20 pontos percentuais desde 1986.) Dentre os entrevistados, 91% também citaram a paternidade como sua maior preocupação – mas, de modo geral, menos de um em cada cinco colocou a licença-maternidade remunerada ou um melhor cuidado com os filhos como grandes prioridades.

Nossas taxas de fertilidade podem estar caindo, mas nosso entusiasmo – alguns diriam nosso fetichismo – pela paternidade nunca foi mais extremo. Como Mary Kenny do *The Guardian* diz em um artigo de 2004, intitulado *The Strange Rebirth of the Family* ("O Estranho Renascimento da Família"), "a paixão por bebês está em toda parte". Até mesmo as famílias constituídas por parceiros gays, muitas das quais atravessaram distâncias extraordinariamente burocráticas ou biológicas para ter seus filhos, estão, cada vez mais, adotando um modelo de apenas uma renda. Nos Estados Unidos, pesquisas mostram que entre casais de homens com filhos, mais de um quarto deles tem, hoje em dia, um dos pais que não trabalha para cuidar dos filhos. É um índice maior do que entre casais heterossexuais.

Em Londres, de acordo com o *Sunday Times*, "ficar em casa com os filhos tem se tornado o sonho de muitos", e os parques da cidade pululam de "caras de trinta e poucos anos que têm se libertado das algemas do bar ou do mundo dos negócios para cuidar de seus filhos pequenos".

"Somos filhas de mães que trabalhavam e esperávamos o mesmo para nós mesmas", explica uma jovem mãe que recebeu uma educação esmerada. "Agora minha geração está dizendo: 'Espere um pouco'. Vimos o que a vida fez com nossas mães e não queremos o mesmo para nós." De acordo com uma recente pesquisa realizada na Inglaterra, apenas uma em cada sete mulheres diz que seu emprego é "o centro de suas vidas".

Ao mesmo tempo, o movimento "aposentadoria voluntária" está ganhando impulso entre homens e mulheres. De acordo com algumas estimativas, uma em cada quinze pessoas de menos de 35 anos já abriu mão de seu emprego remunerado para ir atrás de "melhorias pessoais" – e quase metade tem planos de fazê-lo em um futuro próximo. Mais estranho ainda: ter filhos é evidentemente visto como uma maneira de se conseguir isso!

Não podemos deixar de pensar: para quantas mulheres a "aposentadoria voluntária" é somente uma nova expressão *sexy* que quer dizer dependência financeira? Uma pesquisa publicada em 2003 pela revista *CosmoGirl* do Reino Unido, com mais de cinco mil meninas adolescentes, revelou que nove em cada dez delas acreditam que é o dever do marido sustentar sua esposa – e 85% delas preferem depender desse sustento a alcançar sua própria independência financeira.

Nos Estados Unidos, uma década atrás, a participação das mulheres na força de trabalho em período integral, principalmente de mulheres com filhos pequenos, era amplamente vista como a jóia da coroa feminista. Hoje, essa mesma história está sendo remodelada como um tipo de carga da mulher branca. O problema agora não é a falta de trabalho para as mulheres, mas o excesso dele e o desgaste psicológico trazido pelas obrigações com o relacionamento, consigo mesma e com o lar.

"As mães que trabalham fora lutam com sentimentos de culpa por terem de deixar seus filhos e com a sensação de impotência diante do estresse de suas carreiras frenéticas", é o que diz um artigo da *Business Week* sobre o assunto. Ele mostra uma mulher de trinta e um anos que venceu a batalha – ou será que ela simplesmente fugiu da luta? – abandonando de vez sua carreira. (Ela tem "sorte porque ela e seu marido podem viver sem o dinheiro que ela ganhava com suas vendas", é o que está escrito sob sua foto.) Essa mulher sente-se bem em relação à decisão que tomou, e cita os filhos de uma amiga que são "desastres gordos e viciados em televisão" como prova de sua crença de que ser uma mãe que fica o dia todo em casa é "a melhor coisa para os filhos". A "narrativa da opressão" já está velha. O novo final feliz é ficar em casa.

Perguntar se as mulheres são qualitativamente menos felizes hoje do que suas mães e avós – ou somente mais sinceras – tem uma grande possibilidade de receber uma resposta controversa. Mas não existe nenhuma prova, nenhum vestígio que sugira que somos mais felizes. Entre as várias horas de trabalho, as poucas de descanso e o peso da culpa que parecemos não conseguir deixar de carregar, independentemente das escolhas de vida que fazemos, a maioria de nós sente-se mais exausta do que orgulhosa.

Alguém me perguntou um dia desses se era da minha época a famosa canção de Helen Reddy dos anos de 1970. "Sim, eu me lembro", respondi. "Sou uma mulher: escute-me bocejar[3]". Só depois que todos começaram a rir é que fui perceber minha gafe. "Sim, pagamos o preço, mas veja quanto ganhamos!", eram as palavras que nossas ancestrais cantavam em 1970. Trinta anos depois, as mulheres têm uma grande possibilidade de transformarem essa frase em: "Sim, ganhamos muito – mas veja o preço que pagamos". Se as mulheres quiserem agora mais valor do que dinheiro, quem é que pode nos culpar?

---

3 A letra original da canção é *"I'm a woman. Hear me roar"*. ("Sou uma mulher. Escute-me bradar".) (N. da T.)

Correndo Atrás da Sorte

O fato de o mundo estar repleto de mulheres lamurientas é impossível de ser negado. Mas deve estar ainda mais repleto de homens queixosos. A prova é clara: "Em todos os lugares do mundo, em países pobres e ricos, as mulheres estão mais contentes com suas vidas do que os ho-mens", de acordo com o relatório de uma recente e típica pesquisa internacional. Essas são as boas notícias (supondo que você seja mulher). A má notícia é que "a diferença da felicidade" está cada vez menor. Isso acontece com as mulheres nos países desenvolvidos – precisamente naquelas nações onde as mulheres se beneficiaram das grandes vantagens do feminismo.

As mulheres reconhecem que suas vidas mudaram para melhor – de acordo com um estudo realizado em 2003 com 38 mil pessoas em quarenta e quatro países, as mulheres costumavam dizer com mais freqüência que viam progresso em suas vidas, em comparação com cinco anos antes. Ao mesmo tempo, no entanto, elas eram menos otimistas em relação ao futuro. (Isso se deve em parte à relativa falta de fé das mulheres nos avanços da tecnologia. Por exemplo, os homens em quase todos os países entrevistados acreditavam que os telefones celulares tornavam a vida melhor. As respostas das mulheres foram muito mais incertas. No Japão, duas em cada três mulheres afirmaram que o telefone celular deixava a vida pior – assim como uma em cada três no Canadá e no Reino Unido.) Cada vez mais a vida pública das mulheres está semelhante à dos homens. E também, ao que parece, nossa vida pessoal. Agora me digam: isso é ou não é assustador?

•

Meu próprio "batismo" sobre isso aconteceu há alguns anos. Estava voltando a namorar depois do fim de um relacionamento. Tinha conhecido um homem de quem gostava muito e a quem achava devastadoramente atraente, e o sentimento parecia ser recíproco. Só havia um problema. (Pode acreditar que isso virou um dilema.) Por mais que quisesse passar a noite com ele, sabia que não queria de fato dormir.

Só que, naquele momento de minha vida, depois de dois casamentos, dois relacionamentos sérios e duradouros e alguns namoros rápidos, pensei que nada mais poderia me deixar chocada. Até parece. Perceber que queria a noite de sexo, mas não a noite de sono (que me traria complicações que eu não estava disposta a enfrentar àquela altura de minha vida), serviu como um despertador para mim. Não sabia se ficava impressionada com minha maturidade ou boquiaberta por estar me comportando como um homem.

"Meu Deus!", lembro que disse para mim mesma. "Então é isso o que se passa na cabeça deles!" Será que queria ter descoberto aquilo? Tornei-me uma pessoa melhor depois disso? As mulheres em geral ficariam melhores?

Sempre ouvimos as mulheres dizendo que morrem de medo de ficar como suas mães. Mas, como mãe solteira e com responsabilidade de cuidar de três crianças pequenas em tempo integral, passei pela experiência ainda mais assustadora: de temer que acabasse me transformando em meu pai – ou, se não em meu pai, na figura que todo pai representa. Eu, o Arrimo de Família, cheia de ares de santidade e importância, queixando-me sem parar da falta de "apoio" que recebia em casa (De quem? De uma menina de nove anos?) ou de como meu suado dinheiro era "desperdiçado" por desocupados (Que seriam o cachorro e o gato?). O dia em que me peguei gritando para minha filha adolescente que eu era mais do que uma "carteira ambulante" foi mais do que bizarro. O que faria da próxima vez?

Seja lá o que mais possam dizer sobre nós, tais experiências reforçam o que as pesquisas sobre felicidade e sexo parecem sugerir: que quanto mais os homens e as mulheres agem de modo parecido, mais parecidos ficarão. Não há nada de surpreendente nisso. E, ainda, se os níveis de bem-estar das mulheres estão cada vez mais baixos, podemos concluir que ficar "masculinizada" não nos faz bem... Ou podemos concluir que ficar "masculinizado" também não faz bem para os homens. Afinal de contas, o objetivo não é aumentar a diferença dos níveis de felicidade; é aumentar a felicidade em si.

O quadro complica-se pelo fato de a felicidade estar diminuindo exatamente naqueles lugares onde (por mais incrível que pareça) a vida é mais fácil. De acordo com uma pesquisa de 2003 realizada pela revista *New Scientist*, do Reino Unido, os cinco países mais felizes do mundo estão entre os mais pobres: Nigéria, México, Venezuela, El Salvador e Porto Rico. Os Estados Unidos ocupam a décima sexta posição, a Austrália a décima terceira e a Inglaterra a vigésima quarta. Um estudo realizado pelo Australia Institute concluiu que a renda média mais do que triplicou desde os anos de 1950, mas o índice de felicidade continuou o mesmo. Nos Estados Unidos, onde a renda aumentou 16% nos últimos trinta anos, o número de pessoas que se dizem "muito felizes" caiu de modo significativo – de 36 para 29%. Alguns observadores, incluindo o economista David Blanchflower, de Dartmouth, acreditam que essa queda se relaciona quase totalmente ao sexo do indivíduo. Blanchflower explica que os homens hoje são tão felizes quanto eram na década de 1970 – o que significa que as mulheres são responsáveis por quase toda a queda dos índices de felicidade desde então.

E, ainda, um estudo mais abrangente sugere que o Paradoxo do Progresso, como o autor e crítico Gregg Easterbrook o chama, atinge a todos nós, independentemente de nosso sexo. Melhores condições de vida, mais liberdade de escolha, mais acesso à informação e mais tempo para o lazer são as reluzentes recompensas de nossa afluência sem precedência. Mas a crença (até há pouco tempo não questionada) de que essas vantagens farão com que nos sintamos melhor em relação à vida, de modo geral, ou a nós mesmos, especificamente, parece ser não apenas duvidosa como completamente ilusória.

Pode ser verdade que as mulheres nunca ficam satisfeitas. Eu bem sei que nunca fico. Mas Easterbrook nos lembra – o subtítulo de seu livro *The Progress Paradox* ("O Paradoxo do Progresso") é "How Life Gets Better While People Feel Worse" ("Como a Vida Melhora Enquanto as Pessoas Pioram") – de que provavelmente é mais certo admitir que as pessoas nunca ficam satisfeitas. Estudos mostram, por exemplo, que independentemente de quanto dinheiro os america-nos ganhem, estimam que precisariam do dobro para "viver bem". Easterbrook diz que quanto mais conforto material os seres humanos têm, menos eles... bem, aproveitam. Parte do problema é a "negação da abundância", uma complicada forma de pensar que as pessoas ricas usam para convencer a si mesmas de que são pobres.

A felicidade, como diria minha mãe, é relativa. Entre outras coisas, isso significa que não existe um modelo único com o qual as pessoas comparam seus níveis de bem-estar (por mais que sintamos que "deveria" existir). As avaliações de nosso bem-estar estão ligadas às avaliações que fazemos do bem-estar das pessoas a nossa volta. Se acharmos que estamos no mesmo nível que os outros membros de nosso escolhido grupo de referência – outras mães de primeira viagem, por exemplo, ou pessoas que se formaram em Direito no mesmo ano que nós – então nos sentiremos satisfeitos. Se acharmos que estamos um pouco melhores, ficaremos felizes. Se acharmos que estamos um pouco piores, ficaremos infelizes e insatisfeitos. Não porque estamos necessariamente "negando" as coisas boas de nossa vida. Mas porque nossa experiência nos mostra – ou parece nos mostrar – que mesmo as melhores coisas podem ser aperfeiçoadas.

Se a felicidade é relativa, então as pessoas com as quais escolhemos nos comparar são essenciais. Meu filho de doze anos tem certeza de que seria perfeitamente feliz se tivesse o *videogame* de última geração, assim como os outros meninos de sua classe. Ele não tem vontade de possuir um Porsche. Também não ficaria feliz com um patinete, que era seu sonho de consumo há alguns anos. Não há nada de surpreendente nisso, penso eu.

Mas esse mesmo mecanismo psicológico fica ainda mais intrigante quando o aplicamos aos itens de nossas listas de desejos sociais e políticos. Lembro que li um estudo alguns anos atrás que dizia que as mulheres que comparavam seus casamentos com os de seus pais em um estágio parecido de suas vidas sentiam-se felizes e satisfeitas com o que tinham. Aquelas que comparavam sua experiência no casamento com a de seus maridos, entretanto, não ficavam felizes. Sem dúvida, o mundo seria um lugar mais feliz se pudéssemos encontrar um grupo de referência que fizesse com que nos sentíssemos pessoas de sorte quando houvesse uma comparação. ("Você não gosta de couve-de-Bruxelas? Pense na população de Biafra, na Nigéria! Eles seriam capazes de matar para comer couve-de-Bruxelas!") Inevitavelmente, também seria um lugar mais tomado pela injustiça, pela estagnação e pelo conservadorismo. A imposição de que Você Precisa Ser Grato Pelo Que Tem é o refrão daqueles que têm mais ainda. Você não vê Bill Gates agradecido pelo que tem – e também não vê ninguém esperando que ele seja.

O progresso social pode, também, paradoxalmente, destruir nossa sensação de segurança. E este é um ponto importante para as mulheres que andam pela selva do pós-feminismo de certezas destruídas e confusas expectativas. Crescer – que é o que as mulheres têm feito, de certo modo, nesses últimos quarenta anos – pode aumentar a sabedoria. Mas também diminui, ou pelo menos altera, nossa felicidade. "O que os olhos não vêem o coração não sente." Provavelmente poderíamos trocar "ver" por "saber".

A autonomia é um estado de ser mais evoluído do que a dependência. Mas também é mais assustador. Significa que "ninguém mais está tomando conta de você", observa o professor da Harvard, Christopher Jencks, "e parece que tudo está ficando mais preocupante, mesmo que, objetivamente, tudo esteja melhorando". Para as mulheres de hoje, a sensação de que "ninguém está tomando conta de nós" é em particular correta.

Ao tentar entender por que uma igualdade maior para as mulheres não necessariamente traduz felicidade maior, é necessário analisar melhor o que queremos dizer com essa inocente palavra que é a "felicidade". Todos concordamos que a "felicidade é tudo". Com isso estamos seguindo uma antiga tradição intelectual, voltando pelo menos aos tempos de Aristóteles, que dizia que a exploração da natureza e as exigências da felicidade eram a tarefa principal de toda filosofia. Aristipo ensinou que o objetivo da vida é ter o máximo possível de prazer. Heródoto, um pouco mais pessimista, acreditava que a felicidade era um conceito tão subjetivo que nenhuma pessoa poderia ser considerada feliz até que morresse! Isso parece adiar a recompensa um pouco demais. E, ainda assim, não podemos negar as dificuldades que aparecem quando tentamos pregar a água-viva na parede.

Hoje, felizmente, há cada vez mais pensadores que tentam falar sobre a felicidade. Depois de séculos de indiferença dos eruditos, a busca pela felicidade transformou-se em uma indústria em expansão, em que os "estudos da felicidade" e a "psicologia positiva" atraem cada vez mais a atenção de psicólogos, sociólogos, economistas, entre outros. Suas descobertas – apesar de ainda experimentais e pequenas – possibilitam textos maravilhosos, em parte porque diferem muito da moderna mitologia da felicidade.

Parte da mitologia tem sido a convicção de que a felicidade humana é uma construção ingênua – como Freud acreditava – ou perigosa, segundo o argumento de Platão. O comentário de Freud de que o objetivo da terapia era "transformar a tristeza histérica em infelicidade comum" é muito conhecida e constantemente citada até mesmo nos dias de hoje. (Mark Twain previu esse sentimento, dizendo que "a sanidade e a infelicidade são uma combinação impossível".) Em vez de grandioso, Freud foi enfático ao dizer que "a felicidade do homem não faz parte dos planos da Criação". Wittgenstein concorda. "Não sei por que estamos aqui, mas tenho certeza de que não é para nos divertirmos", ele disse. (Se eu fosse uma pessoa mais legal evitaria dizer que esses dois grandes pensadores tiveram vidas bastante tristes.)

De modo mais simples, os pesquisadores de hoje definem o "bem-estar subjetivo" como uma função de três fatores: a satisfação em relação à vida (uma avaliação pessoal), bom humor e ausência de mau humor. Seja lá o que mais a felicidade possa ou não significar, não pode ser limitada a uma sensação meramente prazerosa. É claro que falar de felicidade sem "uma mera sensação prazerosa" não faz muito sentido.

A maioria das pesquisas modernas aborda a felicidade a partir de um desses dois pontos de vista: o hedonismo (do grego *hedoné*, "prazer"), que significa amante do prazer; e o eudemonismo, que chega mais próximo do que a maioria de nós define por "realização". O hedonismo é sentir-se bem, completamente – seja lá o que "bem" significar para você. O eudemonismo, que se origina do grego *eudaímon*, "que tem boa sorte, feliz", está mais voltado para o sentido da vida, e àquelas experiências que aprofundam nossa compreensão a respeito de quem somos e como nos conectamos com o mundo lá fora.

O bom senso sugere que uma boa vida teria um pouco dos dois. É um palpite que vem sendo confirmado pelas evidências. As pessoas não só querem se sentir bem a curto prazo, também querem sentir-se bem consigo mesmas – agir com integridade e de acordo com uma série de objetivos mais importantes que nos ajudam a dar um propósito a nossa existência. Como o fundador da Psicologia Positiva, Martin Seligman, escreve em seu livro *Felicidade Autêntica*, "Não queremos apenas ter sentimentos positivos, mas também sentirmos que temos o direito de tê-los".

A literatura também nos diz – como se precisássemos ser lembradas! – que se sentir e se comportar bem não estão ligados, necessariamente. A dor a curto prazo quase sempre é necessária para trazer benefícios duradouros – como qualquer pessoa que tentou manter a forma ou um casamento pode confirmar. Os filhos são outro exemplo. Está bem claro que o nascimento do primeiro filho acaba com o bem-estar hedonista da maioria das mulheres, com bastante força e por bastante tempo. Contudo, de um ponto de vista eudemonista, ser mãe é tão gratificante que grande parte de nós não se importa por se sentir mal.

Minha filha mais velha acabou de entrar para o primeiro ano do ensino médio, e eu ainda estou esperando meu ânimo voltar. Talvez isso não seja exatamente normal, mas não restam dúvidas de que as mulheres que são mães há pouco tempo dormem menos, fazem menos sexo e têm menos tempo livre, incluindo o tempo que precisam para tomar banho ou mesmo para ir ao banheiro. Pense da seguinte maneira: quando tempo para "si mesma" significa sair para ir ao mercado, limpar o chão sem ser interrompida ou – como foi o meu caso alguns anos atrás – esperar com ansiedade o momento de fazer um tratamento de canal, só para ficar quieta e em silêncio, você pode ter certeza de que sua felicidade hedonista está bem mal das pernas. Ter um bebê – quanto mais dois ou três – pode ser muito exaustivo. Ao mesmo tempo, os cartões da Hallmark e sua sogra estão certos. Seu filho encherá sua vida de significado e razão. Um dia.

Então, hedonisticamente, a transição para a maternidade pode ser um desastre, pelo menos como nossa sociedade a coloca. Eudemonisticamente, ela é, com frequência e ao mesmo tempo, uma dádiva divina. (Isso não quer dizer que as mulheres não possam ter uma experiência diferente com a maternidade. Estou fazendo apenas observações gerais.)

Os pesquisadores na tradição hedonista não se importam com significados mais profundos. Não estão interessados em discutir o real sentido da felicidade. Um pouco como minha mãe, com a filosofia de que a "felicidade está onde você a encontra", eles defendem uma abordagem crescente à felicidade humana, e concentram-se exclusivamente nas avaliações das pessoas sobre o que as faz se sentir bem a cada momento.

Eles também precisam conviver com as limitações desse quadro, que incluem grandes variações na resposta a circunstâncias da vida relativamente triviais. Como a descoberta de que as pessoas dizem se sentir melhor em entrevistas feitas pessoalmente do que aquelas enviadas pelo correio – em especial quando o entrevistador é alguém do sexo oposto! Ou a pesquisa que descobriu que médicos especialistas fazem diagnósticos mais precisos depois de ter recebido um doce. Ou os estudos que mostram que nós nos sentimos melhor nos dias ensolarados, e ficamos mais satisfeitos com nossas vidas como um todo. Até certo ponto, então, a observação de que nosso bem-estar, e, conseqüentemente, nosso "bom funcionamento" é uma idéia que pode ser levada pelo vento é completamente correta.

Como o vencedor do Prêmio Nobel de Economia, Daniel Kahneman, escreve, faz sentido dizer que uma pessoa é objetivamente feliz "se ela passa grande parte de seu tempo envolvida em alguma atividade que prefere continuar a parar, pouco tempo em situações das quais deseja escapar e – o mais importante, porque a vida é curta – muito pouco tempo estagnada por não querer fazer nada". A partir desse ponto de vista, a perseguição ao passarinho do rabo verde transforma-se em um exercício muito mais direto. Uma vida feliz pode ser difícil de ser coreografada, mas não tão difícil de ser definida. Simplificando, é uma vida na qual a soma de nossos momentos de prazer é maior do que a soma de nossos momentos de dor.

Politicamente, essa idéia simples chama-se "utilitarismo", e surge do movimento do século XIX dedicado a alcançar "o máximo de felicidade possível". John Stuart Mill, um de seus principais proponentes, e também, por acaso, um fervoroso feminista, disse que a felicidade não é necessariamente "uma vida de êxtase", mas "uma existência formada por algumas e passageiras dores" e "muitos e variados prazeres".

Mill adicionou duas outras condições a essa prescrição elegantemente simples. A primeira é que devemos sempre procurar "priorizar o ativo em comparação ao passivo" – um lembrete de que os prazeres que você "recebe" (como um *donut*, por exemplo, ou a televisão) são raramente tão satisfatórios quanto aqueles que você "dá" (quando faz sexo, por exemplo, ou quando prepara uma bela refeição).

É uma intuição que a pesquisa defende de diversas maneiras. Qualquer pessoa que já tenha passado algum tempo com seus filhos ou com seu marido não ficará surpresa em perceber que assistir à televisão deprime a felicidade, enquanto participar de esportes – mesmo que seja uma caminhada de dez minutos em volta do quarteirão – melhora o humor.

Conseguir fazer a coisa do ativo/passivo corretamente era essencial para alcançar a felicidade, Mill acreditava. Porém, mais importante ainda – na verdade, a base para essa transação – era acertar a coisa das expectativas/realidade. "Não esperar mais da vida do que ela é capaz de oferecer" é como Mill explica no livro *Utilitarismo*. Se há um único segredo para a felicidade eterna, pode ser que seja o seguinte: encontrar um meio termo localizado entre os objetivos desafiadores e as expectativas alcançáveis.

Pesquisas sobre a felicidade moderna têm confirmado essa conclusão (apesar de que seria mais rápido se você confirmasse com sua mãe). Isso certamente demonstrou que as comparações avaliadoras não apenas influenciam como nos sentimos em relação às nossas vidas, como também podem causar dor ou prazer. A "amplificação emocional", por exemplo, refere-se ao processo pelo qual eventos anormais ou inesperados provocam um efeito muito mais intenso, seja ele positivo ou negativo, do que os mesmos eventos quando são recebidos como normais ou esperados.

O nascimento de um filho é um ótimo exemplo. Quando uma mulher aprende, ou experimenta na pele, que a insuportável dor do parto é na verdade "normal", o impacto em sua habilidade para enfrentar essa dor é semelhante a uma injeção de óxido nitroso para a alma. Isso não faz com que o parto seja divertido, exatamente. Como um pesquisador disse, não existe nenhuma situação em que se cortar ao fazer a barba seja agradável. Mas um homem que se corta três vezes todas as vezes que se barbeia pode ficar feliz se sofrer apenas um corte certa manhã.

Da mesma maneira, comparar a situação atual de alguém com "o que poderia ter acontecido" leva quase que inevitavelmente a sentimentos de arrependimento, frustração e culpa, independentemente do contexto. Um estudo de 1995, realizado com atletas olímpicos, por exemplo, revelou que os medalhistas de bronze ficavam mais felizes com suas conquistas do que os medalhistas de prata, exatamente por esse motivo. Os primeiros ficavam surpresos e contentes por terem conseguido ganhar alguma coisa, enquanto os últimos ficavam preocupados pensando no que fizeram de errado para não ser os campeões. Em termos técnicos, os medalhistas de bronze entraram nas "contrafactuais descendentes" – basicamente, imaginando uma situação pior (e não A pior) – enquanto os medalhistas de prata entraram nas "contrafactuais ascendentes".

Mais uma vez o paralelo com o nascimento de um filho parece óbvio. Cem anos atrás, as mulheres que sobreviviam a um parto se consideravam pessoas de sorte. Hoje, podemos ficar desapontadas se o parto não tiver ares de performance artística. Entre aquelas que esperam um parto normal, ser submetida a uma cesárea (ou a qualquer outra forma de parto) pode ser visto como um "fracasso". E isso apesar de, em muitos hospitais, a porcentagem de partos normais não passar de 10 a 20%.

O "Modelo Michigan" de bem-estar, de A. C. Michalos, também conhecido como Modelo de Realização de Objetivo, quase define a felicidade como uma função do espaço entre aspirações de um lado e conquistas reais de outro. Por ser uma mãe trabalhadora que sempre lutou para manter seus padrões em um nível baixo, identifico-me com isso.

Minha idéia de uma segunda-feira perfeitamente feliz, e fico um pouco envergonhada de admitir, é aquela na qual consigo terminar minha coluna e fazer as compras no mercado. Em uma segunda-feira aceitável, termino minha coluna quando meus filhos estão chegando da escola. E em uma segunda-feira péssima ainda estou enrolada com ela na hora de dormir. Em uma terça-feira perfeitamente feliz, no entanto, não faço nada além de responder meus *e-mails* e passar as roupas.

Quando meus filhos eram pequenos, minhas expectativas eram ainda menores. Eu ficava mais do que satisfeita com um dia em que ninguém se machucasse, vomitasse ou andasse no meio do mato e fosse mordido por animais (isso porque vivemos na capital). Agora que eles têm quatorze, doze e dez anos, a vida é um pouco mais complicada. É claro que espero mais. É fácil prever que me decepciono mais também.

Há um fator mediador na diferença entre objetivo-realização, no entanto, que mostra que nossa pontuação pessoal é muito influenciada pelos fatores sociais. Em outras palavras, não fazemos comparações apenas entre o que gostaríamos de alcançar e o que alcançamos. Como já vimos, as pessoas costumam calcular a diferença entre os próprios desempenhos e os desempenhos das pessoas pertencentes a um escolhido grupo de referência (aquele que imaginamos ser "na média"), conscientemente ou não. Quando o assunto é maternidade, por exemplo, minhas comparações de felicidade podem sofrer altos e baixos como se estivessem em uma gangorra. Isso vai depender de quem eu escolher para fazer minhas comparações: outras mães (em especial aquelas que trabalham meio período ou que simplesmente não trabalham), mães que trabalham em período integral por causa do dinheiro ou mães solteiras que trabalham.

O velho ditado que diz que uma dor dividida é uma dor reduzida expressa o outro lado dessa dinâmica. Fiquei surpresa com o número de leitoras casadas que me escreveram para dizer que meu livro *Wifework* ("Trabalho de Esposa"), apesar de pintar uma triste figura do casamento contemporâneo, acabou fazendo com que elas se sentissem melhor. Não tenho certeza do porquê disso ter me surpreendido, uma vez que foi exatamente o mesmo efeito que o livro teve sobre mim. Escrevê-lo me fez confrontar as coisas negativas, não só em meu casamento, como no casamento de um modo geral. Percebi que não era a única a passar pelas coisas que passei – muito pelo contrário. Na verdade, ao fazer a pesquisa sobre a igualdade e o casamento, consegui unir-me a um grupo de referência mais realista. Meus casamentos não tinham sido como o casamento de meus pais, e nem como o casamento de minha melhor amiga (e os dois, agora, considero como sendo excepcionais – por razões bem diferentes). Mas havia muitos casamentos com os quais eu pude comparar o meu – e me sentir menos fracassada.

Acredita-se muito que a felicidade é oferecida, e não adquirida, ou que ela pousa sobre nós como uma borboleta ou um passarinho – ou não, conforme o caso. Isso também não está totalmente errado. Todas nós gostaríamos de acreditar que a felicidade é uma escolha, principalmente aquelas que escrevem livros sobre o tema. E sob aspectos importantes ela é, ou, pelo menos, pode ser.

Para dar um exemplo prosaico (meu forte, afinal): meia hora atrás cheguei da rua depois de levar meus filhos para a escola e entrei em uma casa tristonha e cheia de correntes de ar.

Em um dia de inverno como hoje, com uma borrasca do sudoeste em direção ao Oceano Índico a alguns quarteirões de distância, as cortinas da sala esvoaçam. E as janelas estão fechadas. É uma cena que sempre me deprime.

"Se ao menos tivéssemos uma lareira com um fogaréu crepitando aqui", suspirei dizendo isso para ninguém em especial – nosso buldogue-anão pareceu preocupado, mas qual buldogue-anão não tem cara de preocupado? – enquanto esquentava meu café-da-manhã e me arrastava para minha mesa. Eu tinha opções claras. Poderia esperar que alguma coisa pegasse fogo sozinha na sala ou poderia sair à procura de madeira, trazer um pouco de lenha para dentro e acender minha bendita fogueira.

Acho que você não vai se surpreender ao saber que escolhi a opção B. Afinal de contas, a felicidade é uma escolha, certo? Bem, sim e não. Porque acontece que os únicos gravetos que encontrei estavam úmidos. A lareira que tentei acender com eles se recusava a pegar fogo. No fim, desisti e liguei o aquecimento interno. O que acabou sendo bom do mesmo jeito, porque depois de meia hora o Sol apareceu. ("É melhor acender uma vela do que xingar a escuridão", mas às vezes sua melhor opção é virar para o lado e dormir.)

É claro que a felicidade é apenas em parte uma escolha – talvez até substancialmente uma escolha. Mas seria ingênuo a ponto de ser solipsista fingir que é só o que ela é. Por um lado, há cada vez mais provas de que a capacidade hedonista, ou nossa habilidade de sentir a felicidade, é uma característica hereditária. Um estudo de referência realizado em 1998 pelo psicólogo David Lykken da Universidade de Minnesota com trezentos casais de gêmeos mostrou que a felicidade geral é pelo menos 50% e possivelmente 90% determinada por influência genética.

Cada um de nós parece ter um "ponto fixo" particular para a felicidade – um tipo de termostato de bem-estar programado para nos manter no caminho, independentemente de quais circunstâncias a vida possa nos oferecer. E são nossos genes que fazem a programação. Uma pesquisa sugere que até 52% da variação da felicidade adulta pode ser atribuída à herança genética, e não mais do que 3% a fatores familiares diretos e sociais. A pesquisa sugere que as pessoas que parecem "não ter bebido o suficiente" podem ter nascido assim. Da mesma maneira, a impressão de que "algumas pessoas já nasceram felizes" não é tão errada quanto parece.

A teoria do ponto fixo também explica que ganhar na loteria raramente traz felicidade duradoura. Isso explica também por que pessoas que ficam paraplégicas, por exemplo, raramente são infelizes para sempre. Eventos extremamente positivos ou negativos podem criar momentos passageiros de euforia ou depressão. Mas mais cedo ou mais tarde – e geralmente é muito mais cedo do que o bom senso mandaria –, os níveis de felicidade tendem a voltar ao nível do mar psicológico. É um efeito que os pesquisadores chamam de adaptação hedônica.

Um estudo feito com vinte e duas pessoas que ganharam na loteria revelou que, depois de um período inicial de euforia, todos voltaram ao mesmo nível de felicidade em que se encontravam. No fim, eles estavam tão felizes quanto vinte e duas pessoas que não ganharam um tostão. Não é só o dinheiro que não traz felicidade duradoura, dizem os pesquisadores. Talvez nada traga – ou nada que venha de fora de nós, seja o que for. Penso nisso como A Teoria da Felicidade Humana de Dorothy Gale, em homenagem à heroína de *O Mágico de Oz*, que descobre a simples verdade que: "Se um dia voltar a procurar pelo que meu coração perdeu, não vou além do meu próprio quintal, pois se não estiver lá, é porque nunca o perdi realmente". Ver essa frase como uma constatação de fracasso ou como uma atitude surpreendentemente zen vai de depender se você ser homem ou mulher.

O conceito da adaptação hedônica ajuda a explicar por que as melhoras em nosso padrão de vida não necessariamente resultam em melhoras em nosso bem-estar. Rapidamente nos acostumamos a viver bem. E o resultado não é um aumento na satisfação, mas o aumento do desejo de viver "melhor do que bem", pegando emprestada uma frase do bioético Carl Elliot.

Daniel Kahneman explica que nossa quase fantástica habilidade de adaptação é um fator que raramente levamos em consideração ao tomar decisões. Superestimamos a diferença que quase qualquer mudança de circunstância refletirá em nosso próprio bem-estar, desde a troca de marido à mudança de um corte de cabelo. De modo inspirador, e às vezes desanimador, a capacidade humana de superar as adversidades – que os psicólogos chamam de adaptação – é uma forma extraordinariamente eficiente de isolamento emocional. Kahneman conta a história das cortinas que sua esposa escolheu para o quarto. No começo, as achou "simplesmente horrorosas". Um pouco depois, ele ficou feliz em perceber que elas tinham ficado tudo menos "invisíveis". Oito anos depois, quando sua família mudou de casa, ele ficou "triste por deixar as cortinas para trás".

A familiaridade não alimenta, necessariamente, o contentamento; na verdade, ela gera indiferença. E o caminho de menor resistência é aquele que nos leva de volta, assim como Dorothy ou Ulisses, para o lugar de onde saímos.

O Amor em uma garrafa de vinho

Grandes melhoras em nossas circunstâncias de vida não nos farão, necessariamente, mais felizes; apesar de que, olhando pelo lado positivo – bem, mais ou menos – pioras na vida não nos deixarão necessariamente mais infelizes. Mas já chega de falar sobre a história de meu relacionamento! Na verdade, a estranha tendência consoladora em direção à homeostase que descobrimos no último capítulo é clara em muitas áreas da vida, desde nossa saúde física ao nosso bem-estar financeiro.

Vamos tomar como exemplo um caso exagerado. Estudos mostram que pessoas que ficam paraplégicas depois de um acidente sofrem uma grande queda no nível de bem-estar. Bem, o que mais poderíamos esperar? Mas o mais extraordinário é que, oito míseros meses mais tarde, a maioria delas sente mais emoções positivas do que negativas. Dentro de poucos anos, os paraplégicos ficam, em média, apenas um pouco menos felizes do que as pessoas sem deficiências. Um estudo recente feito com paraplégicos mostrou que 84% deles classificam suas vidas como "normais" ou "melhores do que o normal".

Casos similares surgem em relação a outros tipos de problemas – por exemplo, em locais de repressão como campos de trabalho, orfanatos e prisões, ou na guerra. A vida tem um jeito maravilhosamente teimoso de nos oferecer a recuperação, independentemente do que aconteça. E nosso "ponto fixo" de felicidade consegue nos fazer atravessar os terrenos mais incertos.

Os processos psicológicos de adaptação nos ajudam a entender por que a realização de um desejo – ou o que parecia ser nosso desejo na terça-feira passada – pode não melhorar nossa vida de modo duradouro. Martin Seligman cita o exemplo de se tomar uma taça de sorvete de creme. A primeira e muito desejada colherada parece o paraíso. Você saboreia o sorvete, delirando. A segunda colherada é maravilhosa, também. Hummmmm! A terceira é boa, a quarta não é nada mau, e a quinta... Bom, francamente, não tem um gosto tão bom assim. Quase podemos dizer que sonhar com um sorvete de creme é mais gostoso do que tomá-lo.

Essencialmente a mesma história da parábola do sorvete de creme de Seligman é contada no clássico conto de fadas *The Fisherman and His Wife* (O Pescador e Sua Esposa). Apesar de geralmente ser citada como uma história moralista sobre a ganância ou, para os mais politizados, sobre os demônios da mobilidade social, é uma história que, eloqüentemente, fala sobre como nosso desejo por "mais" – seja por mais sorvete de creme ou qualquer outra coisa – pode acabar com nossas chances de ser feliz.

A história é simples. Um casal pobre que mora em uma garrafa de vinho (como você) encontra um peixe mágico, que pode realizar desejos. Naturalmente, o primeiro desejo da esposa – que é comunicado ao peixe pelo marido – é uma cozinha ampla e mais um banheiro. Está bem, uma cabana. O peixe realiza o desejo, e a esposa fica encantada. Assim como o marido, é lógico. E teria como não ficar? Ele considerava a garrafa de vinho uma mansão!

Algumas semanas de alegria se passam. A esposa tem tudo que sempre quis e jura que não vai pedir mais nada pelo resto da vida. Bem, o resto da história eu acredito ser bem previsível. Ela continua fazendo pedidos e continua tendo seus desejos realizados. Primeiro, uma mansão, depois um palácio, depois uma série de palácios. Depois, ela pede para que o peixe a transforme em uma Papisa. Ele concede o desejo, meio a contragosto, mas ela ainda não fica completamente satisfeita. O que ela quer mesmo, e diz isso ao marido, é ser Deus – e é quando o peixe acaba com a graça deles e os leva de volta à garrafa. "E é lá que eles moram até hoje", conclui nossa versão da história. ("Pelo menos agora eles têm vida eterna, então", comentou meu filho, filosoficamente, da última vez que a lemos.)

A figura da Fêmea Insaciável, a esposa do pescador, é, de certo modo, outra personagem estereotipada das histórias de vilãs – uma madrasta malvada (pode ser, talvez, que o casal não tenha filhos) cujo imenso apetite por Mais é a fonte de sua própria destruição. Como Eva, a esposa do pescador é a espertinha da família, aquela que "consegue tudo". Mas a ambição e a visão que ela demonstra ter – qualidades que são associadas ao sucesso – no final mostram-se prejudiciais. "Dê a mão a uma mulher e ela vai querer o braço", é o que a história parece nos dizer.

O pior é que esse "braço" que ela ganha não vai direcioná-la a nenhum lugar aonde queira chegar. Seus desejos continuarão a iludi-la por mais longe que ela vá. No final, a esposa do pescador Tem Tudo, se você me permite usar a expressão. Mas o lugar aonde chegou não traz mais nenhuma felicidade – e a deixa bem mais infeliz do que antes.

Do ponto de vista da teoria feminista, seria difícil encontrar uma fábula menos politicamente correta do que *The Fisherman and His Wife*. Mas estou convencida de que existe mais do que uma lição de moral sobre mulheres arrogantes que precisam ser caladas. Talvez seja apenas um desejo de minha parte, mas, para mim, a história ensina muito mais sobre a dinâmica da felicidade humana, que vai além do sexo. (Às vezes, um charuto é só um charuto, como Freud disse – e, às vezes, uma mulher é só um artifício de roteiro.)

No mínimo, a história dá um ótimo exemplo de adaptação a uma situação. Mostra que a alegria não vem de regras, mas de um outro tipo de lógica. Em outras palavras, só porque uma colherada de sorvete de creme tem um gosto bom, não quer dizer que cem colheradas de sorvete de creme terão um gosto cem vezes melhor. Só porque ter dois banheiros melhorou sua qualidade de vida não quer dizer que ter três banheiros – ou, como uma casa que visitei recentemente, cinco – fará o mesmo. A esposa do pescador é exatamente igual a uma daquelas pessoas que ganharam na loteria. Elas ficaram felizes ao ganhar na loteria, sem dúvida. Mas viver com os ganhos foi outra história.

A tendência de nos concentrarmos no que eu vejo como pontos de combustão da felicidade – momentos que marcam mudanças em nossas vidas, como comprar uma casa nova, arranjar um emprego novo ou casar – é parte da razão pela qual podemos errar feio na somatória de nossa vida. Os pesquisadores chamam isso de "estimativa de impacto": o espaço entre o que achamos que sentiremos diante de algumas mudanças e o que realmente sentimos.

Esse tipo de "desejo enganado", como o professor de psicologia da Harvard, Daniel Gilbert, o chama, é responsável pelos descontentamentos (principalmente os mais vagos) que afligem pessoas que parecem ter tudo. Como você e eu.

Daniel Kahneman, que mora em New Jersey, gosta de citar o exemplo das pessoas que vivem lá, mas que sonham em se mudar para a Califórnia – onde, apesar do sol e da brisa fresca, as pessoas não são nem mais nem menos felizes em relação às suas vidas. Mudar-se para outro Estado pode trazer uma grande paz nas primeiras semanas, mas depois de um tempo a vida volta ao normal. Mais cedo ou mais tarde, as mesmas coisas que deixavam você triste em New Jersey o deixarão triste na Califórnia (porque a maior parte delas está, provavelmente, localizada entre suas duas orelhas...).

Minha própria experiência ao mudar-me de um lugar estressante como Nova York para o oeste da Austrália, um lugar calmo, foi uma lição de bem-estar nesse aspecto. Em Nova York, onde eu gastava duas horas e meia no trânsito para chegar ao trabalho, sempre reclamava que não tinha tempo para nada. Em Perth, onde só gastava quinze minutos para me locomover, eu continuava reclamando de minha falta de tempo. Minha intolerância em relação ao trânsito, em vez de sumir, simplesmente adaptou-se às novas condições. Hoje, fico frustrada com uma demora de um minuto.

Minha adaptação ao clima de estilo mediterrâneo decadente de Perth seguiu bem as mesmas linhas. Logo, eu estava esperando o clima perfeito. Dezenove anos de céus sem nuvens depois (com as ocasionais tempestades de inverno), não sou mais capaz de tolerar sequer as menores variações – um vento um pouco mais frio ou um pouco mais quente. Assim como a maioria dos australianos ocidentais, fiquei muito sensível ao clima.

O casamento é um outro bom exemplo de estimativa de impacto, no qual o ponto de combustão chamado "casar-se" – bem determinado pela festa de casamento e toda a agitação trazida com ela – pode fazer com que o casal não pense profundamente sobre o "casar-se". De modo mais mundano, a estimativa de impacto é também o que ocorre quando nos convencemos de que um computador mais atualizado ou um carro com vidros elétricos vão mudar nossa vida para melhor. Na teoria, é fácil de acontecer. Porém, é muito, muito mais difícil quando você está em um *showroom* ou em um seção de eletrônicos de uma grande loja (e eu falo com a experiência de alguém que briga com a própria consciência a cada seis meses em relação à melhoria de vida que uma geladeira com compartimento externo para a retirada de cubos de gelo pode trazer).

A pergunta "As 'coisas' trazem felicidade?" é parecida com a pergunta: "O dinheiro traz felicidade?". A resposta é sim e não. Como a esposa do pescador aprendeu, na dor, o suficiente é realmente mais do que bom – e a pesquisa sustenta totalmente essa idéia. As pessoas que vivem na pobreza, ou seja, abaixo do nível de subsistência, aproveitam menos a vida do que as outras. Ter dinheiro suficiente, e um bom número de comodidades que o dinheiro pode comprar, é vital para a felicidade humana. O difícil, é claro, é descobrir quanto é "suficiente".

Em parte, ele será definido por nosso grupo de referência, como já observamos. Uma mulher que conheço processou seu ex-marido por não ter dado dinheiro suficiente para o filho fazer sua viagem anual de férias para a Europa. Mas o "suficiente" depende da cultura. Na Austrália, uma secadora de roupas é um artigo de luxo. Nos Estados Unidos, é uma necessidade. No bairro onde meus pais moram, um estatuto local proíbe que as roupas sejam penduradas em varais para secar, pois dizem que elas poluem o visual.

A idéia do suficiente também está sujeita a crenças e valores pessoais. Há famílias em todas as comunidades que não têm televisores em casa, por exemplo, e garantem que não se sentem nem um pouco inferiores. Mas eles são anormais, social e estatisticamente falando. Para grande parte da humanidade, a única coisa que pode comprar a felicidade é a sensação de adequação a um grupo. Até mesmo as famílias sem televisores são uma prova disso: elas se relacionam com outras famílias que não têm televisores!

A esposa do pescador nos oferece um bom caso de adaptação hedônica. A cada melhora objetiva nas condições de vida, ela sente uma satisfação passageira. A adaptação garante que a alegria hedonista seja curta. Para manter o mesmo nível de satisfação, ela é levada a aumentar a dose. Suas exigências para obter prazeres mais intensos e freqüentes podem parecer doentias e ousadas, e mal-agradecidas ao extremo – ainda assim, em uma sociedade móvel e competitiva, a mesma dinâmica é o que nos motiva na maior parte do tempo. Circunstâncias objetivas de vida, contanto que não sejam horrorosamente ruins, somam menos de 5% de nosso bemestar subjetivo. Essa é uma constatação sensata e ao mesmo tempo libertadora.

Em termos simples, a ligação entre o dinheiro e a felicidade é quase risivelmente fraca, de acordo com grandes críticas da literatura. Isso é mais verdadeiro ainda em países como os Estados Unidos e a Austrália, onde a maioria das pessoas ganha mais do que o necessário para sua subsistência. Em tais países, onde é raro ver pessoas morrendo de frio ou de fome, aumentar os benefícios sociais também não traz mais felicidade para essas pessoas, diz o sociólogo holandês Ruut Veenhoven, editor do *International Journal of Happiness Studies*. Um estudo realizado na década de 1990 entre 10 mil pessoas de sessenta e quatro países concluiu que uma renda adicional de 13 mil dólares de produto interno bruto *per capita* – quase a metade do padrão norte-americano – não melhora em nada o bem-estar.

Uma pesquisa feita em 2001 pelo professor Bob Cummins e seus colegas da Universidade Deakin, na Austrália, mostrou que as pessoas no grupo de menor renda (aquelas que recebiam menos do que 15 mil dólares por ano) tinham um nível médio de satisfação apenas seis pontos percentuais menor do que aquelas no grupo de renda maior (aquelas que recebiam mais de 90 mil dólares por ano). Por outro lado, a idéia romântica dos serviçais pobres, porém felizes, é tão ilusória quanto o mito da esposa descalça e grávida. "A impotência aprendida" não é o mesmo que bem-estar, apesar de ter características aparentes iguais (como a incapacidade de reclamar ou de alterar o *status quo*).

As pessoas que não reclamam por ter de viver em garrafas de vinho podem adorar garrafas de vinho. Ou então não têm outro modelo de referência. Pesquisas divididas por sexo mostram que as mulheres não só ganham menos do que os homens; em muitas circunstâncias, elas também ficam satisfeitas com menos. As pessoas que cuidam de crianças comparam seus salários com os das outras pessoas que cuidam de crianças. Não os comparam com os salários de mecânicos, alfaiates ou torneiros, muito menos com os de dentistas e advogados.

Do mesmo modo, as pessoas que comparam suas situações com aquelas de grupos de referência inferiores vão sentir que seu nível de satisfação está maior. Quando meus três filhos estavam com menos de quatro anos, eu tinha certeza de que minhas amigas só me visitavam para se sentirem melhor com suas próprias vidas. (E elas protestavam que não era só por causa disso.)

Howard Cutler, co-autor com Dalai Lama do livro *A Arte da Felicidade*, comenta um estudo realizado pela Universidade de Wisconsin, nas quais algumas mulheres escreviam sobre as más condições de vida da cidade delas na virada do século passado ou tinham de visualizar e escrever um texto sobre ser queimada e desfigurada. Depois tinham de falar sobre a qualidade de suas próprias vidas – com resultados totalmente previsíveis.

Um teste mais simples na Universidade Estadual de Nova York (Buffalo) pediu aos colaboradores que completassem a frase: "Sou feliz por não ser...". Depois de cinco repetições, a satisfação em relação à vida teve um aumento notável. As pessoas que precisaram completar cinco frases que começavam com "Gostaria de ser...", por outro lado, sentiram-se muito mal, e com a mesma intensidade.

Ao mesmo tempo, as pessoas que têm mais bens materiais são menos felizes do que as outras. Uma pesquisa estudou oitocentos bacharéis das escolas Hobart e William Smith de Nova York para determinar se aqueles com estilos de vida mais "altos" estavam mais satisfeitos com suas vidas. Você ficará chocado, tenho certeza absoluta, de saber que não. Na verdade, as pessoas com um alto salário, um bom emprego e prestígio, que tinham amigos íntimos e um bom casamento disseram, o dobro de vezes das outras, que eram infelizes. Aqueles que Acabam o Jogo Com Mais Brinquedos, ao que parece, perdem.

Mas antes que fiquemos muito hipócritas, outra pesquisa mostrou que o efeito da felicidade na classe social – uma categoria incluindo *status* de emprego, salário, estudos, área de moradia e "estilo de vida" – pode ser bem grande. É interessante notar que não é o dinheiro em si um fator importante aqui, mas o *status* ocupacional. As pessoas que ocupam cargos de destaque descrevem-se como sendo mais felizes de maneira recorrente do que aquelas em cargos menos importantes. Este é um fator que ajuda a explicar por que as donas-de-casa, por exemplo, que têm um nível de vida melhor, mostram um nível de bem-estar menor e mais depressão do que muitos grupos de pessoas que trabalham fora. Na verdade, o serviço doméstico é um trabalho que exige muita competência – da mesma forma que tantos outros empregos dentro de empresas. Mas em termos de *status* e prestígio, está tradicionalmente entre os empregos menos valorizados do mundo.

É interessante especular como o atual interesse pelo trabalho doméstico pode afetar o bem-estar de uma mulher hoje em dia. A geração que abriu mão da carreira profissional – mulheres jovens, estudadas, competentes, que escolhem como estilo de vida deixar seus empregos remunerados – está, é claro, em uma posição muito diferente da ocupada nos anos de 1950 e 1960 por suas avós, que ficavam em casa porque era isso o que as mulheres faziam, ou porque o casamento as tirava a oportunidade de se candidatarem a empregos em suas áreas.

Na época de minha mãe, as donas de casa em tempo integral afirmavam sentir pena das mulheres que "tinham" de trabalhar. Suas filhas, ao contrário, sentiam pena das que "tinham" de ficar em casa. O *status* e a escolha estão, na verdade, muito relacionados.

Hoje, aquelas que podem escolher não trabalhar estão em posições privilegiadas de não "ter" de assumir nenhum desses papéis. A vontade dessas jovens mulheres de reimaginar o que costumava ser chamado de afazeres domésticos como uma vocação ou chamado, completada com associações profissionais, textos técnicos e motivacionais e participação em reuniões virtuais mudará não só a maneira como o trabalho doméstico é feito, mas, ainda mais importante, como ele é visto. Se as pessoas como Martin Seligman tiverem razão, e "nossa economia estiver se transformando rapidamente de uma economia voltada ao dinheiro para uma economia voltada para a satisfação", então a decisão de viver dentro de um "casulo" – que é inteiramente dependente do dinheiro (mesmo que seja o dinheiro de outra pessoa) – pode passar a ser vista como uma escolha de alto padrão cada vez mais comum.

É interessante lembrar que as pessoas que se colocam no degrau mais alto da escada social também estão entre as mais contentes – e isso é ainda mais concreto em contextos em que a escada social é uma estrutura altamente em evidência. Na Índia, por exemplo, 58% das pessoas que dizem fazer parte da classe média alta se descrevem como "muito felizes", comparadas com 18% das pessoas de classe média e do mísero 1% daqueles que se vêem como "a classe mais baixa". Nos Estados Unidos, cinqüenta anos atrás, 46% dos trabalhadores profissionais contra 28% dos trabalhadores sem profissão descreviam-se como "felizes". Contudo, no final dos anos de 1970, a diferença era quase nenhuma.

A "escada social" é apenas uma outra maneira de referir-se ao *status*, é claro. O bem-estar daqueles que sofrem do que o escritor Alain de Botton chama de "ansiedade por *status*" é prejudicado. Botton observa que "a característica mais evidente da luta pela aquisição de *status* é a incerteza". Sendo assim, não é surpresa alguma constatar que as mulheres sofreram uma queda no bem-estar. Um aumento radical no nível de incerteza em nossas vidas é o lado escuro da política de livre escolha que o feminismo tem lutado tanto e tão bem para implementar.

Nossas avós tiveram os rumos de suas vidas traçados como mapas de ruas, com cada cruzamento claramente especificado. Já as mulheres de hoje parecem receber um par de botas e uma mochila. A sensação de aventura pode ser estimulante – mas também pode ser assustadora. Ter tantas opções – que era a solução há quarenta anos – agora se tornou parte do problema. A responsabilidade de se fazer as escolhas certas costumava recair sobre outros. Nossos pais, nossos maridos, nossas igrejas. Mas não mais. Agora depende de nós. Quisemos a liberdade, mas nunca pensamos na ansiedade, sem falar na culpa, que a acompanha. Para todas nós, exceto as mais intrépidas, é a certeza que nos permite ter uma noite de sono tranqüila. E o sono, como você já deve estar cansada de saber, está diretamente relacionado ao bem-estar.

A sociedade na qual vivemos é positivamente fetichista em relação à liberdade de escolha, diz o economista vencedor do Prêmio Nobel, Amartya Sen, em seu livro *Development as Freedom* ("Desenvolvimento como Liberdade"). Ele se une ao crescente número de críticos sociais que estão preocupados com os custos pagos pela saúde e pela felicidade humana quando as opções são muitas. Em vez de procurar discriminadamente aumentar as opções de escolha, Sen acha que precisamos avaliar se a liberdade ilimitada de opções "nos favorece ou prejudica, se nos dá mobilidade ou estagnação, se aumenta nosso respeito próprio ou se o diminui, ou se nos permite participar de nossas comunidades, se nos impede de fazê-lo".

Ontem mesmo me peguei pensando nessa frase, enquanto estava diante da geladeira de laticínios do mercado perto de minha casa, procurando, sem sucesso, a marca de iogurtes que meus filhos mais gostam entre duzentas e tantas outras à venda. "Que importância tem poder tomar o iogurte com canudinho em um frasco amassável?", me peguei pensando. (Sei que a resposta de meu filho de dez anos seria: "Muita".)

O cientista e psicólogo Barry Schwartz, autor do livro *The Paradox of Choice: Why Less is More* ("O Paradoxo da Escolha: Por que Menos é Mais"), faz a mesma pergunta. Ele cita o exemplo de um estudo chamado *When Choice is Demotivating* ("Quando a Escolha é Desmotivante") que mostrava que donos de mercados compravam mais geléia quando havia uma variedade de seis tipos diferentes do que quando havia vinte e quatro. Poucas opções podem ser vistas como repressivas. Muitas podem ser vistas como opressivas. Isso pare-ce acontecer tanto no mundo fora do mercado como dentro. Mesmo quando o assunto é religião podemos cambalear ao segurarmos o peso da carga de opções.

Gostando ou não, o envolvimento religioso – em especial quando existe a participação em uma comunidade de fiéis – está altamente ligado ao bem-estar. No passado, as pessoas herdavam suas religiões de seus pais como tinham herdado a cor dos olhos e a estrutura óssea – sem escolher. Hoje, um número cada vez maior de pessoas acha que as crianças têm o direito de escolher se querem "ser" religiosas (como dizemos) ou não. O fato de essas mesmas crianças terem dificuldade para escolher a marca do tênis que vão usar não muda nossa atitude. Sem dúvida, muitas pessoas no Ocidente simplesmente trocaram a fé no cristianismo pelo que chamamos de Liberdade de Escolha. Talvez isso ajude a explicar o paradoxo que levanta Schwartz: "Grande parte dos america-nos parece levar uma vida completamente profana" enquanto "a nação como um todo jura ser profundamente religiosa".

De fato, Schwartz vai além e sugere que o problema da quantidade de opções pode ser a verdadeira razão para a epidemia de depressão que afeta grande parte do mundo ocidental – principalmente a parte feminina. O fato de o dobro de mulheres sofrerem de depressão em relação aos homens é certamente sugestivo nesse aspecto.

Os irmãos Grimm não disseram nada a respeito do bem-estar da mulher do pescador depois que ela volta, presumivelmente para sempre, para a garrafa de vinho. Mas uma outra pesquisa sugere que ela deve ter ficado secretamente aliviada por "ter desistido". Talvez ela tenha decidido aplicar sua energia em seu casamento – ou então finalmente tomou coragem e encontrou um companheiro mais parecido com ela em temperamento e ambição. Parece que qualquer escolha teria sido um belo investimento em seu próprio bem-estar.

Na verdade, ter um relacionamento satisfatório é uma das peças mais importantes do quebra-cabeça do bem-estar, e ainda a mais complicada de encaixar. Talvez ela e o pescador, ou um novo marido – um agente imobiliário? –, tenham decidido ter um filho ou adotar um. Isso necessariamente não tornaria sua vida mais divertida, principalmente a curto prazo. Mas a experiência da maternidade, ao mesmo tempo em que diminuiria seu potencial de ganhos (calculando-se uma vida toda), inevitavelmente aumentaria sua sensação de importância e sentido na vida. Assim como ter um emprego cheio de desafios fora da garrafa de vinho, no qual ela poderia despejar sua energia.

A pesquisa mostra, de modo conclusivo, que um acontecimento muito positivo e difícil de acontecer – como ganhar a casa de seus sonhos ou tornar-se Papa, por exemplo – não aumenta a felicidade. Os principais eventos positivos da vida que contribuem para uma sensação verdadeira de bem-estar são quase ridiculamente alcançáveis com qualquer quantia de dinheiro: os prazeres básicos da comida, bebida, sono e sexo; e os relacionamentos com amigos.

Não consigo pensar em um conto de fadas que termine com um grupo de amigos sendo felizes para sempre. E ainda, a maioria das mulheres diz que seus momentos mais felizes não são aqueles passados no trabalho ou com seus parceiros, nem mesmo com seus filhos. São aqueles que passam com suas amigas. É possível que a insatisfação crônica sentida pela esposa do pescador tenha mais a ver com seu isolamento da sociedade do que com sua ansiedade por *status*. Já está claro que nenhum ser humano, por melhor que seja seu emprego ou seus eletrodomésticos, será feliz sem sentir que pertence a um grupo. E isso, incidentalmente, ajuda a explicar por que a participação na igreja é uma previsão mais certa de bem-estar do que, digamos, a inteligência. Também ajuda a explicar por que, de modo geral, aqueles que agem de acordo com as expectativas da sociedade mostram um nível de bem-estar mais alto do que aqueles que desafiam ou se opõem a elas. Há um motivo para a maioria de nós resistir tanto para sair de nossas garrafas de vinho: porque estaremos sozinhos lá fora.

De certo modo, a esposa do pescador é controladora ao extremo. Seu último desejo, afinal, é controlar o nascimento e o pôr-do-sol! Ironicamente, é a natureza descontrolada de suas ambições de controlar que acabam selando seu destino. Mas é importante reconhecer que o desejo de chegar à perfeição – que parece muito melhor do que o desejo de controle – não é ruim nem inadequado. Ao contrário, a pesquisa de qualidade de vida tem mostrado que a "autonomia", para usar outra palavra positiva para o mesmo impulso básico, é essencial para o bem-estar do adulto. A autonomia – que geralmente é, pelo menos no mundo real, o resultado de um nível de poder social e econômico – é o *yin* para o *yang* da sensação de participação em um grupo.

Estudos mostram que depender de outras pessoas para realizar seus próprios desejos e ter as necessidades básicas atendidas, como, por exemplo, as esposas têm feito tradicionalmente dentro do casamento, é uma receita para o descontentamento. E isso acontece em culturas "desenvolvidas" como a nossa, que prezam a individualidade no lugar de objetivos mais coletivos e abrangentes. A autonomia em excesso, por outro lado – e poderíamos dizer que ela tem sido adotada pelos maridos nos casamentos tradicionais – é igualmente prejudicial para a felicidade. Quando

Ter Tudo significa Controlar Tudo, Responsabilizar-se por Tudo, Preocupar-se Constantemente com a Possibilidade de Perder Tudo, ninguém vive feliz.

Depois da autonomia e da participação em um grupo, o terceiro elemento essencial da felicidade autêntica ou eudemonista é – e não surpreende – a competência. A famosa frase de Freud de que "o amor e o trabalho são a base de nossa condição humana" provavelmente diz exatamente a mesma coisa com um pouco mais de estilo. Para a maioria de nós, homens ou mulheres, a autonomia e a competência estão diretamente relacionadas ao trabalho que realizamos, apesar de que a situação pode ser um pouco mais complicada para as pessoas que cuidam de seus filhos o dia inteiro ou cuja vocação está fora do mundo do trabalho remunerado.

Competência é uma qualidade que não pode ser cultivada no abstrato. Não podemos alcançá-la na imaginação, nem pensar que ela acontecerá. Ela também não pode ser alcançada para nós por outras pessoas. A competência deriva da ação – do fazer coisas, e fazer direito e de ser visto fazendo direito. (A parte do "ser visto" ajuda a explicar por que o serviço doméstico raramente traz as mesmas recompensas físicas dos outros tipos de trabalho. Não é porque é desvalorizado, árduo ou porque "nunca termina" – apesar de tudo isso ser verdade. O problema com o trabalho doméstico é que ele é funcionalmente invisível.

A sensação de competência é o que nos faz ter a certeza de que as coisas boas da vida, das quais gozamos, são as coisas que desejamos, que conquistamos. E recompensas conquistadas são mil vezes melhores do que qualquer prêmio recebido de graça, por melhor que ele seja. Essa é uma das razões que explicam por que o trabalho é tão importante para o bem-estar. Nem tem a ver necessariamente com dinheiro, apesar de que, para ser honesta, geralmente tem. Pense no gosto de um tomate que uma pessoa acompanhou desde a plantação da semente, ou de uma laranja colhida de uma laranjeira cuidadosamente podada e fertilizada o ano todo.

Muito escutamos a respeito da importância da "auto-estima" para nossa saúde e felicidade. Ainda assim a pesquisa é clara ao dizer que a auto-estima nada mais é do que um subproduto da competência. O que nos faz sentir bem por dentro é o que conseguimos alcançar de bom do lado de fora. Escutar dos outros – sejam eles bajuladores, chefes ou qualquer subordinado – que somos maravilhosos não nos dá sensações maravilhosas. Pelo contrário, pode causar apenas cinismo, vazio e raiva de si mesmo. Com certeza, parte do descontentamento sofrido pela esposa do pescador em primeiro lugar foi o resultado de um déficit de competência. O pescador, competente como era, estava claramente feliz com seu trabalho. Podia até não saber muitas coisas, mas sabia pescar, e era bom nisso. E isso bastava. Como tantos homens há muito tempo, ele ficava confuso com as insatisfações infundadas e as exigências irracionais de sua esposa. Mas acho que se ele fosse o marido de uma pescadora – sem uma sensação clara de sua própria competência no mundo do lado de fora da garrafa de vinho – a situação teria se invertido.

É possível que a esposa do pescador tenha ficado aliviada ao ser colocada "em seu lugar" no final da história. Qualquer mulher que já tenha secretamente desejado voltar no tempo para um lugar e época mais simples – não é verdade que todas nós temos esse desejo? – pode entender isso. Mas é aí que as comparações com os contos de fada terminam. Para aquelas de nós que vivemos em um mundo onde peixes encantados infelizmente são raros, não há como voltar no tempo – e nenhuma realização neoconservadora de um desejo mudará isso.

É bem engraçado. Quando você ganha tudo que tinha certeza de que sempre quis, acha que viver feliz para sempre será a parte fácil. Obviamente, é preciso pensar bem.

Mulheres Muito Sensíveis

"Não há mistério nenhum em relação ao que as mulheres querem... Elas querem tudo. Assim como nós. O interessante é com o que se contentam..."
> Richard Russo em *Um Homem Quase Perfeito*

Na idade da pedra psicossexual na qual eu cresci – os Estados Unidos da elegante década de 1960 –, as crianças aprendiam desde cedo que a felicidade era uma máscara que poderia deixá-las invisíveis para os adultos. Talvez os meninos pequenos não pudessem chorar, mas as meninas pequenas não tinham sequer a permissão de fazer cara de triste. A felicidade era algo que os adultos esperavam que você tivesse se fosse uma menina. Era um dever, como arrumar a mesa.

No meu caso, eu me sentia bem feliz. Só não parecia bem feliz. Não demonstrava muita felicidade. O problema, eu acho, estava em minha boca. Tenho uma daquelas bocas que, fechada, parece... Bem, não exatamente trágica, mas, podemos dizer, melancólicas. Alguns poucos adultos conseguiam não fazer comentários. "Por que você está triste?", eles me perguntavam. "Ah, pare com isso. Não é tão ruim assim." Até mesmo desconhecidos me lançavam um "Sorria!". ("Isso, menina boazinha!")

Eu detestava ser incapaz de sentar e ficar no meu canto, e o fato de meu rosto não satisfazer as expectativas dos adultos. Ressentia-me de saber que, a menos que estivesse sorrindo feito uma idiota, as pessoas me achavam triste. E sentir-se triste era algo que uma menininha tinha de aprender a encobrir com um sorriso, como vestir um *top* por baixo da roupa no verão ou cruzar as pernas na altura dos tornozelos – coisas que nenhum menino precisava fazer.

Normalmente, não pensamos que a felicidade pode estar relacionada a um genêro em especial. E normalmente não pensamos que a emoção possa estar. As pessoas sentem o que sentem por serem pessoas, e acreditamos nisso – e não porque são homens ou mulheres. Isso é completamente razoável. É politicamente correto. E é desafiadoramente falso. Resumindo, a crença de que a emoção é totalmente alheia ao sexo é um caso clássico de "ótima teoria, espécie errada", como E. O. Wilson disse sobre o marxismo.

Ideologicamente infundada ou não, é clara a evidência de que mulheres e homens "sentem" nitidamente as coisas de modos diferentes. Para ser justa, a maior parte das diferenças é o resultado da criação, não da natureza. Apesar de nascermos mulheres (ou não), é pelo menos igualmente verdadeiro dizer que nos tornamos mulheres (ou não). Aprendemos a ser meninas e, mais tarde, mulheres. E parte desse processo de aprendizagem é o que Flaubert chama de "educação sentimental": aprender a sentir o que temos de sentir – nesse caso, o que temos de sentir como filhas e irmãs, esposas e mães, colegas de trabalho e amigas.

Temos observado que, de modo geral, as mulheres mostram-se mais felizes do que os homens (apesar de que a diferença da felicidade também parece estar diminuindo). Uma meta-aná-lise de noventa e três estudos recentes das diferenças da felicidade entre os sexos, por exemplo, mostrou que as mulheres eram "significativamente" mais felizes do que os homens – isso é, a diferença era grande o suficiente para ser mais do que o acaso. Um outro estudo de grande escala, baseado em dados do General Social Studies (Estudos Sociais Gerais - Estados Unidos) com mais de 12 mil indivíduos, confirmou a descoberta: em todos os subgrupos, em todas as camadas da sociedade, as mulheres estavam mais satisfeitas com a vida do que os homens.

Tudo isso é bastante interessante... Mas o que quer dizer? Porque uma outra descoberta igualmente enfática é a de que as mulheres em todos os subgrupos e camadas da sociedade também são mais deprimidas em relação à vida do que os homens. Não apenas um pouco mais deprimidas. Muito mais deprimidas. Na verdade, a taxa de depressão entre as mulheres é duas vezes maior que entre os homens. Além disso, a depressão feminina começa mais cedo, tem um índice mais alto de reincidência, uma maior duração e um índice mais baixo de remissão espontânea. As mulheres também ganham dos homens nos níveis de culpa e vergonha, dizem os especialistas. E a diferença é tão grande quanto no caso da depressão. (Não é de surpreender que o sentimento de culpa e a depressão estejam relacionados.)

As mulheres passam por mais alegrias na vida do que os homens. Mas as mulheres passam por todas as emoções de modo mais intenso que os homens – incluindo, contra todos os estereótipos, a raiva. De acordo com uma forte evidência de anos de pesquisa, as mulheres não necessariamente se sentem "melhores" do que os homens. Mas costumamos sentir mais que os homens.

O termo técnico para essa virtuosidade emocional – ou vulnerabilidade, dependendo do ponto de vista – é "intensidade com que somos afetadas": a predisposição para sentir tudo intensamente, tanto os sentimentos negativos quanto os positivos. Em grandes populações e durante suas vidas, os homens geralmente demonstram níveis mais baixos de intensidade com que são afetados do que as mulheres. Outros pesquisadores preferem falar de "expressividade" (como o oposto de "instrumentalidade") para descrever um estilo emocional no qual o volume é aumentado só um pouco. (Pesquisas que tentam evitar a estereotipagem de sexo podem usar "indivíduos expressivos" e "indivíduos instrumentais" como uma maneira de evitar falar de mulheres *versus* homens.) Na verdade, saber se as mulheres sentem as emoções de modo mais intenso ou se são apenas mais claras – ou se são mais capacitadas – para expressá-las continua sendo assunto para um debate inflamado.

No entanto, uma coisa está clara: a felicidade, por mais plena e profunda, não anula a infelicidade. O relacionamento entre emoções positivas e negativas, em outras palavras, é "não recíproco". A pesquisa mostra que isso é a boa e a má notícia sobre a intensidade com que se é afetado. Por um lado, é verdade que passar por muitos momentos de alegria oferece apenas pouca proteção contra os inevitáveis "buracos" da vida. Mas, olhando pelo lado bom – de certa maneira –, sentir-se total e profundamente triste de vez em quando não destrói, de jeito algum, suas chances de sentir-se total e profundamente eufórico – nem sua capacidade. Na verdade, uma prova dessa capacidade é que as pessoas mais felizes do mundo são, também, as mais insatisfeitas. E isso é a intensidade com que se é afetado: intensidade em todas as emoções.

Pessoalmente, acho essa idéia um pouco estranha, e completamente reconfortante. Certamente é uma descrição apurada de meu protótipo emocional. Quando eu era criança, tinha certeza de que a música do jardim-da-infância que falava sobre a menininha que era "muito boazinha" ou "feia" tinha sido feita especialmente para mim, enquanto aquela bobinha que falava sobre "açúcar e pimenta e tudo está bem" claramente existia para confundir a cabeça de qualquer menina.

Minhas filhas também são assim. Podem ter herdado a cor dos olhos do pai. Mas a cor de suas emoções – adivinhem? – é uma herança direta do lado materno da família. O estilo emotivo de meu filho – sem dúvida, para que sua mãe pague seus pecados – é tão parecido com o estereótipo de baixa expressividade/baixa intensidade/alta fuga que é como se ele tivesse nascido completamente formado – ou será que eu deveria dizer com duas dimensões gloriosas? – conforme as idéias de John Gray[1].

Os psicólogos que estudam as emoções têm o cuidado de não cometer os mesmo erros que todos aqueles adultos cometeram quando eu era uma criança de expressão triste. Eles tentam ser escrupulosos ao distinguir:

- como expressamos as emoções;
- como "fazemos" as emoções, transformando os sentimentos em comportamento; e
- como a emoção é registrada fisiologicamente, medida pela freqüência cardíaca, condutividade da pele, e assim por diante.

As pessoas que dizem que são felizes não se sentem felizes de verdade, um fato que causa um grande dano metodológico para os que pesquisam a felicidade – sem falar para o resto de nós. As pessoas que se sentem felizes nem sempre demonstram essa alegria – sejam elas crianças de cinco anos carrancudas ou amigos falsos e sarcásticos. E, é claro, as pessoas que demonstram alegria nem sempre se sentem felizes (pense nos palhaços profissionais, nos políticos profissionais...).

Sorrir é um bom sinal. Como o "sinal visível e externo" de felicidade, o sorriso é uma bela forma de comportamento simbólico. Pesquisas interculturais confirmam que as mulheres sorriem mais do que os homens, tanto em público quanto em particular. Na verdade, estudos provam que as pessoas asso-

---

[1] John Gray: psicólogo norte-americano que ficou mundialmente famoso por seu best-seller *Os Homens São de Marte e as Mulheres São de Vênus*.

ciam o sorriso com a feminilidade. E associam a ausência de sorriso com poder e domínio. De modo geral, isso explica por que a Barbie sorri mais do que Alan Greenspan[2].

A tão famosa "hipótese repressiva" – prefiro chamá-la de Fenômeno da Felicidade Falsa – diz que sorrir com freqüência é a estratégia que um grupo de menos poder utiliza para tentar causar uma boa impressão a um grupo mais poderoso. A teoria sustenta que pessoas em posições superiores sorriem menos porque não precisam agradar a ninguém para conseguir o que querem. Nas entrevistas de emprego, é o candidato quem sorri mais, não o entrevistador, e estudos confirmam isso. O juiz de um concurso de beleza que tentasse ser simpático com as candidatas, sorrindo para elas, estaria tão fora de contexto quanto se decidisse desfilar de maiô e salto alto.

Como todos nós, os psicólogos distinguem o sorriso verdadeiro do sorriso falso, as expressões espontâneas das impressões forçadas de bem-estar. Chamam o sorriso verdadeiro de sorriso Duchenne, batizado com esse nome por causa do físico francês do século XIX, Guillaume Duchenne, que foi o primeiro a identificar os sinais mentirosos que distinguem os sorrisos falsos dos verdadeiros. Qualquer criança de seis anos mais atenta poderia dizer a mesma coisa: um sorriso de verdade envolve a musculatura ao redor dos olhos, da boca e dos lábios. É um efeito quase impossível de fingir (diferentemente de forçar os cantos da boca para cima, coisa que qualquer chimpanzé consegue fazer).

Sorrisos "vazios", ao contrário – às vezes chamados de sorrisos Pan American, por causa das comissárias de bordo da empresa aérea que ajudaram a transformá-los em fina arte –, são sorrisos que representam a forma da felicidade, mas não seu conteúdo. Apesar de a prática ser ilimitada aos sexos – pense nos vendedores de carros usados e nos pregadores do fundamentalismo – eu me arrisco a dizer que a maioria de nós

---

2 Alan Greenspan: presidente do Federal Reserve (Banco Central Norte-Americano).

associa esse tipo de sorriso muito mais com as mulheres do que com os homens. As mulheres do filme *Mulheres Perfeitas*, ou Victoria Beckham ("David e eu estamos mais apaixonados do que nunca!"), ou talvez até mesmo nossa própria mãe sorrindo sem o menor entusiasmo aos nossos futuros sogros.

(Por mais bizarro que pareça, uma pesquisa conduzida pelo psicólogo Paul Ekman mostrou que o sorriso falso, por mais que não possa refletir a felicidade, pode, de fato, induzi-la. É evidente que forçar seus lábios a esboçarem um sorriso – mesmo que para isso você tenha de colocar um lápis entre seus dentes – estimula a atividade no córtex pré-frontal esquerdo, a área do cérebro responsável pelas emoções positivas. Seu sorriso forçado pode não enganar ninguém, mas você é que pode acabar rindo melhor.)

•

Já observamos que a desigualdade nos níveis de felicidade entre homens e mulheres parece estar diminuindo em todas as partes do mundo desenvolvido – alguns observadores culpam o feminismo por essa falha em trazer alegria de verdade para a vida das mulheres. Uma explicação alternativa pode ser que as mulheres não estão menos felizes atualmente, apenas estão mais sinceras. Talvez nos sintamos menos pressionadas a fingir que tudo está azul porque nos sentimos mais poderosas agora. Talvez tenhamos atingido um ponto no qual nos sentimos no direito de reclamar.

E já que estamos falando nisso, as mulheres reclamam mais também, principalmente dentro do contexto do relacionamento. Por toda nossa suposta superioridade em aproveitar as coisas boas que a vida tem para oferecer, somos as primeiras a implicar com qualquer coisinha. (E é preciso lembrar que a "coisinha" com relação ao homem pode ser outra razão para a mulher querer se divorciar.)

Uma pesquisa recente mostrou que as mulheres casadas têm uma probabilidade muito menor de dizer que são "muito felizes" em seus relacionamentos do que os homens casados, citando como problemas-chave a divisão das tarefas domésticas, os cuidados com os filhos e o lazer. Um estudo recente feito pelo sociólogo australiano Ken Dempsey revelou que 70% dos homens se sentiam satisfeitos com seus casamentos como eram, em comparação com 42% das mulheres. Se isso se deve ao fato da maior intensidade com que as mulheres são afetadas ou simplesmente porque elas têm mais do que reclamar, objetivamente falando, continua sendo uma pergunta sem resposta.

Qualquer pessoa que aceite o estereótipo sexual de que as mulheres demonstram mais felicidade, e os homens mais raiva, obviamente nunca foi casado (ou nunca leu a pesquisa). Na verdade, a evidência é clara ao mostrar que os homens, no geral, expressam muito menos raiva, assim como qualquer outro tipo de sentimento negativo, incluindo tristeza, remorso e vergonha, do que as mulheres. Possivelmente, o estereótipo reflita o fato de que quando os homens realmente expressam sua raiva, o fazem de maneira dramática e palpável de expressões faciais como caretas ou franzindo a testa ou por meio de gestos físicos agressivos.

"Eu me sinto brava na maior parte do tempo", minha amiga Marion admite. Estamos em uma sessão de leitura. Ou o que começou como uma sessão de leitura – agora são duas da madrugada, e o livro em questão há muito tempo foi deixado de lado pelo mesmo pretexto de sempre. A coisa mais estranha não é a confissão de Marion; é o sorriso que ela mostra ao dizer aquilo, como um guardanapo de coquetel ou um presente cuidadosamente escolhido para presentear um anfitrião. Não estou dizendo que não acredito que ela se sinta brava. Ela é minha amiga. Por que mentiria? O que eu não acredito é que ela tenha o direito de se sentir assim. O sorriso é como uma desculpa, uma maneira de suavizar ou controlar sua raiva, de torná-la mais aceitável. Mas também é – e conheço Marion o suficiente para dizer isso – um reflexo.

Marion não se submete a ninguém. Aos cinqüenta anos, é uma arquiteta de sucesso, com duas filhas maravilhosas e um marido que ela não só ainda ama, mas de quem ainda gosta. Marion é uma feminista. Assim como seu marido, suas amigas e a maior parte de seus clientes. Ela usa como argumento o fato de que as mulheres e os homens têm o direito às mesmas oportunidades, ao mesmo tratamento perante a lei. Seu comportamento deixa essa idéia completamente clara. Marion também defende que os homens e as mulheres têm o direito às mesmas emoções. Mas, nesse caso, o desacordo entre o que ela acredita e o que demonstra é quase cômico.

Se alguém convidasse Marion para participar de um estudo sobre sexo e emoções, ela certamente estaria entre a maioria das mulheres que diz sentir uma raiva intensa e constante. Também, com certeza, Marion é uma pessoa que tem "problemas" com a raiva – problemas que sua convicção feminista não conseguiu resolver completamente. É claro, as coisas poderiam ser piores. A mãe de Marion, cuja criação pré-feminista incluía a notória mensagem que os sentimentos de raiva eram "pouco femininos", é incapaz de admitir que sente raiva, imagine demonstrá-la.

"Minha mãe não fica brava", Marion explica. "Ela tem 'palpitações'."

Sentir-se verdadeiramente feliz, observamos, não significa apenas ter bons sentimentos. É sentir que temos o direito de senti-los. A experiência de sentir-se "verdadeiramente brava" parece ser parecida. A convicção de que a raiva de uma pessoa é, para usar uma palavra melhor, merecida – até mesmo conquistada – continua sendo um assunto problemático para muitas mulheres.

"Sentir seus sentimentos" pode não ser difícil. Dar sentido a esses sentimentos, entretanto, pode. Os psicólogos acreditam que é a maneira como avaliamos ou classificamos o que sentimos, o tipo de moldura que colocamos ao redor deles, que determina nosso bem-estar. O modo com que pensamos sobre causa e efeito é particularmente crítico. Pense em um acidente de carro, no qual você acha que a outra pessoa estava errada. Vai sentir-se abalado com o ocorrido e desejar que ele não tivesse acontecido, mas sua emoção predominante tem grandes chances de ser a raiva. Se, por outro lado, você reconhecer que a culpa pelo acidente foi sua – resultado de sua própria falta de capacidade – não vai sentir raiva alguma, mas culpa e arrependimento. No primeiro caso, você "externalizou" o ocorrido. No segundo, você o "internalizou". E as conseqüências da escolha para seu bem-estar emocional serão enormes.

Acho que você sabe aonde tudo isso levará. E sim, eu detesto ser tão previsível, mas parece ser verdade que as mulheres, mesmo as pós-feministas de carteirinha, têm uma propensão maior para internalizar os sentimentos negativos enquanto os homens, independentemente de sua política sexual, têm uma propensão maior a externalizá-los. Segundo os especialistas, essa é uma das razões pelas quais as mulheres são as pessoas que mais apresentam quadros clínicos de depressão – e porque as taxas de alcoolismo, violência doméstica e outras for-mas de agressão apresentadas pelos homens são igualmente altas. O distúrbio de personalidade anti-social, por exemplo, apresenta um índice quatro a cinco vezes mais alto nos homens, e o vício em drogas é duas vezes mais comum. Nós, mulheres, acentuamos as coisas positivas, mas internalizamos as negativas.

Nossa capacidade de internalizar o sucesso, por outro lado, não é tão eficiente. Um estudo publicado em 2003 no *Journal of Personality and Social Psychology* revelou que os homens são muito mais propensos do que as mulheres ao "*self-handicapping*" – ou seja, inventar desculpas esfarrapadas, mas autoprotetoras, para justificar um mau rendimento.

"O objetivo do *self-handicapping* é desconsiderar a capacidade como o fator principal de um resultado insatisfatório e exaltá-la como a responsável pelo sucesso", explica Edward Hirt, um psicólogo da Universidade de Indiana (Bloomington) que passou uma década estudando o fenômeno. Hirt descobriu que, num todo, as mulheres não só são menos propensas a usarem o *self-handicapping*, como também a tolerar tal atitude em outras pessoas. Elas não acreditam que os eventos negativos "simplesmente acontecem" e costumam ver as pessoas que usam desse artifício como "preguiçosas, desmotivadas ou sem autocontrole".

O velho estereótipo de que as mulheres são volúveis e irresponsáveis – o que prefiro pensar como a Fraude de "I Love Lucy" – é quase cruelmente mentiroso. Geralmente, sofremos exatamente da tendência oposta. Assumimos muita responsabilidade, principalmente quando as coisas dão errado. Essa é uma das razões pelas quais, em comparação com nossos parceiros (que, como gostamos de dizer para nós mesmas, são "apenas crianções"), com freqüência nos sentimos como as verdadeiras adultas dentro de nossas casas. Somos hipermaduras. Patologicamente maduras.

O resultado é a culpa, é claro – uma das tão conhecidas emoções morais que as mulheres dominam tão bem, juntamente com a vergonha, o embaraço, a gratidão e a empatia. Analisar a relação entre culpa e responsabilidade pode nos ajudar a ver a culpa também como um problema de controle, talvez até mesmo um problema de obsessão por controle.

"Quando levo meus amigos a um restaurante onde a comida não agrada", uma escritora confessou, "minha reação comum é pedir desculpas. Já pedi desculpas pela falta de neve em uma estação de esqui, pela falta de sol em um piquenique e pelos erros cometidos por outras pessoas – e cheguei ao extremo de dizer 'desculpe-me' quando algum estranho esbarrou em mim na rua."

É claro que a culpa faz com que sempre peçamos "desculpas", mas há mais por trás disso. Tais crises de culpa sugerem um certo sentimento de superioridade, até mesmo arrogância excessiva. Existe uma sutil diferença entre ser um adulto responsável e sentar-se à direita de Deus puxando a alavanca da neve, e está claro que essa mulher não percebeu essa diferença.

Analisaremos a culpa mais a fundo depois, mas agora – e sinto-me péssima em relação a isso – gostaria de dar uma palavrinha sobre masoquismo. Porque a capacidade extraordinária que temos de nos atormentar é, sinto dizer, um dos dons especiais das mulheres.

Uma teoria psicanalítica do começo do século XX dizia que as mulheres eram masoquistas por natureza – e, olhando para as vidas e relacionamentos de muitas mulheres, mesmo nos dias de hoje, não é difícil entender o porquê. Freud via o masoquismo como uma característica inevitável da sexualidade feminina, assim como muitos outros psicanalistas influentes.

Helene Deutsch, por exemplo, teorizou que, como as mulheres sofrem fisicamente devido à menstruação, ao parto e (no começo) ao sexo, a dor e o prazer tornam-se intrinsicamente ligados. O desenvolvimento sexual feminino, Deutsch concluiu, constituía-se de uma "série de autoprivações" – uma seqüência que era particularmente adaptativa e saudável porque combinava muito bem com o papel de mãe! Deutsch encerrava sua teoria dizendo que qualquer mulher que falhasse em desenvolver o exigido nível de masoquismo teria ego grande demais para ser uma boa mãe (a própria mãe de Deutsch, que disse que batia regularmente em sua filha porque, nas palavras de um biógrafo, "ela não era um menino", foi, com certeza, uma inspiração para ela).

Hoje, ficamos indignadas com tanta falta de fundamento. Mas, ainda, talvez mais do que gostemos de admitir, o masoquismo continua sendo uma característica nas vidas de muitas mulheres que se dizem libertas. De modo estranho, nossos sentimentos masoquistas são capazes até de fazer com que nos sintamos poderosas. A autoprivação não é exatamente divertida, mas pode ser uma ferramenta surpreendentemente útil para manipular os outros.

Lembra da piada da lâmpada com a mãe judia? (P: Quantas mães judias são necessárias para trocar uma lâmpada? R: Não se preocupe. Vou ficar aqui no escuro.) Adoro essa piada. Para mim, é uma piada sobre o poder: o poder que vem de não se ter necessidades. A analista junguiana Sylvia Brinton Perera observa que a culpa pode oferecer uma fonte de identidade positiva para a válvula de escape, "uma força enormemente grandiosa compensando a fragilidade e o masoquismo da vítima-ego". Não é de estranhar que tantas esposas e mães desenvolvam o que um observador tem chamado de "estoicismo orgulhoso e passivo – sempre com uma sensação de martírio justo".

Está feliz agora?

O Guia da amiga para a culpa e a depressão

Assim que cheguei na Austrália, há quase vinte anos, levei um susto com tantos pedidos de desculpa que eu escutava nas frases das mulheres. Elas sempre estavam pedindo desculpas. Mesmo quando queriam o sal pediam desculpas. "Desculpe-me, mas você pode me passar o sal?" Nunca tinha escutado uma coisa dessas. Por que uma pessoa precisava pedir desculpas por querer o sal? As mulheres não podiam gostar de sal? Perguntei para meu então marido. Ele pensou que eu estivesse dando uma de engraçadinha. E eu estava mesmo, é lógico. Mas também era uma pergunta séria. Uma pergunta sobre necessidades, e quem tinha o direito de tê-las.

Já observamos que a tendência a sentir culpa está associada com a depressão, e que ser mulher é um fator de risco para as duas. Falando de modo geral, as mulheres sofrem de depressão duas vezes mais do que os homens. Como essa estatística básica, todos os observadores concordam. A pergunta que fica é "por quê?". As mulheres têm mais depressão porque é assim que elas são, ou porque é o que uma mulher aprende? Ou é simplesmente o caso de que as mulheres têm mais motivos para ficarem deprimidas? A resposta, de modo deprimente, parece ser uma combinação dos três fatores.

Como a culpa, a depressão é uma experiência profundamente pessoal, cujas implicações políticas para as mulheres têm sido desastrosamente pouco analisadas. Se uma felicidade maior para mais pessoas é o que as mulheres querem realmente agora, entender a depressão precisa se tornar uma prioridade urgente – não apenas do ponto de vista da saúde pública, mas do ponto de vista do *status* das mulheres, seus direitos e oportunidades.

A depressão atinge os homens também, é claro. Nos últimos quarenta anos, as taxas de depressão no mundo desenvolvido aumentaram dez vezes tanto para os homens quanto para as mulheres. A depressão acontece mais cedo hoje em dia, também. Em 1960, a média de idade em que ela surgia era aos vinte e nove anos e meio. Hoje, é aos catorze e meio. Estatísticas como essas costumam confirmar – para mim, pelo menos – o palpite de que a depressão não é de início uma questão de biologia (esteja ligada ao sexo ou não), mas de sociologia.

Os pesquisadores que afirmam que a depressão é biologicamente determinada dizem que o dobro de depressão entre as mulheres tem sido constatado em várias partes do mundo. Aqueles que acham que ela está apenas ligada ao sexo – o resultado de como construímos a identidade sexual – apontam exceções para essa "regra". As mulheres que vivem em comunidades Amish na área rural da Pensilvânia, por exemplo, têm uma taxa de depressão de apenas um décimo da depressão enfrentada por suas irmãs que vivem na Filadélfia. Ou que homens que ficaram viúvos recentemente são mais deprimidos do que as mulheres nessa mesma situação. Ou que as taxas de depressão nos campus das faculdades americanas e em nações em desenvolvimento – uma junção bastante curiosa – são muito mais bem distribuídas homens e mulheres.

Nas meninas, as taxas de ansiedade e depressão sobem no começo da adolescência, um fato sempre citado para dar apoio à explicação biológica. Pesquisas recentes no entanto, têm mostrado que esse aumento não parece estar relacionado a nenhuma mudança endócrina. Alguns pesquisadores sugerem que as adolescentes são mais sujeitas à depressão porque elas se chateiam com as mudanças físicas que ocorrem na puberdade. Os meninos costumam gostar das mudanças em seus corpos adolescentes; as meninas, devido a uma variedade de razões sociais, são mais ambivalentes.

A psicóloga Susan Nolen-Hoeksema, de Yale, diz que: "Em especial, as meninas não gostam das gordurinhas que ganham e da perda do corpo magro e curvilíneo que é idealizado na moda atual. Os meninos, pelo contrário, valorizam o aumento da massa muscular". Antes da adolescência, há pouca diferença nas taxas de depressão entre meninos e meninas. Aos quinze anos, de acordo com números do National Institute of Mental Health (Instituto Nacional de Saúde Mental), o índice de meninas deprimidas em relação aos meninos é o familiar dois para um.

A idéia de que "seus hormônios as fazem agir assim" há muito caiu por terra pela pesquisa da ligação entre a depressão e a menopausa. Contrariamente à crença popular, parece que não existe ligação alguma. Apesar de a depressão na menopausa já ter sido considerada um problema normal, pesquisas mostram que as mulheres estão tão propensas à depressão na menopausa quanto em qualquer fase de suas vidas. Tampouco, apesar da vasta publicidade em torno do assunto, parece existir qualquer evidência clínica para a síndrome do ninho vazio sofrida pelas mulheres – sentimentos de perda de identidade e propósito na vida que supostamente aparecem depois que os filhos crescem e saem de casa. Pelo contrário, os estudos agora mostram que os anos considerados do ninho vazio são uma época revigorante para as mulheres.

Os dados da neurobiologia da depressão são inclusivos atualmente; entretanto, alguns pesquisadores propõem que a mais alta suscetibilidade das mulheres pode surgir de maneiras específicas (mas ainda não determinadas) nas quais o corpo feminino metaboliza os neurotransmissores envolvidos na depressão. Em outras palavras: porque nossos cérebros são diferentes.

Muito menos especulativos são os dados que mostram uma ligação direta entre os problemas de depressão e o abuso sexual na infância, descobertas que são particularmente relevantes para se entender as diferenças das taxas de depressão entre os sexos. Não existe a necessidade do uso de neurotransmissores quando lembramos que as mulheres têm quatro vezes mais probabilidade de sofrer abusos na infância do que os homens – ou que metade de todas as vítimas de estupros tem menos de dezoito anos. Um amplo estudo publicado em 1998 no *British Medical Journal* revelou que entre mulheres jovens que tinham sofrido abuso sexual quando crianças (com penetração ou tentativa de penetração), todas tiveram depressão na fase adulta. Outra pesquisa mostrou que um quarto de todas as mulheres deprimidas tem um histórico de abuso sexual, comparado com apenas 6% da população não deprimida.

Outros agravantes relacionados ao gênero que podem ter influência são: violência doméstica e o assédio sexual no ambiente de trabalho. Dados recentes dos Estados Unidos mostram que um quarto de todas as mulheres caucasianas e metade das afro-americanas que tentaram o suicídio são vítimas de violência doméstica (operacionalmente definida como "o uso ou a ameaça de abuso físico, emocional, verbal ou sexual com a intenção de causar medo, intimidar e controlar"). De acordo com o National Center for Post Traumatic Stress Disorder, 60% das mulheres que convivem com a violência doméstica são deprimidas.

A depressão também está associada ao assédio sexual no trabalho. Especialistas estimam que as mulheres são vítimas de 85% de todas as incidências de assédio sexual, sendo que as mulheres mais jovens são os principais alvos desse tipo de abuso. Na Austrália, a Federal Human Rights and Equal Opportunities Commission (Comissão Federal dos Direitos Humanos e Oportunidades Iguais) relata que 75% das denúncias de assédio sexual que vão a julgamento envolvem mulheres com menos de vinte anos de idade. Uma pesquisa realizada nos Estados Unidos e publicada em 2002 analisou 712 alunos de colégio com empregos de meio período e constatou que quase dois terços das meninas (em comparação com apenas um terço dos meninos) disseram já ter sofrido assédio sexual.

De acordo com dados relacionados ao mesmo assunto apresentados pelo National Women's Law Center (Centro Nacional de Direitos da Mulher), formas mais graves de assédio sexual podem ter conseqüências devastadoras para a saúde física e emocional das mulheres, como ansiedade, depressão e distúrbios do sono. A psicóloga norte-americana Louise Fitzgerald, autora do Sexual Experiences Questionnaire (Questionário de

Experiências Sexuais), muito usado para medir as formas de assédio, defende a idéia de que a depressão é uma resposta comum ao assédio sexual grave e freqüente.

O modo como as mulheres reagem parece ser outro fator que contribui para as diferenças nas taxas de depressão entre homens e mulheres – apesar de que saber se tais estratégias são inatas ou adquiridas é uma pergunta ainda sem resposta. Temos visto, por exemplo, que as mulheres usam menos o *self-handicapping* do que os homens. As mulheres também têm mais propensão a ter pouca auto-estima, a se preocupar com a opinião dos outros, e a se culpar pelos fracassos. A Mulher Que Não Tem Necessidades – que, nas palavras de Susan Nolen-Hoesema, consegue "silenciar-se" nos relacionamentos para manter "um tom emocional positivo" – é particularmente vulnerável à depressão.

"Sentir-se muito responsável" está ligado à depressão no início da adolescência tanto para os meninos quanto para as meninas, mas as meninas são muito mais propensas a tais problemas. Isso é ainda mais comum no contexto familiar ou nos relacionamentos amorosos, em que as mulheres assumem constantemente a responsabilidade pelo rumo das emoções.

Independentemente de a bem documentada virtuosidade feminina se preocupar em ser **a)** um comportamento totalmente aprendido ou **b)** um dom de inteligência emocional genético – e a resposta, quase com certeza, será **c)** todas as anteriores – uma coisa é certa: nossos bens interpessoais são, na melhor das hipóteses, uma mistura de coisas boas e ruins. A capacidade de "deixar-se para segundo plano" pode ser boa dentro de um grupo, principalmente o grupo familiar, mas pode causar danos ao bem-estar pessoal das mulheres.

Empatia de menos pode fazer com que João pareça ranzinza e casca-grossa. Empatia demais pode fazer com que o ego de Maria vire patê. Pense nisso. Quando você demonstra tanta empatia a ponto de perder o controle de suas emoções em favor das outras pessoas, quão estável seu bem-estar pode realmente ficar?

O que os psicólogos chamam de "atenção empática" – estar sempre alerta ao estado emocional dos outros – é mais comum entre as mulheres, e isso não causa surpresa alguma. Tampouco a relação existente entre a atenção empática e a suscetibilidade à depressão.

"Coitadinha da pedrinha!", minha filha mais nova dizia quando chutava uma pedra sem querer. Quando tinha a mesma idade que ela, a brincadeira favorita de meu filho era exterminar as minhocas do jardim com um tijolo. "Viva!", ele gritava quando via uma minhoca se mexendo. "Morta!", anunciava feliz depois de transformá-la em uma pasta gosmenta. (A Maldição da Mãe Feminista ataca outra vez. Nossos bebês ficam acordados à noite lendo livros a respeito de estereótipos femininos e masculinos ou o quê?)

É uma generalização, mas se você observar grandes populações, verá que é verdade. As mulheres realmente costumam ser muito mais empáticas. Por outro lado, também costumam esfregar mais privadas, e não dizemos que isso é "inato". Igualmente, e de modo bem menos interessante, costumamos refletir mais também – um hábito psicológico, – ou um vício, – para ser sincera –, que acaba estando mais relacionado à depressão do que com a atenção empática.

Na última década, a ruminação (fixação em uma lembrança e o hábito de revivê-la) tem surgido como um fator-chave da suscetibilidade à depressão. Definida como a tendência a "passivelmente prestar atenção aos sintomas de angústia de uma pessoa e em todas as causas e conseqüências possíveis para esses sintomas", a ruminação pode tomar várias formas, desde constantemente lembrar a si mesma de seu próprio cansaço a "re-viver" incidentes e eventos negativos. Nas palavras de um leigo, a ruminação é uma preocupação consigo próprio que não serve para nada. As pessoas que ficam ruminando fatos passados sentem a necessidade de medir sua temperatura emocional o tempo todo, mas nunca se levantam e tomam um antitérmico. Essas pessoas também são, em grande parte, mulheres.

A ligação entre a ruminação e a depressão é tão forte que alguns psicólogos dizem que é um hábito genético – e não o sexo da pessoa – que causa a diferença nas taxas de depressão entre homens e mulheres. Mesmo que isso seja verdadeiro, ainda, não explica por que as mulheres ruminam tanto. Alguns observadores dizem que a ruminação, como o sorriso, é uma adaptação psicológica que aparece nas mulheres de *status* mais baixo. Como subordinadas, somos mais vulneráveis a passar por eventos negativos, por isso a nossa necessidade de sermos mais vigilantes em relação a perigos em potencial não é paranóia; é adaptação. E, de certa maneira, a ruminação é apenas vigilância com esteróides. As mulheres aprendem a "procurar sarna para se coçar", porque, se não o fizerem, a sarna com certeza vai procurá-las.

Ao mesmo tempo, parte de nossa educação sentimental envolve as "lições de tristeza" que aprendemos no colo de nossas mães. Por exemplo, uma pesquisa comprovou que as mães falam muito mais sobre tristeza e medo com suas filhas do que com seus filhos. Aos dois anos de idade, as meninas têm um vocabulário emocional mais amplo do que os meninos – o que não é nenhuma surpresa, pois tanto os pais quanto as mães usam uma variedade maior de palavras emotivas quando conversam com suas filhas.

Obviamente, como a história sugere, é possível que, ao fazer isso, as mães estejam explorando uma disposição preexistente. Afinal de contas, a maioria das profecias de autorealização odeia o vazio.

Um estudo recente com adolescentes deprimidos revelou que os pais costumavam aceitar bem a tristeza das meninas – consolando-as – enquanto os meninos basicamente levam um chute no traseiro e recebem a ordem de parar de sentir pena de si mesmos. As mães – mesmo as da geração do pós-feminismo – ainda costumam punir seus filhos por serem emotivos, sendo capazes, por exemplo, de mandar os filhos para seus quartos quando estão tristes. O conceito de que os ho-mens devem ser capazes de controlar sua tristeza parece ser sustentado tanto pelos homens quanto pelas mulheres. Um estudo realizado em 1993, quase na época negra dos estereótipos sexuais, descobriu que os homens deprimidos deixavam nervosas as pessoas que conviviam com eles. Punimos os homens quando eles ousam demonstrar sua tristeza – e depois nos perguntamos por que eles parecem "não ter sentimentos"!

Há muitas ironias nisso tudo, principalmente a evidência cada vez mais forte de que não se prender aos próprios sentimentos pode trazer benefícios à saúde mental. A sugestão de que a negação pode ser terapêutica parece algo contraintuitivo, no clima "ventilacionista" (este o termo usado por Martin Seligman) de hoje, no qual tomamos como crença que só a emoção boa é uma emoção completamente expressa. Muitas pessoas, principalmente as norte-americanas, acreditam que a raiva é como um gás volátil que precisa encontrar uma válvula de escape para ser liberada com segurança. A idéia de que a raiva não exteriorizada acaba criando problemas (doenças cardíacas, tumores, neurose, até mesmo câncer) é bem conhecida; na verdade, a imposição que diz: "sinta sua raiva" é uma das idéias mais importantes da psicoterapia moderna.

Mas há uma evidência surpreendentemente pequena para tais crenças. Ao contrário, as pesquisas mostram que quando os indivíduos guardam sua raiva para si, a pressão arterial pode baixar. Geralmente, a raiva só traz mais sentimentos ruins, não menos, e as pessoas que têm o hábito de expressar sua raiva podem estar simplesmente aperfeiçoando seu negativismo – ensaiando-o, na verdade – em vez de liberá-lo. A pesquisa sobre ruminação sugere que os sentimentos de tristeza, dor e mágoa podem funcionar do mesmo jeito – pelo menos durante uma parte do tempo. Incentivar as meninas e as jovens mulheres, mesmo que implicitamente, a entrar em contato com sua depressão pode ser uma das piores estratégias que podemos adotar.

Enquanto as mulheres continuam recebendo (e assumindo) a responsabilidade de serem as pessoas que resolvem os problemas emocionais em seus relacionamentos amorosos e em suas famílias – assumindo a responsabilidade de cuidar desses relacionamentos e mantê-los –, nossa alta vigilância dos sentimentos de depressão e de dor continuarão a fazer sentido.

Se isso nos faz feliz ou não, já é outro assunto. Susan Nolen-Hoeksema, como muitos outros especialistas da área, acredita que o que sustenta essas diferenças em nosso destino emocional não é a anatomia – ou os hormônios, cromossomos ou neurotransmissores –, mas as crenças, os valores e os comportamentos. Sua pesquisa tem mostrado que as pessoas que ruminam, por exemplo, são aquelas que:

- Acreditam que têm pouca inteligência ou competência;
- Acreditam que as emoções negativas são fundamentalmente incontroláveis; e
- Aceitam a responsabilidade pelas emoções.

•

A maioria dessas pessoas – na verdade, quase todas – é formada por mulheres. Mas não há nada essencial e biologicamente feminino em nenhuma dessas condições. Em outras palavras, o estilo emocional não é uma característica relacionada ao sexo. Não é inerente ao sexo. Por outro lado, a maneira como reagimos emocionalmente ao mundo está clara e enfaticamente ligada ao sexo. Sentir-se, como diria Bob Dylan, "como uma mulher", é adquirir um conjunto de hábitos e rotinas. É algo que aprendemos.

•

A descoberta de que as mulheres são mais duras consigo mesmas e com os outros não é nenhuma surpresa. Já observamos – que coisa!, a maioria de nós já passou a vida inteira observando – que culpa é uma coisa de menina. As mulheres sentem-se culpadas em relação a quase todo prazer em potencial que a vida oferece, desde o trabalho em período integral ao leite integral. Escutamos que nossas ancestrais se sentiam culpadas por sentirem desejos sexuais que não conseguiam controlar. As mulheres de hoje sentem-se culpa-das quando não sentem desejos sexuais que não conseguem controlar. Nós nos sentimos culpadas em relação aos nossos momentos de lazer – ou nos sentiríamos se tivéssemos tais momentos. Nós nos sentimos culpadas com o que compramos, com o que comemos, com nosso odor corporal quando não tomamos banho, com os fungos nas plantas e com as vacinas do cachorro. E talvez a maioria de nós se sente culpada em relação aos nossos filhos. A menos que não tenhamos filhos – e então nos sentimos culpadas por isso.

Além de toda essa culpa primária, muitas mulheres sofrem uma culpa secundária por se sentirem culpadas. O tal do "sinto-me culpada quando me sinto culpada" – e evidências não científicas mostram que o número de mulheres assim cresce a cada dia – elas são, como minha amiga Marion, educadas, de classe média e feministas de carteirinha, na maioria das vezes.

Evoluída politicamente o bastante para saber, mas ainda socializada de uma forma muito antiga para aceitar outras lições de vida, essa geração sanduíche é especialmente suscetível a sentimentos de futilidade e culpa.

"A culpa é uma forma descabida de ansiedade que nunca levou ninguém a lugar algum", foi o que escutei uma psiquiatra dizer alguns anos atrás. Uma especialista bem-sucedida em depressão pós-parto em uma cidade grande, ela estava falando para um grande grupo de mães que trabalhavam fora. "A primeira coisa que digo para minhas pacientes", ela afirmou energicamente, "é 'livre-se de sua culpa'. Ela não faz bem a você, e também não vai fazer bem para sua família". Não me lembro muito bem o que ela disse depois disso. Para falar a verdade, não consegui mais me concentrar. "Livre-se de sua culpa"? Simplesmente "Livre-se dela"! Para mim, aquilo era o mesmo que pedir a um grupo de viciados em heroína para aprender tricô.

É claro que a especialista – que por acaso não tinha filhos – tinha razão quando disse que a culpa não levava a lugar algum. Nisso a culpa é diferente do remorso, que é uma reação na qual você assume a responsabilidade por algo errado que fez e do qual se arrepende. Você sente remorso por ter atropelado o gato ou votado no partido da esquerda, ou por ter se casado com um homem que faz coleção de sacos de enjôo entregues nos aviões. Acidentalmente ou não, o indesejado resultado é ambivalente. Você fez a coisa errada. Sente muito. Sabe por que fez. Você muda, ou tenta mudar, seu comportamento da próxima vez. Segue adiante.

A culpa é o que acontece quando internalizamos resultados indesejados, e isso se torna neurótico ou inadequado quando o centro de sua energia não é reparador – direcionado para consertar o que fez de errado –, mas autopunitivo.

Em *O Mal-Estar na Civilização*, Freud diz que a "perda de felicidade" que as pessoas sentem como resultado da culpa é "o preço que pagamos por nosso avanço na civilização". (Ao mesmo tempo, a culpa neurótica ou obsessiva torna a realização impossível. Ela não motiva, mas paralisa.)

Freud era a favor da culpa. Uma pesquisa mais recente confirma a opinião dele de que a culpa, como a ganância, pode ser boa. Isso tem demonstrado, por exemplo, que os indivíduos mais propensos a sentir culpa são mais compreensivos e capazes de perdoar. Também sabemos que a culpa pode ser uma grande motivadora. É ela que está fazendo com que este capítulo seja escrito, por exemplo. E é claro que a culpa ajuda a manter a complacência de lado. Como o rabino Harold Kushner disse, "A culpa faz com que você lute para ser uma pessoa melhor". Minha mãe concordaria com isso. Assim como a maioria dos pais. Eu acho. Um mundo cheio de *self-handicappers* seria um mundo em que a mediocridade não só seria tolerada, mas provavelmente exaltada. Uma coisa meio parecida com o serviço público, talvez.

Correndo o risco de sermos redutivas, podemos dizer que a culpa é como o estresse, ou a estricnina. O segredo é saber dosá-la. Quanta culpa é o suficiente para uma pessoa, ou mesmo para uma civilização? E quanto à distribuição de culpa? Claramente existem grupos na sociedade que "carregam" mais culpa do que outros – que sentem toda a culpa por todos nós. Como mulher e mãe, eu pertenço a dois desses grupos. Das muitas emoções que as mulheres sentem demais, eu diria que a culpa está entre as mais auto-sabotadoras.

Ao mesmo tempo, a culpa das mulheres de hoje parece ser menos por causa do bom e velho masoquismo e mais por medo – principalmente o medo de estarmos cortando muitas coisas, em que o preço do Ter Tudo não é apenas Fazer Tudo, mas Fazer a Maior Parte de Modo Ruim.

Há mais de vinte e cinco anos, as psicólogas Pauline Clance e Suzanne Imes perceberam que as mulheres mais bem-sucedidas eram vulneráveis a um fenômeno chamado Síndrome do Impostor, definida como a crença persistente na própria falta de competência, habilidade ou inteligência diante de provas claras do contrário. Hoje, um termo melhor seria a Epidemia do Impostor. Como nossa igualdade de oportunidades aumentou, nossas inseguranças também, pelo que parece às vezes – principalmente cerceando aquela qualidade fugidia que os psicólogos chamam de "autenticidade". O número de mulheres competentes por aí que no fundo acham que estão "fingindo" – como mães, funcionárias, parceiras ou simplesmente como "mulheres de verdade" – não é pequeno.

Eu estava em um grupo de discussão que por acaso só tinha mulheres. As participantes eram formidáveis. Entre elas havia uma respeitada filósofa, uma jornalista conhecida, uma escritora cujo livro se transformara num *best-seller*, uma ótima crítica e uma gentil e amável colunista. A mais nova do grupo tinha trinta e poucos anos, e a mais velha, uns cinqüenta e cinco. Bem, a moderadora nos perguntou como gostaríamos de ser apresentadas. Dentro de poucos instantes, ela reduziu esse grupo de feras a uma roda de gatinhas.

"Oh, eu sempre me sinto uma farsa quando me apresentam como 'a filsósofa'", disse a filósofa. "Parece tão... pretencioso. Não dá para dizer que sou apenas uma acadêmica?" A escritora do *best-seller*, que tinha acabado de ganhar um importante prêmio da literatura, objetou que, com apenas um livro, ainda não se sentia "a escritora". E por aí foi. Era como se todas nós pensássemos que estávamos fazendo alguma coisa errada, que de alguma maneira havíamos conseguido enganar nossos empregadores – ou editores, leitores, sei lá – todos esses anos, mas em nossos corações sabíamos, e eles sabiam, e sabíamos que eles sabiam, que éramos farsas.

"Senhor, não sou digno de receber-te" – dizem os anglicanos e católicos antes de receber a comunhão. Essas palavras soam bem para as mulheres que fazem muito, mas esperam receber pouco. É como se estivéssemos sendo castigadas por alguma coisa – ou como se estivéssemos punindo a nós mesmas. Mas pelo quê? Pelo nosso sucesso? Pela nossa competência? Nosso fracasso em reconhecer "nosso lugar"? Nossa decisão – muito admirada – de não querer os tipos de vida que nossas mães e avós tiveram? Uma coisa está clara: a culpa das mulheres e a ansiedade em fazer "a coisa certa" – por nossos familiares, empregadores e nós mesmas – estão aumentando mais rapidamente do que nossa capacidade de entendê-las ou controlá-las.

As mulheres que se sentem culpadas, sem direitos e pouco autênticas não agradam a ninguém. Mas, mesmo assim, emoções negativas como essas, apesar de nós as sentirmos de maneiras intensamente pessoais, têm também uma importância política não notada. De modo mais abrangente, é possível ver a culpa feminina como um depósito coletivo de sentimentos ruins e de estagnação – um *glass ceiling*[1] da alma. Na verdade, eu poderia propor que a culpa das mulheres, e a ambivalência sobre o papel e os limites de cada sexo que certamente a fundamentam, são significativamente responsáveis pelo fracasso do feminismo em atingir os ideais mais simples, como um salário igual para funções iguais no mercado de trabalho e na distribição igualitária do trabalho doméstico.

O psicanalista Carl Jung dizia que a culpa está totalmente ligada à experiência de ser um pária, separado, afastado do grupo dominante. A culpa, do seu ponto de vista, é a dispensa emocional da alienação: uma assustadora queda livre causada pelo medo de não se adaptar mais ou "adequar-se". Sentir culpa é um sinônimo de sentir-se afastado – seja de Deus, dos pais, dos amigos ou de um grupo do mesmo sexo.

---

1 *Glass ceiling* (teto de vidro): expressão usada em inglês para designar os obstáculos de discriminação que impedem o acesso de negros e mulheres qualificadas a posições de prestígio e poder. (N. da T.)

Os psicólogos afirmam que nosso primeiro sentimento de culpa surge da rebeldia contra os principais responsáveis por nossa criação, geralmente nossas mães. Rebelar-se contra a autoridade dos pais é uma parte normal do desenvolvimento (independentemente de estarmos aprendendo a engatinhar ou a dirigir), mas não quer dizer que é fácil. O nascimento dos dentes também é uma parte normal do desenvolvimento, mas dói pra caramba.

Se tudo isso for verdade, pode ser que nos ajude a explicar o que a pesquisadora Barbara Pocock chama de "a epidemia de culpa" que aflige tantas mulheres hoje em dia – em especial aquelas que entraram na fase adulta durante a Revolução dos Sexos. Psicologicamente, nós nos afastamos permanentemente do que nossas mães viveram. O selvagem mundo novo que entramos como mulheres – um mundo que permite e até mesmo espera nossa participação na esfera pública – levou-nos para uma órbita completamente diferente daquela que nossas próprias mães provavelmente ocuparam. Não é de surpreender que o Planeta Mãe pareça pertencer a uma galáxia distante. Até termos nossos próprios filhos, e nossos mundos começarem a ruir.

É fácil esquecer como é completamente inédito crescermos, como muitas *baby boomers* cresceram, determinadas a nos dissociar de nossas mães. Não apenas cortamos os laços do avental de mãe. Nós os cortamos em pedacinhos e fizemos confete com eles. Na verdade, picamos todas as roupas usadas pelas mães – desde as roupas de ficar em casa até as roupas de sair.

Oscar Wilde disse uma frase que ficou famosa: "as mulheres sempre ficam como suas mães – e essa é a tragédia delas", e acrescentou prudentemente: "e os homens nunca ficam – essa é a tragédia deles". Há cem anos, essa frase tinha graça. Agora – em uma cultura em que o medo de ficar parecida com a mãe se tornou o principal terror na vida de inúmeras mulheres adultas – não sabemos mais se devemos rir, chorar ou se nos inscrevemos para um final de semana de *rebirthing*[2].

A teoria nos lembra que a culpa tem a ver com os limites que foram transgredidos. As mulheres que transgrediram os limites dos papéis tradicionais do sexo femino podem estar, ou sentir-se, dolorosamente excluídas – até mesmo como bodes expiatórios. Tais sentimentos são perfeitamente compreensíveis, dada a forte reação que nos instiga a culpar o feminismo por tudo o que aflige nossa sociedade hoje em dia, desde os altos índices de divórcio aos testes que comprovam baixo desempenho dos alunos do ensino médio.

O político torna-se o pessoal nas vidas das famílias – classicamente, nos casos em que o emprego da mãe se torna o "principal suspeito" para todo e qualquer tipo de problema familiar. As crianças estão sendo incomodadas por outros colegas de escola? O papai está deprimido? O hamster está com alergia? Se pelo menos a mamãe pudesse parar de trabalhar e cuidar de todo mundo direito...

Todos os membros da família provavelmente sonham com isso. Mas é a cumplicidade de uma mulher para consigo mesma – ou sua recusa de ser cúmplice de seu papel de bode expiatório – que tem sido mais forte até agora.

Claramente, as barreiras quebradas tão bem pelo feminismo ainda têm de ser completamente removidas. Mesmo as mulheres que sabem que têm o mesmo direito dos parceiros e pais com os quais convivem – incluindo muitas de nós que somos sustentadas por nossos maridos – podem continuar a

---

2 *Rebirthing*: técnica conhecida no Brasil como "Renascimento" ou "Terapia da Respiração", que consiste em exercícios de respiração para a criação de um "círculo energético" capaz de dissolver todos os sentimentos ruins que atrapalham o bem-estar.

se sentir culpadas e furtivas em relação às liberdades que têm (e uso esse termo deliberadamente).

Tem se tornado comum associar a culpa com a maternidade, como se os dois estivessem, de certa forma, hormonalmente ligados. Um artigo sobre culpa maternal que li recentemente intitulava-se *It Goes With the Territory* ("É Inerente"), como se a culpa, as estrias e o corte no períneo fossem efeitos colaterais indesejados, porém inevitáveis, do parto. Talvez nos sintamos melhor acreditando nisso, menos "culpadas por nos sentirmos culpadas". Mas a prova intercultural e histórica é bem prejudicial. Na verdade, a culpa está tão relacionada à maternidade quanto os ataques de birra nas crianças pequenas. Crianças de dois anos de idade no Japão raramente se comportam mal no supermercado, se lhe interessa (ou surpreende) saber disso. Em muitas comunidades asiáticas e africanas, quase não se escuta falar sobre depressão pós-parto. No Japão, por exemplo, onde as novas mamães são cobertas de atenção, a taxa de DPP (Depressão Pós-Parto) não chega à metade da taxa do Reino Unido. Da mesma forma, sua tataravó pode, ou não, ter se sentido completamente à vontade com os filhos dela, mas certamente não se sentia culpada em relação a eles. Tampouco as mães contemporâneas nas sociedades tradicionais ou em desenvolvimento. O idioma do Tibete sequer tem uma palavra para "culpa".

Qualquer tentativa de acabar com a maternidade – o que, de modo mais temido e primitivo, o feminismo representa – é a maior transgressão social, o limite ultrapassado pelo caos social e até mesmo biológico. É, se preferir, a última fronteira. A barreira da maternidade está muito longe de ser derrubada. Mesmo hoje em dia. Não podemos sequer dizer que a ultrapassamos – ou que temos certeza de que queremos ultrapassá-la.

Constituindo e controlando nossas famílias

"Mas, mãe, você prometeu!"
Existe alguma mãe viva que não sinta seu sangue gelar ao escutar essas palavras? Existe algum filho vivo que não sabe disso?

São 8h25 da manhã do dia da aula de Artes de minha filha de dez anos, que começa às 8h30, e, só para constar, eu não prometi. Bem, quero dizer, tá, tudo bem, eu disse que assistiria. Isso é a palavra adulta para "aparecer", como qualquer criança sensata de dez anos de idade já deveria saber. Significa que você vai assistir a sua filha cantar no coral da Cinderella Disco, tirar umas fotos dela no Dia de Apresentação de Artes, admirando a fantasia de ursinho de pelúcia que ela fez sozinha (com um pouco de sua ajuda e muita ajuda do tubo de cola), e sair de lá às 10 horas. É isso que significa "assistir". Mas não significa ficar ali admirando os trechos gravados da parte da música dos filhos dos outros até a hora do almoço – muito menos sacrificar um dia inteiro de trabalho para isso.

"Mas todas as outras mães vão ficar!"

Bingo. Sabia que tinha alguma coisa faltando. Bem, o bando estará todo reunido. Nenhum confronto estaria completo sem a presença das Outras Mães, cujas presenças mais parecem com a sombra do Godzilla, irritando-me como um ex-marido infernal ou uma cólica menstrual. "As Outras Mães não existem!", sinto vontade de gritar. "Elas são apenas uma cilada, uma ilusão que habita apenas as mentes de crianças demasiadamente mandonas e exploradoras e de suas mães cronicamente inseguras!" Que, na verdade, parecem ser todas nós.

É o que sinto vontade de gritar, mas é claro que não o faço. Em parte porque sei que ela diria: "Por que você vive gritando? As Outras Mães não gritam!", e em parte porque receio que ela tenha razão.

Começo a explicar com calma tudo o que a mamãe precisa fazer hoje. É sempre uma estratégia perdedora, mas a fraca esperança de que a lógica triunfará sobre o amor, e às furiosas necessidades irracionais que o acompanham, nunca morre em meu coração de mãe.

A mamãe precisa fazer compras no supermercado. A mamãe precisa buscar seu irmão e levá-lo para a aula de saxofone. A mamãe precisa intimidar a contadora dela, convencer o editor, pagar a faxineira, combinar a visita da próxima semana com o papai. (De manhã, escutei quando ela contava tudo sobre o dia de Artes para o pai. "Você pode ir, papai?" Houve uma pausa, carregada de previsibilidade. "Ah, tudo bem!", escutei sua resposta. "Pensei mesmo que você ia estar trabalhando. Também te amo, papai! Até sábado, papai!")

Estamos agora soluçando sem dizer mais nada. Pego um lenço para mim e dou outro para ela, e paramos para assoar o nariz, fazendo barulho. Uma mulher que parece uma aterrorizante Outra Mãe – se tal coisa existisse, corrijo-me com rispidez – está carregando um bolo com a forma e a decoração que lembram um *poodle*, com *marshmallows* bem pequenos que parecem os pêlos. Ela sorri serenamente. Eu começo a soluçar. De certa forma, este não parece o momento mais apropriado para dizer a minha filha que a prioridade da mamãe no momento é começar a escrever o capítulo que fala sobre maternidade e... felicidade.

Por fim, negociamos. Não é isso o que as famílias fazem hoje em dia? Telefono para o fotógrafo e cancelo nossa reunião; afinal, minha maquiagem deve estar parecendo pintura a dedo mesmo. Minha filha concorda que nada de muito interessante vai acontecer depois das onze horas. Terminamos de secar as lágrimas e assoar o nariz e nos sentimos confiantes o bastante para sairmos do carro e fingir que só estávamos conversando lá dentro (por vinte minutos) enquanto corríamos como loucas para as apresentações da Aula de Arte.

•

Em alguns dias, acho que a maternidade é a coisa mais complicada que já tive de enfrentar, e em outros, tenho certeza. Quarenta anos de feminismo sem dúvida revolucionaram a vida das mulheres. Mas, mesmo assim, as tarefas da maternidade continuam majestosamente inalteradas. Gravidez, parto, amamentação, Dia de Artes. As rotinas de acordar e dormir, trocar de roupa e tomar banho, comer e fazer as necessidades fisiológicas. Podemos falar o quanto quisermos sobre como nossas vidas mudaram. Mas há tanto o que ser dito sobre a maternidade, tanto sobre a organização da rotina quanto a organização dos pensamentos, que as palavras não são suficientes. Ou, talvez, adequadas.

O feminismo, como uma pessoa de quarenta e poucos anos fazendo MBA, chegou tarde para a maternidade – e com pouca graciosidade. Ou, talvez, eu deva dizer que o feminismo está atrasado para voltar à maternidade. Uma vez que as críticas à família nuclear (formada por dois adultos e filhos) – na qual a maternidade assumia o papel de um núcleo radioativo – decididamente detonaram a primeira onda do feminismo. O que Marx e Engels fizeram pelo capitalismo, livros como os de Betty Friedman, *The Feminine Mystique* ("O Mito Feminino"), de Germaine Greer, *The Female Eunuch* ("A Mulher Eunuco") e de Shulamith Firestone, *The Dialectic of Sex* ("O Dialeto do Sexo"), fizeram pela política da reprodução. A maternidade, essas escritoras concordam, está completamente ligada à raiz da opressão feminina, sendo o local atingido pela máquina do patriarquismo.

Tanto para Friedan (a quem as feministas americanas mais tarde apelidariam de Mãe de Todas Nós) quanto para Greer, o poder reprodutivo das mulheres era um centro de gravidade intelectual impossível de ser evitado. As duas começaram atacando a maternidade como O Problema. E terminaram convencidas de que ela era A Solução. Repito, a maternidade é assim. Como um paradoxo zen ou uma criança de dois anos com os dentes nascendo, ela é quase impossível de definir.

Entretanto, as primeiras feministas passavam menos tempo pensando em como fazer a maternidade do que como desfazê-la. A lista de desejos parecia se concentrar em maneiras de iludir a maternidade por meio de estratégias de fuga como os cuidados livres e universais ou fuga direito ao aborto, ou por medidas preventivas de acesso como a pílula anticoncepcional, o DIU ou mesmo a recusa ao sexo heterossexual.

Não vemos mais a maternidade como o destino biológico e social inevitável das mulheres – e esse simples reparo na maneira com que enxergamos a vida das mulheres representa uma mudança gigantesca na evolução humana. É verdadeiro dizer, e vital reconhecer, que a maternidade continua sendo o centro da vida de muitas mulheres. Mesmo assim, a maternidade não é mais o que as mulheres fazem. Não é mais um acontecimento obrigatório de nossa vida, mas uma escolha entre muitas opções – e a diferença causada por essa diferença não dá para explicar. Parece que a cada dois dias algum jornalista – geralmente com seus vinte anos – lembra-nos que um quarto das mulheres jovens de hoje não terão filhos, e muitas delas por escolha própria. Tornar-se mãe não é mais algo que simplesmente acontece para uma mulher, como a adolescência ou um acidente de carro. Agora é – pelo menos em parte – uma decisão, como quando decidimos se devemos construir um segundo banheiro ou fazer um seguro de vida.

É claro, é possível exagerar ao falar sobre nosso controle da situação. É muito difícil "escolher" a maternidade na ausência de um homem disposto e/ou apropriado, ou quando temos problemas de fertilidade ou quando não se consegue levar uma gravidez até o fim – só para mencionar os três casos mais comuns. "Escolher" continuar sem filhos pode também ser problemático, é óbvio. Uma das crianças mais encantadoras que conheço foi gerada quando a mãe dela tomava pílulas e transava de camisinha – "só para garantir" – o que, como o pai dela disse, é o suficiente para se acreditar na existência de uma Fada da Concepção.

A pressão social para que as mulheres engravidem, gerem e criem seus filhos não tem hoje em dia, nem de longe, a força de uma ou duas gerações passadas. Mas ainda tem certa força. Pergunte a qualquer mulher com mais de trinta anos e sem filhos se ela acha que é mesmo "uma opção pessoal" continuar assim. Se você esperá-la parar de rir, ela vai lhe explicar.

Nosso controle sobre nosso destino de reprodução continua imperfeito. Mas mesmo o controle imperfeito – mesmo a ilusão do controle – é algo revolucionário. No mínimo, isso quer dizer que a maternidade está ao alcance das mãos, um objeto de conjectura, de análise, de reflexão. Quarenta anos atrás, os únicos livros sobre maternidade que existiam eram manuais escritos por homens a respeito de cuidados com os bebês. Dá cólica só de pensar. Mesmo há dez anos, as palestras sobre o assunto – que eram preciosamente poucas – ainda colocavam a maternidade como um conjunto de habilidades que precisavam ser dominadas, ou como um problema de trabalho que precisava ser resolvido. A proposta de meu livro *The Mask of Motherhood* ("A Máscara da Maternidade") foi rejeitada por uma editora em 1995 com a justificativa de que "as mães não se interessam por livros a respeito de si mesmas – elas querem ler sobre seus filhos"!

Hoje, é claro, há um subgênero literário inteiro dedicado às reflexões femininas e às experiências da maternidade. Alguns desses trabalhos são sérios e acadêmicos. Outros são autobiográficos e hilários. Mas o impressionante a respeito desses livros – tirando o fato de terem demorado muito a chegar – é que são muito negativos. Títulos como *Promiscuidades, Mulheres em Fúria, The Mommy Myth* ("O Mito da Mamãe"), e *Dispatches from an Imperfect Life* ("Expedições de uma Vida Imperfeita") deixam claro que a maternidade não é mais coisa de menina. Acabou a brincadeira. Independentemente do que seja, a maternidade não é mais um problema para as mulheres de hoje. Nem de longe.

Pegando emprestada uma frase de Ann Oakley, estamos finalmente aprendendo a encarar a maternidade como mulheres. O que, como podemos perceber, não significa calar em relação aos momentos complicados e injustos, ou mesmo os momentos assustadores. Encará-la como mulheres não significa sofrer em silêncio – significa sofrer FAZENDO BARULHO. Em alto e bom tom. As pessoas enaltecem Freud por ele ter inventado a conversa que cura. Que bobagem. As mulheres foram as inventoras da conversa que cura.

Escrevi *The Mask of Motherhood* no ano em que meus filhos tinham dois, quatro e seis anos – ou seja, há muito tempo. Sempre o vi como o livro que eu gostaria de ter lido antes de ter filhos: o livro que dizia tudo o que os outros livros sobre maternidade deixavam de fora. Ou seja, a verdade. Não que eu achasse que alguém tinha mentido para mim, apesar de ainda achar que a escritora Penelope Leach tem muito para responder. Eram mais as coisas que eles não abordavam. As coisas que nunca apareciam no simulado, mas que acabavam aparecendo na prova. Eu estava cansada de ler os cartões da Hallmark carregados de poesias que falavam de maternidade. Eu queria os manuais técnicos.

É claro que eu não era a única a querer arrancar a maternidade do armário. Meu livro fez um bom trabalho, assim como uma série de outros que seguiram um caminho parecido. Nessa fase de nosso desenvolvimento maternal, é claro que as mulheres querem ter o consolo de saber que não estão sozinhas nessa confusão, ou em sua frustração. A sensação obscura, porém insistente, de que alguém de alguma forma nos vendeu produtos de má qualidade – que o preço que pagamos pelo privilégio de ser mãe é inesperadamente exorbitante – surge como um dos temas principais do feminismo *fin-de-siècle*.

A questão é que para as mulheres nas quais nos transformamos, e dadas as vidas que vivemos, a maternidade realmente se transformou em um compromisso extremamente difícil. Mas os livros que lamentam "o que mamãe nunca nos contou" ou que foram escritos para as mulheres que o "feminismo esqueceu" se desviaram do assunto. Na verdade, a mamãe não nos disse como as coisas eram por uma razão muito simples: as coisas não eram assim para a mamãe. As lutas enfrentadas pelas mulheres de hoje para resolver o que chamamos de crises de identidade, com educação clínica de "transição para a maternidade", são completamente novas. Não são culpa do feminismo, mas são as seqüelas dele – os efeitos não esperados.

Para as mulheres da geração da minha mãe, para quem a questão do ter filhos era tão controversa quanto tomar ou não o café-da-manhã, a maternidade precipitou poucas crises de identidade. Pelo contrário. Ela as evitou. A identidade de uma mulher devia girar ao redor do papel da protetora. O desinteresse em si mesma (ou o *de-selfing*, como aprendemos a dizer), que se vinculava à tal proteção, não era recusado como uma forma de sublimação prejudicial psicologicamente, mas recebido como uma forma de realização. Na verdade, como a forma de realizar-se. As exigências dos cuidados com os filhos eram as mesmas de agora – ou seja, árduas. Mas a experiência de oferecer esses cuidados não poderia ser mais diferente.

Uma mulher que nunca, nem sequer por um momento, sonhou em "ter uma vida" não se ressente quando os filhos (e um marido) chegam para exigir seu tempo, atenção e vitalidade. E não se engane: essa tem sido a experiência vivida pela maioria das mulheres em grande parte da história humana. É arrogância pura sugerir que essa grande cadeia do ser maternal não conseguiu se classificar como "vida".

Podemos torcer o nariz o quanto quisermos para o tipo de mulher que encontra realização na servidão às necessidades dos outros. Podemos chamá-la de pano de chão, cabeçade-vento ou de não evoluída. Podemos até mesmo acusá-la de ter falsa consciência, se nos sentirmos melhor fazendo isso. Mas o simples fato da questão é que as pessoas que apenas acham que são felizes de verdade são felizes. Pensar é permitido. Na verdade, quando falamos sobre felicidade humana, pensar – no sentido de avaliar ou analisar (como os sociólogos dizem), "dando valor" – é tudo o que temos.

Uma coisa que as mulheres devem ter aprendido depois de quarenta anos de feminismo é que aquela famosa frase de Tolstói de que todas as famílias felizes são felizes da mesma maneira está errada. (Afinal, o que um pai de treze filhos sabe a respeito de famílias felizes?) O privilégio de "ter uma vida" não é exclusivo das mães que possuem um emprego, das não-mães, das mães que ficam em casa com os filhos, das mães solteiras ou das mães do ninho vazio ou qualquer outra fatia da população materna. Por falar nisso, a evolução feminista mudou irrevogavelmente nossas expectativas a respeito do que "uma vida" – conhecida também como a "Boa Vida" – acarreta às mulheres adultas. De fato, tem mudado irrevogavelmente a idéia de quem somos. Do por que somos. No momento atual, a diferença entre essas expectativas altamente alteradas e os imperativos altamente inalterados (tanto biológicos quando "construídos") de ter e criar os filhos continua enorme.

É muito difícil sermos quem gostaríamos de ser como mulheres, e fazer o que sentimos que precisamos fazer como mães. É um dilema que as gerações anteriores nunca encararam, e se há uma única coisa que as mulheres querem depois da maternidade é resolvê-lo. Se "ter uma vida" é algo com que as mulheres podem apenas sonhar, apesar de seus papéis como mães, as implicações para nosso bem-estar são desanimadoras – não só para os 40% das mulheres que serão mães, mas para os 100% de nós que nascemos de uma mulher.

No livro *The Mask of Motherhood*, eu tentei mostrar alguns lances da realidade por trás da retórica na vida familiar de hoje. A gravidez nos faz florescer – então por que parece que minha raiz está podre? O amor maternal é condicional e ambivalente – então por que eu tinha sonhos nos quais me sentia feliz jogando meus filhos pela janela? Ter filhos deve deixar você e seu marido mais próximos – então por que o sexo parece mais um tipo de veneno?

Eu estava interessada nas diferenças entre o que dizemos sobre ser mãe e o que sentimos. Mas eu estava igualmente interessada em saber por que essa diferença existe, para começo de conversa. Do que era feita a máscara, na realidade? Mais objetivamente ainda, o que ela escondia? Claramente, o conceito da máscara deixava implícita a decepção. Mas quem estava enganando quem? E aos interesses de quem as decepções satisfaziam?

Esta é uma questão que continuo ruminando depois de todos esses anos. Suspeito que ela continuará comigo para sempre, como uma estria mental. Agora nossas máscaras estão caindo, e ousamos mostrar a verdadeira cara do que é ser mãe – não apenas os rostos serenos e beatificados que você vê nos ícones do Cristianismo e na revista feminina *Good Housekeeping*, mas os rostos sem fôlego, gargalhando, bravos e assustados. Desmascarar a maternidade é uma experiência libertadora. Mas é também profundamente confusa, – tanto pessoal quanto politicamente.

Na Alemanha, há uma palavra, *Maskenfreiheit*, que traduzida livremente significa "a liberdade que temos quando usamos máscaras". É um conceito fascinante. Há um preço a ser pago pela revelação, com certeza. A máscara da maternidade não é autêntica, mas é segura. O que se esconde atrás dela, conforme estamos descobrindo, não é nada seguro. Quando usávamos nossas máscaras, pelo menos sabíamos quem devíamos ser, mesmo que não soubéssemos ao certo quem éramos. Sem máscara... bem, francamente, podemos ser qualquer um. Talvez, por isso, até hoje só tivemos lampejos.

As forças "externas" que deixavam as máscaras em seus lugares enfraqueceram muito nos últimos quarenta anos. Mas existem "pressões" que parecem mais fortes do que nunca – e com isso eu me refiro às forças que emanam de nossos próprios corações, de nossas próprias mentes, de nossas próprias imensas reservas de culpa e dúvida. Viver realmente a maternidade – e não apenas ler os livros sobre o assunto – significa segurar o espelho diante de nossos rostos... e fazer isso com firmeza, à luz do dia. Não é de surpreender que nossa preferência tenha sido lutar pelas mudanças "externas" – em relação a melhores cuidados com os filhos e locais de trabalho mais adequados às famílias ou a uma participação maior de nossos parceiros. Mas não me entenda mal. Todas essas coisas são consumações muito desejadas e escandalosamente atrasadas. Contudo, em um mundo supostamente pós-feminista, elas não são mais os maiores obstáculos da mudança. Nós somos.

"As contradições culturais da maternidade", nas palavras de Sharon Hay, tentaram tirar a alegria não apenas de ser mãe, mas da vida em família de modo geral. A transformação da tarefa de educar os filhos de inevitabilidade biológica à arte – que é bem o que temos feito nos últimos cinquenta anos – significa que as mães de hoje estão infinitamente mais conscientes da criação dos filhos como uma performance, e infinitamente mais ansiosas para receber as críticas. O movimento de ressurgimento da dona de casa resumido pela "Opt-Out Generation" é uma resposta compreensível, apesar de essencialmente decretada, para tudo isso.

Se as mulheres estudadas e ricas se contentassem com uma vida dedicada ao trabalho doméstico, à vida de esposa e de mãe, não sentiríamos tanta saudade dos anos de 1950. Ainda estaríamos vivendo como naquela época. O feminismo não teria encontrado um apoio. As pessoas não abraçam mudanças sociais porque estão entediadas, menos ainda porque são "ludibriadas". Afinal de contas, não há força maior do que a força da inércia nos relacionamentos humanos. Resistir a essa força requer uma grande energia, e só a gastamos se tivermos a possibilidade de receber vantagens imediatas.

Por outro lado – e esta é a parte da equação que as feministas costumam camuflar –, a solução feminista para o enigma do bem-estar das mulheres tem se mostrado incompleta, na melhor das hipóteses. Isso ainda para ser gentil. É verdade que nossa participação imensamente crescente na vida pública tem resolvido muitos dos problemas que atormentavam nossas mães e avós de classe média nos anos de 1950 e 1960. Muitas de nós nunca saberemos o que é viver em um estado de crônica dependência financeira de um homem, por exemplo – ou passar pela alienação arrasadora que Betty Friedan chamou de "o problema sem nome" – ou aceitar a discriminação e a exploração como características inevitáveis da Vida Real. Quando conto para minhas filhas que, aos doze anos, não pude aceitar um emprego de entregadora de jornais porque não era um menino, elas ficam mais do que abismadas. Ficam incrédulas. Adoro isso.

Em comparação às gerações anteriores de mulheres, a qualidade de vida que temos hoje é ótima. Mas, feliz ou infelizmente, o que importa é como notamos essa qualidade. Objetivamente, deveríamos ficar muito felizes. Mas a alegria não é objetiva, como a pesquisa sobre a felicidade demonstra bem. O feminismo tornou nossas vidas mais livres e mais justas.

Aumentou e muito nossas opções, mas só depende de nós tomarmos as decisões que nos levarão à realização do nosso jeito. O feminismo nos ensinou a politizar o pessoal. Agora está na hora de politizarmos o político. Mais do que na hora.

No momento, vivemos em um mundo no qual os níveis de depressão feminina, problemas relacionados ao estresse, à culpa e à ansiedade alcançaram proporções epidêmicas, principalmente entre as mães. Temos a dúbia honra de criar a primeira sociedade na história dos *Homo sapiens* na qual tornar-se mãe é corrosivo para o bem-estar de uma mulher (e na qual, incidentalmente, a chegada dos filhos coloca em risco a satisfação conjugal). Se esta é a era de ouro da realização feminina imaginada pelas primeiras líderes feministas, só Deus sabe como estaríamos se estivéssemos em um momento ruim.

A correspondente política Elizabeth Kolbert, escrevendo para o *New Yorker*, lembra que a maternidade tinha uma importância social tão grande para as jovens feministas de sua geração quanto os piolhos. As mulheres sérias simplesmente não estavam interessadas em ter filhos. Pelo contrário. Elas queriam fazer alguma coisa. "Quase sem exceção, minhas amigas de escola entravam direto na faculdade ou arrumavam empregos", ela escreve. "Se alguma de nós desejava ficar em casa para cuidar dos filhos, certamente não admitíamos isso. (Tal confissão seria recebida de modo muito pior do que se anunciássemos que, por exemplo, tínhamos a intenção de nos envolver com pornografia.)"

Isso pode ser um pouco de exagero. Afinal, é inevitável que uma mulher que tenha estudado em uma das melhores universidades norte-americanas e para quem "conseguir um emprego" signifique escrever para o *New Yorker* passe por uma mudança social de um jeito, e a mulher que ela contrata para limpar sua casa ou para cuidar de seus filhos, de outro. Mas não há como negar que nos últimos quarenta anos, as mulheres de classe média voltaram para a estaca zero em relação ao assunto maternidade, desde endeusá-la (intensamente) como a principal fonte do bem-estar feminino até renegá-la (intensamente) ao *status* de porção no cardápio da vida. E agora?

A experiência de ter e criar os filhos não é mais motivo suficiente para garantir a realização da mulher a longo prazo, se é que um dia foi; para muitas, isso sequer é necessário. Mas para a maioria das mulheres – talvez 80% –, a maternidade continua sendo uma peça importante, talvez a peça mais importante do quebra-cabeça da vida adulta. Apesar de isso parecer muito óbvio para qualquer leigo, é pouco herético para uma feminista dizê-lo em um jornal – um forte lembrete de como o "assunto maternidade" tem ganhado destaque na nossa época.

Quando falamos sobre a felicidade das mulheres, a maternidade importa – não pouco, muito. Mesmo entre aquelas que não têm filhos, poucas encaram a maternidade como uma questão sem muita importância – apesar de a crise da fertilidade nos dizer o contrário. A pesquisadora australiana Leslie Cannold, cujo livro *What, No Baby?* ("O Quê? Sem Bebê?") desafia o mito do "sem filhos por opção", observa que em média a mulher do mundo desenvolvido deseja, hoje em dia, ter 2,5 filhos (a realidade é de 1,8). Mesmo na Austrália, desafiada pela fertilidade, um recente estudo abrangente com 39 mil mulheres entre dezoito e vinte e dois anos de idade revelou que 91% desejavam ter um relacionamento estável, estar empregada e ser mãe aos 35 anos. É interessante notar que quanto mais acesso à educação uma mulher tem, maior é o número de filhos que ela diz querer. Mas, apesar disso, mulheres com uma ótima formação acabam sendo aquelas com menos filhos.

Os números sugerem que não ter filhos é visto agora como uma opção viável de vida para a maioria das pessoas – contanto que as pessoas em questão sejam as outras pes-soas. Um pouco mais de uma década atrás, apenas 2% dos australianos achavam que o ideal seria não ter filhos ou ter no máximo um; hoje, quase metade acha isso (48%). O demógrafo Peter McDonald, da *Australian National University,* estima que dos 25% das mulheres que atualmente dizem que não terão filhos, apenas 7% manterão essa decisão. De acordo com uma pesquisa norte-americana, quase dois terços das mulheres que não tiveram filhos disseram aos pesquisadores que se arrependiam disso. (Minha parte cínica não consegue deixar de pensar em quantas mães se arrependem por ter tido filhos.)

O desafio de constituirmos nossas famílias e controlá-las é o desejo mais comum das mulheres de hoje. Admitimos que o papel de mãe é problemático. Mas, ao mesmo tempo, desejamos ardentemente ter filhos. O dilema, infelizmente, é que não existe uma maneira de ter filhos sem se tornar mãe. O resultado é uma clássica faca de dois gumes, uma situação em que as mulheres com filhos estão constantemente preocupadas por não terem uma Vida e, conseqüentemente, não serem pessoas de verdade; e em que as mulheres que têm uma Vida se preocupam constantemente por não serem mães e, conseqüentemente, pessoas de verdade.

Talvez o paradoxo não seja tão confuso quanto parece. Afinal de contas, as "recompensas" da vida em família são bem difíceis de tabular. (Como disse o comediante George Burns: "Felicidade é ter uma família grande, carinhosa e atenciosa... em outra cidade".) Um estudo realizado pelo sociólogo Lois Hoffman da Universidade de Michigan sugere que, para a maioria dos pais, a importância de ter filhos não é percebida até uma idade avançada – quando três quartos dos pais idosos citam seus filhos como a principal fonte de amor, companheirismo e alegria. E você achava que colocar seus filhos na escola em período integral é que seria uma alegria.

Do ponto de vista hedônico – o tipo de bem-estar associado às sensações prazerosas –, a maternidade pode ser uma grande armadilha, como vimos. Mas, analisando eudemonicamente – pela perspectiva de alcançar uma realização mais profunda por meio de significado e propósito –, o papel de mãe é como um jarro de margarita para a alma. Vai entender.

•

"Pequenos problemas acontecem a cada três minutos quando as mães interagem com crianças normais no período pré-escolar", foi o que escreveu a pesquisadora Susan Nolen-Hoeksema. Ler isso fez com que eu me sentisse melhor comigo mesma – ou em relação ao meu comportamento alguns anos antes, como a mãe solteira de três crianças com menos de cinco anos de idade. Quando a fralda do bebê parecia mais com uma cena do *Exorcista*, ou quando as crianças brincavam de tratamento dentário com o cano do aspirador, ou quando o cachorro mordia os dedos do pé da Barbie, eu tentava me animar pensando em situações ainda piores. "E se estivesse caindo uma nevasca agora mesmo e ficássemos presos dentro de casa por uma semana?", costumava pensar. Ou "Tudo bem. Alguém poderia ter vomitado" (de vez em quando, isso acontecia, é lógico, então eu mudava meu pensamento para: "E se alguém tivesse caído da cama e desmaiado? Não, espere aí. E se todos eles caíssem?!"). Às vezes, quando as coisas ficavam muito ruins, eu pensava nas famílias fugindo da guerra. Ou nas pessoas presas. E pensava (com vergonha de admitir) em campos de extermínio, como o Auschwitz.

Pesquisas nos mostram que as mães de crianças pequenas têm uma grande predisposição à "disforia" – uma palavra terrivelmente bonita para a sensação de estresse, depressão, ansiedade, solidão e descontrole. A maternidade afetava as mulheres dessa forma uma geração atrás? Os pesquisadores não perguntaram – o campo de "estudos com mães" está apenas engatinhando atualmente –, mas evidências sem provas científicas dizem que sim, mesmo que em um nível mais baixo. Hoje em dia, de acordo com os especialistas Carolyn Pape Cowan e Philip A. Cowan, autores de *When Partners Become Parents* ("Quando os Parceiros se Tornam Pais"), as mulheres com filhos menores de cinco anos e que não contam com a ajuda do parceiro correm um risco maior de ter depressão do que qualquer outro adulto. Quando digo isso a minha mãe, ela faz cara de surpresa. "Mas esses foram os anos mais felizes da minha vida!", ela me diz. É uma opinião compartilhada por muitas mulheres mais velhas, como já pude notar – e, na época delas, os "parceiros colaboradores" ainda nem tinham sido inventados. Os bebês são só alegria, elas dizem. Espere só até eles virarem adolescentes!

Houve um tempo em que isso me dava medo. Mas agora que tenho um filho adolescente – que é uma menina, ainda por cima – estou ficando mais corajosa. Para mim, e talvez para muitas mulheres de minha geração, executar a difícil tarefa de criar os filhos adolescentes está sendo muito mais satisfatório e muito menos desconcertante do que o cansaço físico causado pelos primeiros anos de vida de uma criança. Acredito que as mulheres mais velhas de hoje sofrem na transição para a maternidade não porque ela seja fisicamente cansativa (apesar de ser) ou mentalmente exaustiva (apesar de também o ser), mas pelo modo com que encobre nossos egos, pela maneira com que nos tira do centro das atenções. "Não tenho mais tempo para 'mim' agora", uma informante disse aos Cowan depois de seis meses do nascimento de sua filha. Em muitos dias, ainda me sinto assim. A diferença é que não luto mais contra isso.

Aceitar que você não vem mais em primeiro lugar – nem sequer em sua própria vida – é provavelmente a lição mais difícil que uma mãe aprende, na frase de cunho evangélico de Whitney Houston ("Aprender a amar-se é o maior amor de todos!"). Isso torna a maternidade um ato de profunda subversão cultural. Paradoxalmente, também pode nos ajudar a explicar por que a missão de ter e criar os filhos melhora o bem-estar das mulheres. Pode até mesmo explicar a persistência da "diferença de felicidade" entre homens e mulheres.

Já vimos que as mulheres demonstram mais satisfação com a vida do que os homens – mesmo ocupando posições inferiores, gozando de menos recursos financeiros e exercendo menos controle sobre as circunstâncias de suas vidas de modo geral. Em termos de bem-estar objetivo, e relativo aos homens, as mulheres ainda constituem uma classe inferior. Mesmo assim, persistimos em aproveitar mais a vida. Por quê?

Acho que é exatamente a privação de prioridade a nós mesmas, imposto pelo papel de mãe, que vira a situação a nosso favor, pelo menos um pouco. O pior de nossa convivência com nossos filhos, em outras palavras, é exatamente o que nos mantém sãs e controladas e, ouso dizer: realizadas. Isso pode ser um paradoxo. Mas também é a realidade da vida em família.

Um de meus estudos favoritos ilustra isso muito bem. Nele, um bom número de adultos ingleses devia responder o que os havia desgastado emocionalmente no dia anterior. A maioria das respostas foi "a família". Quando os pesquisadores perguntaram o que lhes havia causado mais alegria no dia anterior, a resposta obtida foi exatamente a mesma.

Para as mulheres, as alegrias da vida têm muito mais probabilidade de surgir de relacionamentos interpessoais, principalmente aquelas que envolvem a família. Já para os homens, como mostram as pesquisas, o bem-estar subjetivo é obtido mais do sucesso no trabalho e das gratificações materiais. Bem, é claro. Foi exatamente assim que dividimos o bolo, não é? Isso é o que nossa cultura ensina os homens e as mulheres a valorizar. Como mulheres pós-feministas, sabemos disso. O que podemos não saber é quantas mulheres se beneficiaram desse acordo – ou que negócio mais injusto isso é para os homens.

É um erro colocar todos os ovos em um só cesto. Mas a pesquisa mostra que investir a energia emocional de uma pessoa em relacionamentos traz as maiores taxas de retornos felizes. Para as mulheres, para os homens, para todo mundo. Freud estava certo quando disse "o amor e o trabalho são a base de nossa condição humana", mas São Paulo também estava certo quando disse "e o maior desses dois é o Amor". Deixando as teorias sobre os papéis desempenhados por homens e mulheres à parte agora, as pessoas que precisam de pessoas e – mais importante ainda – que são necessitadas de retorno – são mesmo as pessoas mais felizes do mundo. Não é de surpreender que o elo entre mãe e filho, a relação mais interdependente já imaginada, seja uma química tão forte.

"Infelicidade", diz o Dalai Lama, "é sempre se sentir preso ao próprio corpo, à própria mente." O relacionamento com os filhos pode ser cansativo para uma mulher. Pode até mesmo esgotá-la. Mas também a forçará a sair do confinamento particular de sua própria consciência. Ser mãe, como sempre pensei, é um caso de sobrevivência dos mais vigorosos.

O estudo da felicidade está cheio de evidências que reforçam a ligação entre o bem-estar e o autodesprendimento. Existem até evidências de que se preocupar com os outros pode melhorar nossa saúde. Um estudo recente que estudava os fatores de risco para doenças cardíacas, por exemplo, revelou que as pessoas que pensavam mais em si mesmas – algo que foi medido pela ocorrência do uso de pronomes como "eu", "me" e "meu" nas entrevistas – eram as mais vulneráveis.

Mas suspeitamos que há uma diferença sutil entre o que pode ser chamado de "desprendimento adaptativo" por um lado e total auto-anulação por outro – e o que as mulheres querem agora da maternidade é ficar do lado certo. Os riscos psicológicos associados com muito auto-sacrifício, muita disposição de se deixar em segundo plano para atender às necessidades e aos desejos dos outros são bem conhecidos. Tornar-se uma ausência na busca de uma presença – o desprendido *Anjo da Casa*, de Virgínia Woolf, ostentando sua faca de cozinha diante dela como uma espada em chamas – é exatamente o destino do qual nossas ancestrais feministas tentaram nos livrar. E devemos dar graças a Deus pela coragem delas.

Mas o perigo de... bem... jogar fora o bebê junto com a água do banho continua presente e claro. A Mulher Que Não Precisava de Nada era um vampiro emocional que só cuidava de sua própria desilusão de controle. E mesmo assim a Mulher que Precisa de Tudo Agora Mesmo não é uma melhora muito grande, eu às vezes penso (e falo por experiência própria, pode acreditar).

Como uma feminista, cansa-me ver que o discurso acerca da felicidade maternal é dominado pelas vozes da direita neoconservadora, pelas dras. Lauras, os membros do Family First e das Danielles Crittendens deste mundo, pelas mulheres que, como diz minha amiga Pat, têm pêlos republicanos.

"A culpa que sentimos por negligenciar nossos filhos", escreve Crittenden, "é um subproduto de nosso amor por eles... Seus choros deveriam ser mais importantes do que nossas reuniões de trabalho." Mas "seus choros" raramente tiravam Crittenden de seu escritório. Ao mesmo tempo em que criava três filhos, ela encontrou tempo de ser a editora de um jornal, gerente de um grupo de pesquisas, autora de dois livros e presença constante em numerosos eventos da mídia.

Acho que os pedidos de mulheres que trabalham em tempo integral (com empregadas domésticas e babás também empregadas em tempo integral trabalhando para elas) para voltarem às alegrias da maternidade em período integral deveriam ser julgados da mesma maneira com que julgamos os presidentes idosos que desejam celebrar a glória da morte no campo de batalha.

Ainda assim, refletir sobre as alegrias que a maternidade pode e deve trazer merece um lugar na agenda de toda mulher inteligente, seja ela liberta dos filhos ou presa a eles. Deus sabe que não é preciso desvalorizá-la pela associação com uma política social aparentemente retrógrada ou com pervertedores que procuram servi-la a nós.

Por outro lado, para as jovens mulheres que se colocam politicamente no lado da esquerda, como Betty Crocker, as reflexões a respeito da maternidade podem ser tão inspiradoras quando uma cólica menstrual com duração de três meses. "Se você perguntasse a qualquer uma das mães que pensam como eu como a maternidade nos mudou", Caitlin Flanagan escreveu em uma matéria da *Atlantic Monthly*, "nós diríamos a você – de uma maneira ou de outra – que ela trouxe às novas vidas uma forma de amor quase insuportavelmente poderosa assim como uma ansiedade infinda e aguda." Em suas memórias *A Life's Work: On Becoming a Mother* ("O Trabalho de uma Vida: Sobre Tornar-me uma Mãe"), a escritora inglesa Rachel Cusk confessa como detestava amamentar e documenta a deterioração de seu casamento para "relações feudais" depois do nascimento de seu filho. Chamar uma mulher de "mãe ruim" é uma criptonímia emocional, diz Peggy Orenstein, autora de *Flux: Women on Sex, Work, Love, Kids and Life in a Half-Changed World* ("Corrente: Mulheres e Sexo, Trabalho, Amor, Filhos e Vida em um Mundo Meio Mudado"). E sua pesquisa revelou que muitas mulheres "pareciam aliviadas em confessar que não gostavam de ser mães e que gostariam de reverter o quadro". Há o recente documentário *Bringing Up Baby* ("Criando um Bebê"), que acompanhou seis mulheres desde o final da gravidez até quando seus filhos tinham dois anos de idade. "Por que não podemos dizer que detestamos ir ao parque?", pergunta a coprodutora Donna Wick. "Queremos que as mulheres sejam capazes de dizer que não há problema algum em não gostar de certas partes da maternidade", ela disse ao *New Yorker* recentemente. "É entediante, solitário, não valorizado e não remunerado. Não requer esforço mental e é repetitivo."

A maternidade é mesmo tão ruim assim para as mulheres de hoje? Ou será que ela só é ruim para as mulheres que escrevem livros ou que produzem documentários? Talvez sempre tenha sido ruim desse jeito, mas só agora as mulheres estão corajosas o bastante para anunciar essa verdade. Donna Wick tem razão. Não há problema algum em não gostar de certas partes da maternidade. Não há problema algum em dizer isso, em alto e bom som e várias vezes. Na verdade, é mais do que normal. É essencial, se vamos parar de falar e começar a agir para atingir o objetivo de combinar a maternidade com os cuidados conosco.

Ao mesmo tempo, o que as mulheres querem agora, na minha opinião, é ir além da reclamação. Se a vida de mãe vale a pena ser vivida – e tirando poucas exceções, as mulheres confirmam que vale – vamos nos lembrar do porquê.

As mulheres sentem prazer em oferecer cuidados, em parte porque somos muito boas nisso. Estudos de gêneros e emoções confirmam que a variação emocional das mulheres se adapta aos cuidados com os filhos. Somos mais talentosas como comunicadoras – escutamos mais, por exemplo – e somos mais atenciosas e empáticas. Em comparação com os homens, as mulheres recebem a chegada dos filhos com uma leve margem emocional natural. Mas é no cuidado que consolidamos nossa vantagem. Tradicionalmente, isso tem acontecido tanto na maneira com que as meninas são incentivadas a desenvolver qualidades protetoras quanto na maneira com que os meninos são incentivados a escondê-las. Não é coincidência que uma variação menos emocional esteja mais relacionada com o papel do provedor, e com sua ênfase em competir e em manter sua posição dentro de uma hierarquia.

Hoje, enquanto preparamos nossas filhas para assumirem tanto o papel de mães como de provedoras, essa tradicional divisão de trabalho emocional está se desfazendo. Para aquelas de nós que tivemos esse tipo de criação – que fomos incentivadas a sermos ambiciosas, competitivas e assertivas –, não é de espantar que cuidar de um bebezinho possa nos deixar em pânico e perdidas. Literalmente, não recebemos o treinamento para isso. As qualidades que aprendemos e desenvolvemos não têm muito a ver com o forte elo da relação entre mãe e filho. Nós desejamos "nos organizar", "nos responsabilizar", "estar no controle" – estar "no horário", até. Talvez maior ainda seja nossa intensa necessidade de adquirir, de nos vermos conquistando alguma coisa. A maternidade, infelizmente, é antiética para todos esses desejos. De certo modo, somos todos Papais agora.

Eu digo "infelizmente", mas poderia dizer com a mesma convicção "aleluia!". Uma das lições mais valiosas que a maternidade ensina é que há outros modos de viver do que apenas pela produtividade, de que A Conquista não é a única estrada para a felicidade. "Vivemos em uma cultura que valoriza a conquista, mas que desvaloriza os cuidados", escreve a psicoterapeuta feminista Daphne de Morneffe. Em seu inovador livro *Maternal Desire* ("Desejo Maternal"), Morneffe pede que as mulheres reavaliem e redescubram o potencial total do prazer maternal, que é nosso direito de nascença (literalmente) como mulheres. O desejo de ser mãe, ela diz – não apenas o desejo de "ter" filhos, mas a vontade politicamente incorreta de "controlá-los", também – tem se tornado mais idealizado e proibido em nossa era do que o desejo feminino era uma geração atrás. Se o feminismo consiste em comemorar o que significa ser totalmente feminina, deixar a maternidade de fora da lista de convidados seria uma omissão muito séria.

Também é uma omissão completamente compreensível, em seu próprio tempo e lugar. Entretanto, os tempos mudaram, e estamos em um lugar diferente. É seguro voltarmos para o mar do prazer maternal agora: revisitar o mar primordial de adaptação no qual todas as mulheres, mães e não-mães, uma vez nadaram.

Se a mamãe não estiver feliz, ninguém mais estará

Ser mãe é uma jornada de transformações – uma expedição, se preferir. Mas tornar-se mãe não é algo que uma pessoa conquista, como uma promoção, um diploma ou a compra de ações. É algo que alguém é. Como resultado, as recompensas da vida de mãe geralmente são difusas. (E se isso parece um código para "freqüentemente inexistentes", então que seja!)

Não são necessariamente as coisas que você faz com ou para seus filhos que são tão gratificantes – apesar de poderem ser. É quem você se torna. É quem eles se tornam. É entender que o que persiste não é a alegria nem a tristeza, mas envolver-se em um elo de corpo e coração que é profundamente indiferente para os dois. Talvez seja por isso que ficamos tão alegres só de observar nossos filhos (sem diretamente interagir com eles).

Quando meu filho era bebê, um dos lugares onde eu mais gostava de levá-lo era ao barbeiro no centro da cidade.

O apego de Bill – foi nesse estágio da vida que ele ganhou seu tão merecido apelido de Bill Carrapato – parecia desaparecer no salão do barbeiro. Eu nunca soube o porquê. Talvez ele conseguisse sentir a testosterona na atmosfera, como uma névoa sobre os velhos calendários com fotos de mulheres e a cadeira do barbeiro. Talvez fosse o cheiro dos outros barbeiros mais velhos (escandinavos, italianos, gregos) ou a força desmedida de seus braços tatuados quando eles o colocavam sobre uma caixa de madeira e o enrolavam em uma toalha, como um rocambole. Não sei. A questão é que Bill ficava paralisado ali, naquela caixa, o tempo que o corte demorasse. E eu sempre me certificava de que demorasse bastante, mesmo que para isso eu precisasse passar o tempo dando instruções ridiculamente elaboradas.

Todos achavam que eu era obcecada por cortes de cabelo masculinos. Mas a verdade é que eu simplesmente gostava de observar meu filho. De admirar o que Deus (e eu) tínhamos criado: a pureza de seu rosto, o formato daquelas bochechas gorduchas, a pele branquinha e imaculada da sua nuca. Levar Bill ao barbeiro foi provavelmente a primeira experiência de meu filho como pessoa, um ser completamente único, porém miraculosamente parecido comigo.

Talvez ir à igreja seja assim, eu me pegava pensando todas as vezes que saía do salão. Acho que Deus age de maneiras misteriosas. Por que não por meio do gel fixador?

Cinco minutos depois, estávamos em uma lanchonete, Bill derramava *ketchup* dentro da minha bolsa e o momento mágico desaparecia – levando junto minha paciência. Lidar com crianças pequenas não era o meu forte como mãe. Naquela época, sentia-me bastante envergonhada por causa disso. Eu queria aproveitar melhor o que todo mundo insistia em dizer que seriam "os melhores anos de minha vida".

Lembro-me de que, certa tarde, estava arrastando, de cara amarrada, dois de meus filhos em uma grande loja e escutei a moça que trabalhava na sessão de cosméticos dizer: "Aproveite enquanto durar, querida! Eles crescem muito rápido!". Senti vontade de voar no pescoço dela. Com certeza, o problema é que eles estavam demorando demais para crescer.

Hoje eu seria mais gentil com nós duas em relação a minha maneira de ver as coisas. Agora me parece óbvio que nós duas tínhamos sido reféns, cada uma a seu jeito, do que Daniel Kahneman chama de "foco ilusório". Eu estava perto demais para conseguir ver as dádivas que meus filhos certamente eram. E ela estava bem afastada para lembrar da chateação que eles podiam ser. Eu precisava de mais momentos como aquele no barbeiro. E ela precisava de mais *ketchup* dentro de sua bolsa.

Olhando para trás, lembramos apenas das experiências mais marcantes da vida de mãe, e, para grande parte de nós, se tivermos sorte, os momentos bons vencem, com grande vantagem, os momentos ruins. Como o parto em si, cuja extrema agonia extinguiria as espécies se suas alegrias não fossem maiores. O que some com o tempo não são as montanhas nem os vales, mas a extensão de terra do plano médio – a solidão comum, o tédio previsível, o som cotidiano do cansaço.

Talvez devêssemos simplesmente aceitar que a maternidade tem muito em comum com outros atos de criação. Não importa quanta engenhosidade você invista nela, se o processo não esgotar você... bem, talvez esteja fazendo alguma coisa errada. Penso no comentário de Dorothy Parker a respeito de ser escritora: "Detesto escrever", dizem que ela afirmou certa vez. "Mas adoro ter escrito." Isso me definiria ao observar Bill na cadeira do barbeiro. Eu estava igualmente em evolução como ele. Mas, pela primeira vez, senti que havia escrito.

De acordo com um recente estudo da *Relationships Australia*, "a coisa mais agradável da convivência com os filhos", para a maioria dos pais é... espere só... ver seus filhos crescendo. Dei risada ao ler isso. Fez com que eu me lembrasse sobre aquela piada do Woody Allen sobre as duas velhotas reclamando de um *resort* em Catskills. "A comida é horrível", uma delas diz. "Sim", a outra concorda. "E as porções são tão pequenas!"

Como uma mãe que ficava o dia inteiro em casa, sentia falta do luxo de estar longe de meus filhos. Eles tomavam conta de meu campo de visão de tal forma que eu não conseguia "enxergá-los", muito menos discernir sinais de crescimento e mudança. (Será que é por isso que os pais, nos quatro cantos do mundo, gostam de ver seus filhos dormir? Isso é, tirando o alívio que sentem por eles estarem dormindo.)

E isso mudou quando voltei a trabalhar meio período, algo que eu provavelmente não teria feito se pudesse ter escolhido. Repentinamente, a distância ficou perfeita. Lembro que um dia voltei correndo para casa ao final de um de meus primeiros dias de trabalho e meus filhos se juntaram ao meu redor para me abraçar enquanto a babá dobrava minhas meias e calcinhas. Talvez eu devesse ter sido "o pai" desde o começo, pensei. Para os pais que trabalham em período integral, independentemente de serem o pai ou a mãe, há obstáculos iguais e contrários à alegria. Mas é importante lembrar que existem muitas maneiras possíveis de perder alguma coisa. O tempo, quantitativamente falando, é muito bom, tudo bem, mas por experiência própria digo que "estar junto" não significa necessariamente estar junto.

Atualmente esquecemos que alcançar o equilíbrio entre vida e trabalho – uma frase que particularmente detesto – é uma questão de gosto pessoal, como decidir quanto de pimenta colocar no quibe. Não sei bem se isso é verdade. Minha opinião sobre a maternidade e o bem-estar confirma essa premonição. A vida em família, como um jogo de futebol com regras australianas, parece uma guerra de guerrilhas. Por mais impossível que possa parecer de vez em quando, existem algumas regras para o jogo das Famílias Felizes. Eu sei bem. Burlei a maioria delas.

Para começar, e correndo o risco de ser totalmente simplista, a maternidade começa bem mais feliz e bem menos traumatizante para as mulheres que dão à luz... bem, não vou dizer "naturalmente" – por que o que isso quer dizer atualmente? –, mas naturalmente "o bastante", por meio de partos normais. Essa é a regra número um.

E, por favor, meninas, isso não é um julgamento de valores de uma mulher qualquer que foi submetida a uma cesárea por opção ou circunstância. Um julgamento de valor seria negar ou esquecer o que as pesquisas praticamente gritam em nossos ouvidos: que dar à luz é o que as vaginas fazem, pelo amor de Deus (tudo bem, e mais algumas outras coisinhas), e se as deixássemos se encarregarem de suas tarefas, teríamos mamães muito mais felizes.

Quem diz isso? As mães dizem isso. De acordo com a *Listening to Mothers Survey: The First National US Survey of Women´s Childbearing Experiences* ("A Pesquisa que Ouve as Mães: O Primeiro Estudo Norte-Americano Sobre as Experiências das Mulheres com a Maternidade"), (2002) as mulheres que têm partos vaginais apresentam uma probabilidade maior de ficar no mesmo quarto que seus filhos e de terem leite dentro de uma semana; e uma probabilidade bem menor de dores abdominais, problemas intestinais e na bexiga, dores de cabeça e nas costas durante o período pós-parto.

As cesáreas às vezes são necessárias? Pode apostar que sim. Elas são necessárias de 25 a 35% dos casos? Não me faça rir (vai forçar meus pontos). O que as mulheres querem depois do nascimento de seus filhos é menos cansaço e desconforto, e todo o papo-furado que chega até nós sobre o "direito de escolha" de uma mulher é só mais uma de uma longa série de intervenções médicas dúbias.

Provavelmente a coisa mais inteligente que uma mulher pode fazer para garantir um pós-parto tranqüilo, segundo as pesquisas, é ter outros filhos. Isso fica bem difícil de acontecer se estiver grávida pela primeira vez.

Mães experientes costumam usar menos analgésicos ou outras intervenções no trabalho de parto, demonstrar menos sentimentos negativos ou dar à luz por meio de cesárea. De modo geral, elas relatam sentir a mesma fadiga e confusão das mães de primeira viagem. A verdadeira vantagem delas, segundo os pesquisadores, é a confiança. Tudo bem. Sei o que você está pensando. Então o que uma mãe de primeira viagem pode fazer? Como uma garçonete que não consegue ficar experiente porque – acertou – não tem experiência alguma, as mães de primeira viagem não conseguem se sentir confiantes até que deixem de ser mães de primeira viagem.

Na época em que a mulher costumava ter três, quatro ou mais filhos, geralmente um atrás do outro, é possível que fizesse sentido usar aquele primeiro filho como experiência. Atualmente, quando a mulher costuma ter um filho ou dois, no máximo, não podemos nos dar ao luxo de sermos aprendizes de mãe. Esperam de nós, e nós também esperamos, que comecemos sabendo tudo. Não é de surpreender que nossas expectativas como mães sejam tantas e tão altas. Sabemos que talvez não tenhamos uma segunda chance.

De um ponto de vista mais amplo, os modelos de fertilidade que conhecemos não poderiam ser mais receptivos ao bem-estar das mulheres. O fato de estarmos tendo menos filhos é um grande lucro para as mulheres. Mas a distribuição desse número menor de bebês – o fato de estarmos plantando-os espaçadamente, como rabanetes – resultou em menos economias de escala, financeiras ou não, e oportunidades de custos mais baixos para todas nós. Muitas de nós temos filhos de forma "amadora", pode-se dizer, e muito poucas se especializam. Isso parece estranho, eu sei. Mas a ausência (em busca de um mundo melhor) de cultivo intensivo mostra que a maioria das famílias está vivendo um tipo de agricultura de subsistência. Falo mais sobre isso daqui a pouco.

Tendências mundiais apontam não apenas na direção da queda de fertilidade, mas também na direção da fertilidade adiada. As mulheres estão tendo bebês mais tarde – em vários países do mundo, muito mais tarde –, e as implicações disso para nosso bem-estar e nossa saúde (sem falar para nossos filhos) são alarmantes. Nossa anatomia de reprodução não é mais nosso destino, mas continua sendo uma variável insistente para nossa saúde e felicidade. Nenhum movimento social – nem mesmo o feminismo – pode anular a biologia. Isso é ruim. Mas os fatos continuam: a fertilidade das mulheres cai muito com a idade, e para as mulheres que vêem um filho como um objetivo principal de vida – e lembre-se que isso acontece com a maioria das mulheres – o impacto do que a pesquisadora Leslie Cannold chama de "falta de filhos circunstancial" será enorme.

A maioria das mulheres de quarenta anos que descobrir que "adiou demais" a gravidez sobreviverá e encontrará alegrias duradouras em outro lugar? Sim. Essa é a questão? Não.

As pessoas que deixam de estudar ou que não conseguem boas oportunidades de emprego geralmente também sobrevivem, e isso vale a pena lembrar. Mas não pode ser um argumento para se conformar com a situação.

A questão da fertilidade, mais do que qualquer outro assunto, nos lembra que o lema feminista de 1970 estava enganado. As garotas não podem fazer tudo. Ninguém pode. Sinto-me uma estraga-prazeres tendo de dizer isso (mas eu sou mãe, estou acostumada), mas a questão é que nossas oportunidades não são infinitas. Pior ainda, algumas das mais importantes têm data de validade.

O que as mulheres querem agora é poder exercer a escolha, e uma escolha realista, a respeito de tornar-se mãe – e quando digo "escolha realista" refiro-me a entender os limites de nosso livre-arbítrio e as restrições de nossa natureza. Não podemos mudar os mares políticos e econômicos nos quais navegamos – pelo menos não sozinhas, e, certamente, não do dia para a noite. Também não podemos mudar nossos barcos, infelizmente. Podemos seguir por um tempo na direção que decidirmos seguir, mas nossos cascos são nossos cascos e estamos presas neles.

O que podemos controlar – para ser franca, tudo que podemos controlar – são as escolhas que fazemos em resposta a essas restrições. Uma escolha é não fazer escolhas, ser levada ao sabor do vento (e reclamar o tempo todo que não estamos chegando nem perto de nosso destino). Outra escolha é reunir as forças para ir contra o vento. Uma terceira opção – ouso dizer – é assumir uma posição central, nem tanto ao mar e nem tanto à terra.

O Próximo Grande Passo para as mulheres que se tornam mães, assim como para aquelas que não se tornam mães, é parar de culpar outra pessoa – sejam os homens, os médicos, o patriarcalismo, nossas mães, a família nuclear, a globalização, a igreja, a mídia, as "feministas" ou nossos próprios hormônios – pelo rumo que suas vidas tomaram. Esse é o preço da liberdade. Não a liberdade perfeita, que é algo que nenhuma de nós conhecerá. Mas a liberdade suficiente, mais ou menos. Aquele tipo de liberdade que lhe dá a corda necessária para que você se enforque – ou para que consiga içar seu barco.

Eu penso aqui em mulheres como a jornalista australiana Virginia Hausegger que, sem filhos e prestes a entrar na menopausa, abriu-se para as páginas do jornal *Age de Melbourne* para expressar seu ódio pelas feministas que lhe fizeram uma lavagem cerebral para que ela passasse a acreditar que "a realização feminina vem com uma pasta de couro". E eu acho que as feministas poderiam culpar os homens engravatados por também fazerem uma lavagem cerebral nelas. (Esses homens safados! Como eles ousam nos fazer crer que a alegria está no trabalho remunerado?!)

Por favor. Com certeza, uma das coisas que as mulheres querem agora é deixar essas demonstrações embaraçosas de petulância para trás. "A satisfação feminina", se é que tal coisa existe, não é mais um dom. É nosso privilégio agora. Igualmente importante, é nossa própria responsabilidade.

A maternidade não "traz" mais felicidade do que (Deus que me perdoe) o casamento ou um financiamento de imóvel. As mulheres infelizes têm tanta probabilidade de ter filhos como de não tê-los. Uma pesquisa realizada pelos cientistas sociais Grace Baruch e Rosalind Barnett sugere que a felicidade é determinada pela maneira com que as mulheres moldam seu *status* maternal – principalmente a capacidade de aceitá-lo e de seguir adiante. Isso pode ser um desafio para as mulheres mais jovens sem filhos, principalmente quando a sirene das soluções tecnológicas para a infertilidade social (doadores de espermas, fertilização *in vitro*, barrigas de aluguel) não pára de tocar.

Por outro lado, quem pensa que apenas as mulheres que não são mães lutam para aceitar o destino que lhes foi dado provavelmente precisa passar mais tempo fazendo uma fantasia de urso. Muitos estudos têm mostrado que as pessoas que não têm filhos (tanto homens quanto mulheres) gozam de um bem-estar maior – talvez porque também gozam de uma satisfação conjugal maior – do que as pessoas com filhos. A pesquisa mostra que as mulheres que não têm filhos genuinamente por opção demonstram um nível maior de satisfação com suas vidas quando atingem a meia-idade.

•

As "mães frustradas", como Leslie Cannold as chama, são o grupo cujo bem-estar está comprometido pela maneira como elas "praticam" a maternidade nos dias de hoje. Outro grupo em risco é o de mulheres que adiaram a chegada dos filhos até a última hora. A moda da maternidade em uma idade mais avançada, assim como a moda das famílias de tamanho reduzido, é um subproduto de mudanças socioeconômicas maiores. A personagem das histórias em quadrinhos que dá um tapa na testa e grita "Ai, meu Deus! Esqueci de ter um filho!" é exatamente isso: uma personagem de história em quadrinhos. A maternidade não é algo que a mente de uma mulher descarta. Na maioria dos casos, é preciso bastante esforço para evitar tal pensamento.

Uma razão freqüente de as mulheres fazerem vista grossa para o atraso da fertilidade é uma tendência mais abrangente do que pode ser chamado de atraso da fase adulta. Vivemos em um mundo onde a média de idade de um jogador de *videogame* é exatamente a mesma de uma mulher australiana quando tem seu primeiro filho: vinte e nove. Sou a única a achar isso estranho? O aumento da literatura para "crianças-adultos" e "adultos-crianças" sugere que ainda não estamos prontos sequer para a ficção adulta, muito menos para a paternidade, até praticamente entrarmos na menopausa. Os pesquisadores norte-americanos de mercado – que, assim como os gregos, parecem ter uma palavra para tudo – chamam o fenômeno de

Peterpandemônio. Outros diriam que é somente uma subclasse da doença social conhecida com "affluenza". Mas seja lá como você quiser chamar isso, significa que os homens e as mulheres de classe média ainda estão metaforicamente usando fraldas até mais ou menos os trinta anos.

Em países de sólida classe média como Austrália, Suíça e Holanda, a mulher em média tem seu primeiro filho na terceira década de vida. Em lugares socioeconomicamente mais diversificados, como os Estados Unidos, a média de idade da mãe que tem seu primeiro filho é consideravelmente baixa: vinte e cinco; trinta anos atrás, no entanto, era vinte e um. Nesse mesmo período, o número de mulheres americanas com um diploma universitário quase dobrou, e a participação feminina na força de trabalho aumentou 40%.

E continua aumentando. Na última década, o número de mulheres americanas que deram à luz aos quarenta anos ou mais aumentou 95,3%, enquanto a porcentagem de mulheres de mais de quarenta anos que tiveram seu primeiro filho mais do que dobrou. De acordo com números divulgados pelo *Australian Institute of Health and Welfare* (Instituto Australiano de Saúde e Bem-Estar), em maio de 2003, uma em cada dez mulheres australianas tinha trinta e cinco anos ou mais na ocasião do nascimento de seu primeiro bebê. É o dobro do que víamos uma década atrás. O número de australianas que têm filhos aos quarenta e cinqüenta quadruplicou nos últimos vinte anos. No Estado de Victoria, existem mais mães de quarenta e poucos anos do que mães adolescentes. Na Inglaterra, onde os dados do *National Statistics* mostram que o número de mulheres que dão à luz depois dos quarenta anos dobrou nos últimos dez anos e onde a maioria dos bebês nasce de mulheres no começo dos trinta anos, os dados são praticamente os mesmos. Independentemente de onde uma mulher viva, quanto mais estudo ela tem, mais velha ela será quando sua carreira como mãe começar; assim, em lugares em que a educação das mulheres é mais alta (ou seja, em todos eles), mais alta também será a tendência de os filhos chegarem mais tarde.

Outro fator para tudo isso é o avanço da tecnologia médica – apesar de talvez "retrocesso" ser uma palavra mais apropriada – que, hoje em dia, promete expandir a sobrevida reprodutiva feminina quase indefinidamente. "A tecnologia de reprodução está avançando a passos tão largos", anunciou o *Australian* em outubro de 2004, "que dentro de dez anos será comum que as mulheres de cinqüenta anos tenham filhos, conforme nos informaram os especialistas em fertilização, ontem".

Publicar uma matéria discutindo se as mulheres de cinqüenta anos desejam ter filhos é evidentemente algo que não vale muito a pena. A tecnologia médica e as instituições que a criam e sustentam são notadamente indiferentes ao bem estar das mulheres. Também são indiferentes a detalhes irritantes como a menopausa, descrita como uma "barreira" pelo especialista em fertilização Alan Trouson. Trouson está envolvido em uma série de pesquisas inéditas que prevêem que as terapias à base de remédios em breve conseguirão prolongar quase que indefinidamente a fertilidade feminina. Assim como os homens podem continuar sendo pais aos setenta anos e mais, as mulheres idosas também poderão ser... Mas como é que você as chamaria? De mães?

As opções de tratamento dentro dos próximos anos vão aumentar mais rapidamente do que a barriga de uma grávida no segundo trimestre de gestação, e incluirão o procedimento de rejuvenescimento de óvulos "desligados" (com injeções de citoplasma); congelamento de óvulos (enquanto escrevo, deve estar nascendo um bebê na Austrália proveniente dessa técnica); e o atraso da liberação dos óvulos por intermédio de tratamentos à base de remédios; e a suposta "clonagem terapêutica", um processo atualmente ilegal no qual os novos

ovos são criados separadamente (usando, por exemplo, o núcleo de um óvulo de coelho como "ponto de partida"). As mulheres que não menstruam mais não ficam de fora da brincadeira. "Tudo de que precisam é um útero", anima-se o Prof. Robert Norman, diretor da Unidade Médica de Reprodução da Universidade de Adelaide.

No presente momento de nossa evolução biomédica, entretanto, a idade de uma mulher continua sendo... qual era mesmo a palavra? Ah, sim. Uma barreira. Para ser clara, quanto mais uma mulher adia a chegada dos filhos, maiores serão suas chances de não conseguir tê-los. (E lembre-se: a fertilização *in vitro* funciona melhor nas mulheres que não precisam dela; naquelas em seus primeiros anos de reprodução, dos dezoito aos trinta anos.) Parece que estamos coletivamente negando esse triste fato de nossa biologia. Um estudo recente da *FPA Health*, publicado pela *Australian Associated Press* em novembro de 2003, mostrou que as mulheres acreditavam que tinham uma chance de 32% de engravidar com mais de cinqüenta anos. Na verdade, isso só é possível para uma mulher em cada cem. As taxas de fertilidade começam a cair drasticamente a partir dos trinta anos. Aos trinta e cinco, despencam. Aos quarenta anos – apesar de novas sob vários outros aspectos –, reprodutivamente falando, nos tornamos passadas. A fertilidade de uma mulher de quarenta anos de idade não é simplesmente "prejudicada". É 95% inexistente.

Tudo bem, mas e as mulheres que conseguem engravidar, e que se tornam mães depois dos trinta e cinco anos?

É mais do que politicamente incorreto uma feminista admitir isso, mas preciso superar a dor e dizer mesmo assim: para as mulheres mais velhas, a experiência da maternidade é mais difícil, tanto física quanto emocionalmente. Isso não quer dizer que não se deva esperar a chegada da famosa "maturidade" para ter filhos, ou que ela não traga vantagens aos pais. Mas que os benefícios da juventude são maiores – muito maiores, óbvia e substancialmente, na verdade.

As mulheres que esperam até os quarenta anos para ter filhos sofrem um risco maior de complicações no trabalho de parto, de ter um bebê com problemas de saúde (principalmente problemas respiratórios e anomalias congênitas) e/ou problemas mentais (uma mulher na casa dos vinte anos apresenta um risco em mil de ter um filho com síndrome de Down, por exemplo; já para uma mulher de quarenta anos, o risco é de um em cada vinte), e de se sentir mais cansada pelas simples exigências físicas inerentes aos cuidados com bebês e crianças pequenas.

Depois do primeiro ano de maternidade, as mulheres mais velhas também relatam estar insatisfeitas em relação a seus relacionamentos conjugais e suas vidas sexuais – isso se eles existirem. Uma nova pesquisa publicada no *Wall Street Journal* em fevereiro de 2004 levanta uma nova preocupação: que os filhos nascidos com uma diferença de menos de três a cinco anos entre um e outro têm uma probabilidade maior de sofrer de problemas físicos, cognitivos e sociais. Assim como suas mães. O estresse de se passar por mais de uma gestação em pouco tempo – o que minha irmã chama de "produção apressada" – ainda não foi amplamente estudado. Mas a evidência quase não dá motivo para um otimismo prematuro. (Como uma veterana orgulhosa, mas desgastada pela trinca dos "três com menos de quatro anos", a última nascida quando eu tinha trinta e seis anos, falo tanto com base científica quanto sem ela).

Nos Estados Unidos, as taxas de mortalidade infantil subiram pela primeira vez em mais de quatro décadas em 2004. Os funcionários da saúde dizem que a moda em relação à maternidade atrasada é a razão mais provável – tanto por causa do risco maior de problemas no nascimento e outras complicações potencialmente fatais, quanto por causa da alta incidência de gravidezes múltiplas de mães mais velhas, que têm um risco maior de morte. Nos Estados Unidos, nos últimos vinte anos, por exemplo, o número de gêmeos aumentou 74%, enquanto que o número de múltiplos (três ou mais) aumentou cinco vezes, de acordo com o *National Center for Health Statistics*. A maior parte desse aumento é o resultado direto dos medicamentos usados nos tratamento de fertilização.

Um estudo divulgado em 2004 em uma conferência nacional sobre fertilidade, em Adelaide, revelou que as mães mais velhas ficam mais vulneráveis durante a gravidez, menos amparadas e mais propensas à ansiedade em relação aos desafios da criação dos filhos. Revelou também alguns benefícios distintos da maternidade em uma idade mais avançada – principalmente mais maturidade e resistência emocional. Na verdade, os esforços dos pesquisadores para evitar preocupações, e para oferecer um ponto de vista sensato que apoiasse as decisões das mulheres, foram louváveis. Louváveis até demais, diante das informações disponíveis.

"Acho que o importante é ver como as mulheres estão lidando com isso, como seus cônjuges estão lidando com isso, e como podemos oferecer mais apoio, se preciso", disse a psicóloga e pesquisadora da Universidade Macquarie, Dra. Catherine McMahon à rádio ABC. Isso é verdade, Deus bem sabe – e raramente ouvimos conselhos tão bons e práticos em um ambiente em que as mulheres costumam ser culpadas independentemente da opção de reprodução que façam.

Mas ainda assim me preocupo (ei, sou mãe – é o que mais faço) com o perigo de esconder os riscos da maternidade adiada por uma questão de amizade, ou por receio de ser vista como mais uma no grupo das mães acusadoras. O mais "importante" é não ter medo de enfrentar as verdades que descobrimos, por mais que elas desafiem nossa idéia de certo e errado.

O otimismo cuidadosamente expresso de McMahon é repetido pela psicóloga inglesa Julia C. Berryman, autora de *Older Mothers* ("Mães Mais Velhas"), que sustenta: "Seria errado concluir que há um momento certo para a maternidade". Talvez. Mas há um momento melhor, e mais momentos piores. E tentar comprar fertilidade e vida familiar quando sua loja de fertilidade está fechando não é o melhor momento.

Embarcar na maternidade na meia-idade pode ser uma maravilhosa e revigorante aventura, como comprovam inúmeros e recentes relatos, desde *Hot Flashes Warm Bottles* ("Chamas Esquentam Mamadeiras) de Nancy London a *You Make Me Feel Like an Unnatural Woman* ("Você Faz Com Que Eu Me Sinta Uma Mulher Não-Natural") de Judith Newman. (É só minha imaginação ou existe uma competição para ver quem é mais triste nesses livros?) Adicione isso à lista de celebridades que se tornam mães beirando os cinqüenta anos – ou mesmo sessenta, no caso da escritora Lynda La Plante, que, recentemente, aos cinqüenta e sete anos, adotou uma criança – e você pode começar a acreditar que a maternidade na meia-idade é tão natural e normal como... bem, a paternidade na meiaidade. Infelizmente, não é. E sugerir que tal fato não traz problema algum para o bem-estar das mulheres é totalmente irresponsável.

São as atitudes da sociedade em relação à maternidade que têm de mudar, não as mulheres, diz a pesquisadora sobre fertilidade e autora Maggie Kirkman, assim como muitas outras feministas observadoras contemporâneas. Se ao menos a maternidade fosse uma questão de "atitude" apenas – social ou pessoal –, eu concordaria completamente. Mas a maternidade infelizmente não é algo que fazemos exclusivamente, ou mesmo principalmente, com nossas mentes. Tampouco algo que fazemos sozinhas ou isoladamente. A maternidade não é uma canção solo. É mais parecida com uma fuga, composição musical totalmente padronizada, com várias vozes e cadenciada. E a maternidade não é algo que acontece em apenas uma geração. É – como o termo "família nuclear" sugere – um elo de uma longa reação em cadeia. É fácil esquecer isso quando nos preocupamos somente com nossos direitos e benefícios.

Para algumas mulheres, ter um filho na meia-idade é claramente preferível a não ter nenhum. Como mãe solteira, eu diria o mesmo sobre ser mãe solteira. Poucas de nós "escolhemos" fazer tudo sozinhas – sei que eu não escolheria –, mas certamente não gostaria de viver em um mundo onde as mulheres não tivessem essa opção.

Por outro lado, talvez o que as mulheres queiram depois da maternidade não seja mais opções, mas sim opções melhores. Vestir a melhor roupa possível na tendência da maternidade adiada é uma resposta compreensível para uma nova realidade surpreendente. É também humana. Mas, ao enfatizar tanto o lado positivo, corremos o risco de encerrar mais conversas a respeito do bem-estar feminino do que estamos dispostas a começar – e eu me refiro em especial ao debate público a respeito dos fatores que fazem com que as mulheres escolham métodos reprodutivos abaixo do ideal, e a uma crítica ainda mais ampla da noção de "escolha" em si.

O fato de o nosso atual mundo pós-feminista forçar as mulheres a improvisarem a vida familiar – a arrumá-la na última hora, como um jantar feito às pressas com restos de alimentos disponíveis na geladeira – é o assunto principal. Como mulheres que se tornam mães, ou simplesmente como mulheres que são mães, está na hora de pararmos de economizar em nosso próprio bem-estar.

Então, o que mais deixa a mamãe feliz? Entre os mais poderosos fatores do bem-estar maternal, está um que os pesquisadores chamam de "apoio social", que o resto de nós chamamos de "ajuda". São necessárias muitas pessoas para criar uma criança, todas nós reconhecemos. Por que o crescimento e o desenvolvimento de uma mãe exigiria menos que isso? Até mesmo ter um parceiro com quem possamos contar faz uma diferença enorme – principalmente em casos nos quais esse parceiro tem um laço de sangue com a criança (codinome: papai).

Uma pesquisa recente publicada na *Sex Roles: A Journal of Research* revelou que as mães cujos parceiros se aproximaram de um ideal de divisão das tarefas ficavam menos estressadas do que quando as tarefas eram distribuídas de modo mais tradicional. (Essa pesquisa também revelou que "mais ou menos" era a expressão predominante, com as mães fazendo o dobro de tarefas, independentemente de trabalharem fora ou não.)

Há muitas evidências que sugerem que o bem-estar maternal é um produto do ajuste, ou da falta dele, entre as expectativas da mulher em relação à criação dos filhos e a realidade que enfrenta. As mulheres que esperam que seus parceiros participem igualitariamente – e não somos todas nós que queremos isso atualmente? – ficam mais vulneráveis a se decepcionarem e a se sentirem injustiçadas durante a transição para a criação dos filhos.

Tudo isso sugere que um Novo Homem meio evoluído – ou seja, aquele que ajuda um pouquinho, mas que na maior parte do tempo escapa das tarefas da vida em famílias – pode ser tão irritante quanto o assumido Velho Homem não evoluído. As pesquisas têm mostrado, de maneira interessante, que as mulheres mais infelizes são as mães casadas que dividem noções tradicionais de divisão de tarefas com seus parceiros, mas que devido às circunstâncias são forçadas a viver sob acordos não tradicionais em que a mulher ganha a maior parte da renda e o homem é quem cuida dos filhos.

De modo geral, essa pesquisa sugere que as mulheres de hoje ou têm expectativas mais altas do que os homens em relação ao envolvimento do pai ou, para colocar a situação toda em termos mais caridosos, não "vêem" os pais que cuidam dos filhos terem as mesmas atitudes que os homens têm. Seja lá como você quiser ver isso, o resultado é o mesmo: quando a mamãe sente que foi enganada, ninguém brinca de família feliz.

Uma divisão desigual das tarefas de cuidados com os filhos – aquela em que uma pessoa faz quase tudo e a outra quase nada – deixa as mulheres menos felizes do que um acordo igualitário? Não necessariamente. O que faz a diferença no bem-estar do pai e da mãe não é a justiça com que as coisas são feitas, mas a justiça com que são percebidas. O cônjuge que trabalha em tempo integral e cuja contribuição para a família é valorizada e incentivada pelo cônjuge que fica em casa (cuja contribuição para a família é igualmente valorizada e incentivada) – independentemente de ele ser homem ou mulher – sente-se mais feliz, de modo geral, do que as famílias nas quais a disputa em relação ao trabalho remunerado e não remunerado, como o tal do trabalho da mulher, não acontece.

Por falar nisso, a questão é que, para a maioria dos casais de hoje, dividir o trabalho familiar de modo tão direto – os que trabalham de um lado do ringue e os que ficam em casa cuidando dos filhos de outro – não é mais uma opção viável. Nem tanto pela necessidade financeira, concordo, como pelo contrário: os imperativos da afluência. Cada vez mais os pais sentem-se entediados e enganados como as mães por esse acordo. Os homens, finalmente nós estamos percebendo, também querem escolher o tipo de paternidade ao qual se adaptar – e o ressentimento por não ter direito a essa escolha, que podemos chamar de, na ausência de um termo melhor, "trabalho do marido" é cada vez maior. Finalmente, essa é uma boa notícia para as mulheres.

As mulheres que têm um emprego, atualmente, são mais felizes do que aquelas que não têm – e isso não é só o que eu acho, mas o resultado de um extenso estudo. A economista e autora Sylvia Ann Hewlett comenta sobre isso no livro *Baby Hunger*, ao dizer que os pesquisadores perceberam níveis mais altos de satisfação e auto-estima – e menores de depressão – entre as mães que trabalhavam fora em comparação com as que não trabalhavam, em todas as categorias ocupacionais. Entretanto, a maioria das mães sente-se mais feliz trabalhando meio período ou em horários de trabalho reduzido. Não todas – mas a maioria.

"Não é surpresa", diz Hewlett, "que as mães que trabalham são mais felizes quando têm tempo de lazer com seus filhos – para passear, ir ao cinema, praticar um esporte, visitar museus e parques, viajar, fazer refeições ou apenas conversar." Tal observação não tem a intenção de culpar nem julgar as mães que trabalham que escolhem um caminho diferente. Muitas mulheres e suas famílias trabalham muitas horas por dia. Toda família feliz não é feliz do mesmo jeito. Para grande parte das mulheres, entretanto, trabalhar muito não traz mais satisfação no relacionamento com os filhos. Mas trabalhar meio período para ganhar o pão não significa que a mulher se contenta com metade dele.

O psicólogo infantil Donald Winnicott disse que "não existem bebês". O que ele quis dizer foi que os bebês, graças a sua total dependência, só adquirem identidade nos relacionamentos com as outras pessoas. Toda criança, sob esse aspecto, é uma transação. Os bebês não chegam ao mundo como frases terminadas, prontas e pontuadas, mas como verbos no infinitivo esperando uma conjugação. A mesma coisa acontece com a maternidade, na minha opinião. Também não existem mães – muito menos uma mãe boa ou ruim. Não nascemos com uma identidade maternal. Nós a adquirimos – ou permitimos que ela seja inserida em nós.

O que as mulheres querem agora é uma oportunidade de reintegrar a maternidade ao resto de nossas vidas, de encontrar uma maneira de permitir que ela seja nossa essência sem nos consumir completamente, de trazer profundidade, significado e alegria às vidas que já são tudo isso. O que queremos depois da maternidade é, em parte, simplesmente dividi-la mais. Não apenas com nossos companheiros – apesar de a maioria de nós querer muito isso –, mas com o mundo que habitamos.

O que queremos depois da maternidade é a permissão de levarmos nosso bem-estar tão a sério quanto levamos o bem-estar daqueles de quem tomamos conta; e exigir que os outros façam o mesmo. A maternidade não é uma experiência à qual esperamos "sobreviver", como um terremoto ou uma inundação. Não precisamos acomodá-la ao recipiente da Vida Real. Ela é a Vida Real. O que as mulheres querem agora, talvez, seja a coragem de dizer isso em alto e bom som.

Equilíbrio

"Independentemente do que escolhermos, seremos criticados. Então devemos escolher o que nos fará felizes."

Anna Quindlen, *Thinking Out Loud*

Suspeito que existam dois tipos de pessoas no mundo: aquelas que procuram o equilíbrio e aquelas que dizem que procuram o equilíbrio, mas que secretamente se divertem fazendo suas acrobacias nas barras paralelas desiguais da vida. Acho que é justo admitir que sou do segundo tipo.

Para mim, o conceito de equilíbrio da vida é como o conceito da refeição balanceada: louvável e pouco inspirador. Sei que isso não é justo, e provavelmente não é uma atitude correta, mas a verdade é que eu nunca quis uma vida do tipo "uma carne e três vegetais", consumida corretamente e em intervalos regulares. O que é uma coisa boa, porque Deus sabe que não fui servida dessa porção.

Minha própria experiência de vida e de trabalho tem sido um caso de extravagância e purgação. Sei que isso não me torna uma pessoa comum, exatamente. Também sei que não me faz parecer uma aberração. Mas sempre que começo a falar sobre equilíbrio entre trabalho e vida, sinto-me um pouco como o chefe viciado em trabalho aconselhando seus funcionários a tirarem dias de folga para ficar com suas famílias. ("Crianças, vocês não podem encontrar outro lugar para brincar?", grito com meu filho de doze anos de dentro do escritório. Ele e os amigos que trouxe para casa depois da escola – um privilégio que ele tem graças ao emprego flexível e com sede em casa de sua mãe – saem em um silêncio carregado de culpa pela porta dos fundos. "A mamãe está obcecada com o equilíbrio entre vida e trabalho", eu o ouço sussurrar, como que se desculpando.)

•

Apesar de existirem pessoas como eu, a idéia de que o equilíbrio é o Santo Graal que toda mulher procura se tornou um clichê. O equilíbrio entre o trabalho e a vida – como se o trabalho fosse, de alguma forma, conduzido no mundo espiritual –, entre dever e diversão, entre Eles e Nós. Dez ou vinte anos atrás, falávamos das mulheres que "equilibravam" suas várias obrigações. Uma mulher que sempre equilibrava tudo porque nunca parava. A metáfora do equilíbrio, entretanto, enfatiza a harmonia. Aquela qualidade firme e silenciosa que Bridget Jones chama de "equilíbrio interior". Geralmente antes de ela cair de cara no chão.

Seja lá o que mais ele engloba, o equilíbrio entre o trabalho e a vida exige trabalho suficiente para manter uma mulher "estimulada" e vida suficiente para mantê-la com os pés no chão... ou seria amarrada? A mulher em equilíbrio é como a base na gangorra da vida familiar. Os homens e os filhos experimentam os altos e baixos. Elas mantêm-se tão centradas que não se mexem.

Mas sabemos, ainda, que nos dias de hoje o equilíbrio entre a vida e o trabalho é bom para os rapazes também. Não é um problema feminino, dizemos agora, de maneira defensiva – como se qualquer assunto essencialmente feminino fosse menos urgente ou menos importante. Hoje, como os especialistas nos lembram, o equilíbrio entre a vida e o trabalho é o objetivo de todos nós. E os homens concordam. Na teoria. (Não se esqueça de que os homens também concordam com a divisão igualitária dos cuidados com os filhos, o trabalho doméstico e o controle remoto.)

Mas a maior parte dos homens bem-sucedidos que vemos ao nosso redor, sejam eles políticos, artistas, empresários, atletas ou professores, não é um bom exemplo de equilíbrio. Harmonia não é bem com eles. Vencer, sim.

Uma geração atrás, no fim da era da oportunidade igual, responder o que as mulheres queriam, além de trabalho, era fácil. Queríamos mais trabalho e mais trabalho desafiador; queríamos melhores salários e mais oportunidade de crescimento; queríamos jogar de igual para igual em relação à licença-maternidade, aos cuidados com os filhos e à flexibilidade. O que queríamos do trabalho remunerado era o privilégio de fazer como os homens – preferencialmente em período integral e a toda velocidade – e pelo mesmo pacote garantido de vantagens: salário, benefícios, prestígio. Também percebemos que levantar nossas clavas no ambiente de trabalho remunerado exigiria que baixássemos algumas clavas também no ambiente de trabalho não remunerado, que chamamos de casa de família – mas o que é uma clava mesmo? Em qualquer mundo racional e justo, essa expectativa, chamada pelos psicólogos de "teoria da porta giratória" de mudança social, teria feito sentido. Mas neste mundo, não teve a mínima chance.

Com o passar do tempo, as mulheres que haviam mergulhado de cabeça no mercado de trabalho aguardaram, cheias de esperança, que houvesse uma troca. Como crianças cansadas que ficam acordadas até tarde esperando o Papai Noel, a crença que tinham no Duende da Igualdade era tocante, e tragicamente descabida. O que aprendemos a chamar de segundo turno significava que, para as mulheres casadas, e principalmente as mulheres casadas com filhos, o trabalho remunerado não substituía o trabalho não remunerado como acontecia com os homens. Apenas o adiava até o final de semana. As mulheres empregadas de hoje, independentemente de trabalharem meio período ou período integral, ainda fazem dois terços do serviço doméstico. E isso apesar de os homens contribuírem com o dobro de serviço comparados há quarenta anos.

Não fazemos tantos serviços domésticos como nossas mães faziam – na verdade, conseguimos eliminar cerca de dez horas semanais. (Você se lembra das toalhas de mesa passadas? Dos pudins de forno? Das faxinas? Não, eu também não.) Mas fazemos mais do que pensamos que faríamos nesta etapa de nosso histórico social, e muito, muito mais do que qualquer pessoa poderia esperar. Se a entrada da mulher na força de trabalho remunerada foi a maior conquista do feminismo, a persistência do segundo turno é talvez seu fracasso mais claro.

Em parte isso nos ajuda a explicar por que, quarenta anos depois, o que as mulheres mais querem do trabalho remunerado parece ser menos trabalho. Uma geração atrás as mulheres lutavam pelo privilégio de trabalharem como os homens, e pelos mesmos benefícios. Hoje não temos mais tanta certeza. O jogo parecia muito emocionante quando estávamos nas laterais do campo. Visto de perto, é um jogo que não temos certeza se queremos jogar, muito menos ganhar. E, tomando os homens como nossos exemplos, sejamos educadas e digamos que a maioria de nós quer menos disso também.

Na verdade, muitos observadores garantem que agora o sexo nem é mais o problema. De certa maneira, eles têm razão. O caso hoje é que o grande mercado de trabalho se divide entre os "sem filhos" (operacionalmente definidos como as pessoas que não têm filhos ou que não são os principais responsáveis por eles, independentemente do sexo ou do tipo de relacionamento entre eles) e os "ligados aos filhos" (operacionalmente definidos como as pessoas que são os principais responsáveis pelos filhos ou que assumem a responsabilidade de fazer, ou delegar, grande parte dos outros trabalhos não remunerados). O sexo é irrelevante nessa divisão – tanto que os economistas, como Claudia Goldin, de Harvard, referem-se aos "homens e mulheres sem filhos" como uma única categoria econômica. É óbvio que as mulheres são oito vezes mais do que os homens as pessoas "ligadas aos filhos" – e esse é um número generoso. A pergunta difícil é o que essa desproporção representa, e se – ou como – devemos continuar a nos preocupar com isso.

O sexo ainda separa as tarefas, mas não mais determina de que lado da divisão ficamos. O fato de a maioria das mulheres ser ligada aos filhos não encobre o fato de que estamos falando sobre papéis, e não sobre o sexo em si. Não é quem somos que faz a grande diferença no que as pessoas dizem que querem do trabalho remunerado. É o que fazemos – seja por escolha ou por necessidade financeira, seja pela virtude de nosso temperamento ou por nossos talentos; ou simplesmente porque foi assim que nos socializamos. As teorias biológicas que colocam o "desejo de competição" dos homens contra "o desejo de união" das mulheres são fascinantes, mas irrelevantes – um pouco como analisar uma eficiente linha de produção ao colocar frente a frente um "instinto de montagem" com um "instinto de empacotamento". Uma divisão de tarefas que funcione bem não precisa de nenhuma Grande Teoria Unificadora para justificar sua existência.

A divisão de trabalho humano por sexo em material e afiliativo, público e privado, produtivo e reprodutivo, obviamente tem uma base biológica. Mas a razão para sua persistência atualmente não tem nada, ou quase nada, a ver com a biologia. Está claro que as mulheres conseguem e exercem o papel de provedoras com tanta eficiência quanto os homens, mesmo em um jogo desigual; e está igualmente claro que os homens podem ser muito bons em cuidar e proteger. Podemos concordar de uma vez por todas que esse é um assunto ao qual não precisamos mais voltar?

Eu penso no marido de uma amiga minha que afanou a revista *Wifework* dela e ficou horrorizado ao descobrir – como disse a todo mundo durante meses – "Meu Deus. Eu sou a Esposa!". Como mãe solteira e única provedora por mais de uma década, não sinto mais a necessidade de ler histórias. Por que eu deveria, se posso me qualificar como uma delas? Não que precisar voltar a trabalhar tenha sido ruim. Na verdade, depois que você se acostuma, isso se torna bastante gratificante. Mas a questão é que, como a maioria das mulheres da geração do *baby boom*, eu não fui criada para isso. Não mesmo – assim como meus ex-parceiros não foram criados para organizar jantares ou tirar aquelas manchas teimosas.

Minha própria mãe era uma dona de casa cujo currículo, se ela possuísse um, teria parado no ano de 1953, quando ela, aos vinte e dois anos de idade, abandonou seu emprego como modelo de uma grife de Nova York para casar-se com meu pai. "Não quero explorar novos horizontes", minha mãe dizia sem pestanejar quando uma de nós tentava chamá-la para a realidade. "Não gosto de estar em outro lugar." (Eu pensava: "Francamente. Essa mulher é mais teimosa que uma porta".)

O movimento feminino dos anos de 1960 e 1970 não causou nenhuma mudança significativa na infra-estrutura tradicional de nossa família. Não mudou a maneira com que fazíamos as coisas. Mas seu efeito na maneira com que moldamos as coisas – todos nós – foi profundo. Primeiro porque começamos a perceber que éramos um certo tipo de família: a "tradicional". Antes, nunca teríamos pensado que existia outro tipo.

Minha mãe ensinou minha irmã e a mim a tirar o pó e a passar o aspirador, a arrumar as camas com os lençóis perfeitamente dobrados, e até mesmo a esfregar uma privada. Lembro-me dessa última lição muito bem. Tinha cinco anos. Quando conto tudo isso à minha filha de dez anos – uma menina da sexta série que ainda luta para pendurar sua blusa da escola no cabide –, ela arregala os olhos do tamanho de dois CDs. "Nossa!", ela diz. "Igual à história do livro *Uma Casa na Campina!*"

Mas nós também aprendemos que precisaríamos saber como nos virar no mundo, como nos "tornar" alguma coisa, algo que minha mãe não fizera – de preferência alguma coisa talentosa e com um bom salário. Ela estava bem satisfeita com sua vida: sua casa, seu casamento e seus filhos, possivelmente nessa mesma ordem. Mas o movimento feminino deixou claro que minha mãe tivera pouca opção – que sua dependência financeira tornava a tranqüilidade doméstica não apenas desejável, mas imperativa. Ao mesmo tempo, minha mãe dizia que esperava que não tivéssemos de trabalhar – uma referência, sabíamos, à expectativa de que nos casaríamos bem, ou bem o suficiente para nos darmos ao luxo da escolha.

Essa mensagem particularmente dúbia nos persegue desde que viramos adultas. Na verdade, eu vou além e digo que ela tem nos perseguido durante toda a nossa geração. No meu caso, acabei "tendo" de trabalhar. Minha irmã também, mas por razões diferentes. (No meu caso, devido a um casamento que se autodestruiu; no caso dela, um financiamento de imóvel que não sofreu autodestruição.) Mas, para nós duas, acho que é justo dizer, só quando "tivemos" é que percebemos o quanto queríamos. Não poder nos dar ao luxo de escolher não trabalhar, ou de escolher trabalhar, não mudou as regras do jogo. Mas com certeza mudou a intensidade com que o jogamos.

A palavra "revolução" é bastante usada nos dias de hoje, aplicada indiscriminadamente a tudo, desde produtos de higiene feminina a saquinhos para conservar alimentos. Mas, em nossas vidas, a entrada das mulheres, principalmente as que são mães, na força de trabalho remunerado pode ser qualificada como uma verdadeira revolução. Em países em desenvolvimento, entre 1954 e 2000, a taxa de empregos ocupados por mulheres quase dobrou. É, agora, de 61%. (Na Austrália, esse número chega a 73%.) Entre as mães, a fatia do mercado aumentou ainda mais. Nos Estados Unidos, a porcentagem de mães empregadas quadruplicou entre os anos de 1950 e 2000. No mundo desenvolvido atual, quase metade de todas as mães com filhos com menos de cinco anos – 45% – estão atualmente no mercado de trabalho.

Uma geração atrás era comum que as mulheres parassem de trabalhar quando se casavam. Com o nascimento do primeiro filho, era quase obrigatório. É fácil esquecer que faz pouco tempo que mudamos essa situação. No ano de 1976, por exemplo, os dados do censo australiano mostravam que em média a mãe com dois filhos passava uma década em casa, como George Megalogenis diz em *Faultlines: Race, Work and the Politics of Changing Australia* ("Erros: Competição, Trabalho e as Políticas da Austrália em Mudança"). Hoje, apenas 23% das famílias australianas com filhos dependentes seguem o modelo de Ozzie e Harriet[1]. Nos Estados Unidos, o número é ainda mais baixo. Estima-se que as famílias que escolhem viver apenas com uma renda constituem apenas 10% de todas as famílias daquele país.

O que a pesquisa deixa bastante claro para nós é que a maioria das mulheres de hoje trabalha fora. E também nos

---
[1] Ozzie e Harriet: personagens de uma série de TV americana chamada "As Aventuras de Ozzie e Harriet", que abordava cenas do cotidiano familiar.

mostra que elas querem trabalhar, e estão mais felizes assim. Veremos evidências para isso mais tarde. Por enquanto, vamos esclarecer que o que as mulheres querem depois do trabalho, de modo geral, não é retornar à vida doméstica em tempo integral – e nunca será.

O outro lado da história é que a trajetória ascendente das mulheres, permitam-me dizer, "o entusiasmo" para o trabalho parece ter atingido seu ponto máximo. É igualmente clara a prova de que, quando uma mulher tem filhos (e, conservadoramente, isso acontecerá com três quartos de nós), ela trabalhará muito menos do que as solteiras e o fará, provavelmente, por opção.

Para a maioria das mulheres adultas, o trabalho remunerado é agora uma parte integral de nossa identidade. Mas a pesquisa mostra que, como um grupo, a maioria de nós continua a priorizar a família em comparação ao trabalho. São as mulheres que escolhem trabalhar menos dias, aproveitar os direitos familiares, não serem promovidas e trabalhar meio período.

A ínfima presença das mulheres nos cargos mais altos, que já foi vista como prova de discriminação sexual, está voltando a ser percebida hoje em dia dentro do contexto chamado pela escritora e executiva norte-americana Michele Kremen Bolton de *glass ceiling interior*. Acredita-se que as barreiras que enfrentamos hoje para alcançar o sucesso – sem dúvida, as mais altas e mais intransponíveis de todas – são aquelas que construímos com nossas próprias mãos, dentro de nossos corações. Se as mulheres não assumem papéis de liderança porque estão paralisadas pela culpa maternal, por exemplo, ou porque temem as conseqüências que muitas horas de trabalho podem acarretar para seus casamentos, fica claro que precisamos repensar o conceito de "obstáculos para a participação das mulheres na força de trabalho". Dizer que os homens em situações parecidas não sentem essa culpa ou preocupação não muda nada para nós (a não ser que nosso objetivo seja ser como os homens – epa!).

Escolher não competir por medo ou dúvida é tão devastador para nossas chances de sucesso quanto qualquer barreira externa que possa ser construída. Na verdade, é até mais devastador sob alguns aspectos, por ser menos suscetível à manipulação por intermédio de legislação e mudanças de política. Isso não significa que ter políticas de oportunidades iguais seja irrelevante ou pouco importante, mas precisamos nos concentrar agora na dura verdade de que a política – por mais inspirada que seja – pode não ser o bastante.

Aqui vai um pensamento ainda mais subversivo; talvez seja. Talvez a persistente preferência das mulheres de continuarem mais centradas nos relacionamentos do que nas conquistas não seja um "obstáculo". Talvez, quem sabe, seja nossa maior vantagem. A sub-representação das mulheres nos papéis de liderança – assim como a sub-representação dos homens nos papéis de protetores – tem sido um item padrão na lista de reclamações femininas por tanto tempo que exige um grande esforço de sequer imaginar sua persistência como qualquer coisa que não seja o pior defeito, mas continuamos tentando imaginar.

Talvez a jornalista Lisa Belkin, do *The New York Times*, esteja certa, e a resposta para a pergunta "Por que as mulheres não controlam o mundo?" seja mais simples do que imaginamos: Porque não queremos.

Ou, talvez, para ser mais correta, porque 80% de nós não queremos. Aqui na Austrália, muitas feministas continuam insistindo que estruturamos nossos ambientes de trabalho de forma a quase garantir que as mulheres nunca consigam nada além de um empurrãozinho. E ainda há uma forte evidência que sugere que talvez apenas 20% das mulheres são centradas demais no trabalho para se importar – talvez os mesmos 20% que se identificam mais fortemente com o feminismo, para começo de conversa. Se apenas algumas de nós queremos jogar com os meninos grandes, não é de surpreender que estejamos diante de um placar tão ruim.

"Não é apenas o mercado que está rejeitando as mulheres; elas também estão rejeitando o mercado de trabalho", Belkin disse, e uma pesquisa realizada pela socióloga Catherine Hakim, da London School of Economics, oferece provas concretas dessa tese impressionante. Hakim tem recebido – ou eu deveria dizer tolerado – uma recepção parecida, como de feministas que desistiram, decepcionadas, ou os pais que trabalham muito e têm filhos mimados, que as criticam por seu "materialismo".

É fácil entender por que essa geração mais velha se sente traída. Mas também é igualmente impossível negar que a solução para um conjunto de problemas – por exemplo, atingir a igualdade – quase que inevitavelmente abre alas para um novo e melhorado conjunto de problemas – como apreciar a diversidade, por exemplo. É claro que as mulheres jovens de hoje não valorizam muitas coisas. Isso não é um sinal do fracasso do feminismo; é um sinal de onde chegamos.

O que as mulheres queriam uma geração atrás era ter melhores e mais diversas oportunidades de trabalho. Agora, dizemos ao peixe encantado que queremos mais tempo e melhor qualidade de vida. Tempo com a família, tempo para o lazer, tempo para "nós mesmas". Se o tempo é o novo dinheiro – e há muitas indicações de que, em uma sociedade afluente, é exatamente o que ele é –, então o que as mulheres querem agora é um bom aumento. E estão dispostas a abrir mão de muitos privilégios pelos quais suas mães brigaram para conseguir o que querem.

Ironicamente, é claro, o emprego de meio período raramente significa uma diminuição de horas trabalhadas. Isso acontece mais com as mães, para quem o meio período de trabalho é praticamente a mesma coisa que trocar um trabalho remunerado fora de casa por um trabalho não remunerado dentro de casa. Ainda a julgar pelas preferências das mulheres, é impossível fugir à conclusão de que o trabalho definitivamente não dá muito trabalho. Fazer as compras da semana, limpar o forno ou supervisionar a brincadeira dos filhos com seus amigos de escola depois da aula não são exatamente o que podemos chamar de atividades de lazer. Mas, para muitos, esse tipo de trabalho não é visto como qualitativamente diferente do outro, mas é evidentemente classificado como qualitativamente maior.

Na Austrália, onde as mulheres trabalham meio período duas vezes mais do que nos Estados Unidos e na Inglaterra, o efeito é especialmente impressionante. Um abrangente estudo australiano sobre preferências de horário de trabalho revelou que quase todas as mulheres e homens entrevistados, independentemente de serem casados ou não, ou de terem filhos ou não, gostariam de gastar um pouco menos de tempo trabalhando do que passam atualmente. (A única exceção foram as mães solteiras.) Mas para todos os grupos a diferença entre as horas de trabalho atuais e as desejadas era surpreendentemente pequena. De acordo com esse estudo, realizado pelos pesquisadores Robert Drago e Yi-Ping Tseng usando informações de mais de 7.500 famílias, a média dos homens que viviam em casas com dupla renda familiar trabalhavam vinte horas a mais do que as mulheres. Mas a diferença desejada – na opinião de ambos os sexos – chegou na marca dos inexpressivos dezoito.

Especificamente, entre os casais com filhos, os homens disseram que gostariam de trabalhar quarenta e quatro horas semanais enquanto as mulheres queriam trabalhar vinte e seis. Mesmo nas poucas famílias que Drago e Tseng chamaram de "igualitárias" – nas quais os dois trabalhavam em período integral e os cuidados com os filhos eram divididos –, a diferença entre os sexos em relação às horas de trabalho foi significativa: as mulheres prefeririam uma média de trinta e seis horas semanais contra quarenta e uma dos homens. Até mesmo entre solteiros, a situação era parecida. Nesse grupo populacional, o homem em média trabalhava cinco horas a mais por semana do que a mulher, e estava feliz com suas horas de trabalho. A mulher solteira, em média, por outro lado, preferia trabalhar meia hora a menos.

Na Austrália, pelo menos, as mulheres conseguiram o que parecem querer no trabalho em termos quantitativos, ou seja: pouco. A nítida preferência pelos empregos de meio período entre as australianas casadas condiz com a realidade. Na verdade, o modelo familiar que os pesquisadores passaram a chamar de "neotradicional" – Ele trabalha período integral e Ela, meio período – tem se tornado típico nas famílias australianas.

A família neotradicional é formada pelo pai e pela mãe que participam tanto do trabalho remunerado quanto do trabalho não remunerado. Contudo a divisão desse trabalho "é muito desigual, com o homem assumindo uma parte desproporcional do trabalho remunerado e a mulher assumindo grande parte do trabalho não remunerado para a família", segundo Drago e Tseng.

Na Austrália, o trabalho de meio período e o trabalho das mulheres estão tão relacionados que alguns observadores dizem que quase todo o aumento da participação da mulher na força de trabalho nas últimas quatro décadas se deve ao crescimento dos trabalhos de meio período. De todas as mulheres empregadas, 44% trabalham meio período. Entre as mães empregadas, mais de 56% têm empregos de meio período. (E, em comparação, apenas 5% dos pais australianos trabalham meio período.) Esse é o dobro do índice americano para as mães. Lá, apenas um quarto das mães trabalha meio período, mas as evidências sugerem que muitas gostariam de fazê-lo.

Sem nenhuma surpresa, a divisão do trabalho não remunerado reflete esses declínios. Enquanto nos Estados Unidos, estudos recentes mostram aumentos significativos no trabalho doméstico executado pelos homens – principalmente nos cuidados com os filhos –, aqui na Austrália nenhuma grande mudança ocorreu. A maioria de nós diz que acha que os homens e as mulheres deveriam dividir as tarefas igualmente como pais e parceiros. Mas, também, a maioria de nós diz que é cristã – e veja quantas pessoas freqüentam a igreja.

Muitos observadores sugerem – e eu me incluo nesse grupo – que a retórica da vida familiar igualitária é a única coisa que conseguimos redistribuir bem, e a marginalização das mulheres no trabalho de meio período explica bem o porquê. O emprego de meio período pode ser comparado com a carteira de motorista provisória: a pessoa está dirigindo e, por mais que saiba o que está fazendo, não é a mesma coisa que ter a licença definitiva. Aqui na Austrália, os empregados de meio período recebem a garantia de salário compatível desde 1970, e não perdem nem o imposto de renda nem os benefícios médicos quando deixam de trabalhar período integral. Ao mesmo tempo, dois terços de todos os trabalhos de meio período são liberais, sujeitos a variações não regulamentadas nos salários e benefícios e a pouca segurança empregatícia. Alcançar uma grande promoção – ou, em muitos casos, qualquer promoção que seja – é um sonho impossível de ser realizado para muitos trabalhadores de meio período.

Quase sempre, fazer a escolha de trabalhar meio período significa trocar o poder pela conveniência, o prestígio pela flexibilidade, o desafio pela segurança – e, como já vimos –, horas remuneradas por horas sem remuneração. Significa jogar *softball*, uma variação mais leve do beisebol: um jogo mais seguro e mais vagaroso que nunca o colocará entre os maiores, mas o manterá na ativa. Acima de tudo, o trabalho de meio período é a salvação do *status quo*, pois cria uma estrutura familiar que permite que o trabalho da mulher seja explorado ao máximo ao mesmo tempo em que os homens podem continuar sendo os grandes "Ganhadores do Pão" com todos os direitos e privilégios inclusos (porque, afinal de contas, "Ele dá um duro danado!")

O trabalho de meio período também não exige grandes mudanças em relação à rotina de criação dos filhos. Significa que você pode encontrar alguém para cuidar de seus filhos enquanto eles são pequenos – vizinhos, avós, babás, papais – sem precisar colocá-los em uma creche. Tudo isso explica a frase feminista que vê a feminização do trabalho de meio período "mais como um sintoma de uma cultura que trabalha demais do que uma cura", nas palavras da autora Joan Peters.

E ainda... e ainda. É fácil para pessoas como Joan Peters e eu (para ser honesta) dizerem isso. Como jornalistas bem formadas, bem talentosas e – pelo menos relativamente – bem pagas, não somos membros típicos do grupo das mães que trabalham fora. Primeiro, porque não temos apenas empregos. Temos carreiras – que são extremamente importantes para nós. (No meu caso, mãe solteira e a única responsável pelo sustento de uma família de três filhos, pagar o financiamento da casa é extremamente importante, também.) Convenhamos: a maioria das mulheres que dá início ao mesmo debate público sobre as mulheres e o trabalho – e Deus bem sabe que todas as escritoras feministas o fazem – está mais ou menos na mesma situação. Somos mulheres centradas em nossas carreiras. Somos mulheres para quem o trabalho remunerado representa não apenas um salário, mas também uma fonte importante de identidade e recompensa.

Pessoalmente, acredito que tenho sorte – apesar de achar que as outras pessoas não concordariam com essa frase, principalmente se me vissem no dia de entrega de um trabalho. Mas não me iludo que sou normal. Nem mesmo um pouco.

Sempre me lembro de uma linda e jovem mãe – ela não devia ter mais do que vinte e dois anos – que conheci no jardim-de-infância de minha filha há mais de dez anos. Depois de observar-me durante semanas chegando em cima da hora (ela era sempre a primeira a chegar, com ares de uma madona de Botticelli), timidamente me perguntou qual era minha profissão. Quando contei o que fazia, ela balançou a cabeça com pesar, como se eu tivesse acabado de confessar que sofria de uma doença mental congênita.

"E você?", perguntei. "Ah, eu tenho sorte", respondeu com um sorriso radiante. "Não tenho de trabalhar." Aquilo me fez rir na época. Ainda dou risada, para dizer a verdade. A questão é que também me considero uma pessoa de sorte. Não porque eu "tenho" de trabalhar, mas porque, além de precisar, é o que quero fazer. Porque, para mim, o trabalho não é só um meio de sustento, mas algo muito significativo também.

De acordo com uma pesquisa bastante controversa, porém pouco notável, realizada pela socióloga Catherine Hakim, estou dentro daqueles 20% das mulheres que se descrevem como centradas no trabalho – ou seja, que dão prioridade ao trabalho pago ou a outras atividades na esfera pública. (Apesar disso, devo dizer, ainda trabalho meio período, e tenho feito isso desde o nascimento de minha primeira filha. Minha primeira reação ao saber que estava grávida foi gritar de alegria. Minha segunda reação foi ligar para o berçário da Universidade Curtin e colocar meu nome na lista de espera para uma vaga em período integral. Quando nosso número foi chamado, seis semanas depois de minha filha vir ao mundo, liguei para dizer que ainda não estava preparada. Quinze anos e dois filhos depois, ainda não estou. E agora admito que provavelmente nunca estarei.)

Uma minoria igual de mulheres, Hakim diz em seu livro, *Work-Lifestyle Choices in the 21st Century: Preference Theory* ("Estilos de Vida e Trabalhos: Escolhas no Século XXI: A Teoria da Preferência"), 2001, são como a mãe Botticelli: centradas no lar e felizes assim. Os outros 60% – ou seja, a maioria de nós – estão no meio desses dois extremos. Hakim chama esse grupo de "adaptadas", mas elas são exatamente as mesmas mulheres que Drago e Tseng chamam de "neotradicionais": procurando e encontrando o melhor dos dois mundos, dando e recebendo, na família de uma renda e meia.

As descobertas de Hakim têm causado medo e ódio entre os grupos feministas, que desdenham do conceito de "escolha" – principalmente quando é a escolha errada! – e sugerem que o compromisso é uma forma particularmente perniciosa de falsa consciência. Nos principais círculos políticos – principalmente aqui na Austrália –, Hakim tem sido atacada como uma "messias" pós-feminista. Sua pesquisa tem alvoroçado os membros dos dois lados políticos que lutam para oferecer incentivos pró-fertilidade a todas as mulheres que trabalham. (O fato de as descobertas de Hakim parecerem relegar a li-cença-maternidade ao *pork barrel* – busca de verbas e benefícios para uso próprio – é um show à parte.)

Para mim, a pesquisa de Catherine Hakim prova apenas uma coisa: que nada dá início a uma briga com tanta facilidade quanto uma afirmação do óbvio. Sua principal descoberta – de que as preferências das mulheres em relação ao trabalho e aos cuidados com os filhos são muito diversas para terem uma única solução – é tão controversa quanto maternidade e torta de maçã.

O que assusta – e eu estaria mentindo se fingisse estar completamente confortável com isso – é saber que estamos caminhando para uma cultura pós-qualidade. Se isso é uma maneira inovadora de dizer "andar para trás" ou se mostra-se como um verdadeiro avanço na escalada evolucionária do feminismo, é uma questão discutível. Mas, por experiência própria, tenho certeza de que é possível fazer escolhas convencionais por motivos revolucionários.

As mulheres que escolhem privilegiar os relacionamentos no lugar do trabalho remunerado não são uma história de menor sucesso feminista do que suas irmãs que dão mais atenção às carreiras. E, nesse ponto de nossa história, precisamos ser claras e dizer que muitas mulheres são muito exigentes. E as teorias conspiratórias contrárias – como o argumento de Anne Summers no *The End of Equality* ("Fim da Igualdade") de que "o governo federal e os outros agentes de poder" têm tramado "uma nova e poderosa ideologia que define as mulheres, acima de tudo, como mães" – soam cada vez mais vazias.

O que as mulheres querem, além do trabalho – não apenas o que o governo, os empregadores, nossos parceiros ou nossos filhos querem para nós, mas o que nós queremos –, é um campo para aquelas que querem jogar esse jogo, e um campo diferente para aquelas que não querem.

O estudo de Drago e Tseng a respeito das preferências de trabalho oferecem apoio extra para esse conceito levemente inquietante. Já vimos que a família neotradicional é o tipo mais comum de agrupamento familiar. Mas uma análise mais cuidadosa dos números mostra que não existe uma família "típica" de nenhum tipo. Em 27% das famíllias, o pai trabalha em período integral e a mãe, meio período. Mas em um índice quase igual, 23%, o pai é o único responsável pelo dinheiro enquanto a mãe trabalha em período integral dentro de casa. Outros 23% são compostos por famílias de pais solteiros (em que a mãe é a responsável, na maioria delas), e, em metade delas, o responsável trabalha fora. As verdadeiras famílias de dupla renda, nas quais tanto o pai quanto a mãe trabalham em período integral, constituem outra grande fatia do bolo, 17%. Nos 6% restantes, nenhum dos adultos trabalha. O quadro é ainda mais complicado pelo fato de um terço de nós não fazer parte de nenhuma "família". No contexto mais abrangente das tendências sociais australianas, as famílias com apenas um responsável agora representam o maior segmento de todos: 35% de nossa população total.

Nos Estados Unidos, os dados têm uma leve e diferente alteração, mas muitos dos mesmos modelos de diversidade elaborada. Nesse país, 16% de todas as famílias são lideradas por pais solteiros, três quartos delas, mulheres. As famílias com dois parceiros e apenas um responsável pelo trabalho remunerado constituem um fatia de 19% do total das famílias. Famílias nas quais o pai e a mãe trabalham somam outros 39%, com as esposas trabalhando em média quase oito horas a menos por semana do que seus maridos. De todas as mulheres casadas, um pouco mais de 60% trabalham em período integral, o ano inteiro.

A diversidade das órbitas demográficas aí fora é positivamente impressionante, principalmente em comparação com o mundo comportado no qual muitas de nós crescemos no final dos anos de 1960 e na década de 1970. Assim também é o movimento entre essas órbitas, a diferença de uma família para outra e para outra. Ao escrever o parágrafo anterior, por exemplo, percebi que nos últimos vinte anos eu, em um momento ou outro, fiz parte de todos os tipos de família que mencionei. (Não tenho certeza se isso é uma conquista ou um sinal de que preciso de mais terapia.) Isso pode não ser muito comum, mas também não é muito difícil de acontecer.

Não é de surpreender que a vida adulta, atualmente uma peça composta por cinco atos, com bastante freqüência pareça uma improvisação – um pasticho que vamos inventando conforme vivemos, ajudadas por um figurino transbordante de possibilidades. A "flexibilidade" não é mais uma qualidade nesse mundo. É uma ferramente de sobrevivência.

À Espera da Fada da isenção de culpa

Não foram apenas os padrões de trabalho que mudaram nos últimos cinqüenta anos. Não foram apenas as leis que governam a maneira com que levamos nossa vida em família. Nossas definições de quem somos passaram por mutações. A luta para alcançar o equilíbrio entre trabalho e vida não tem a ver apenas com encontrar tempo suficiente durante o dia. Tem a ver com descobrir quem somos, como mulheres e pessoas.

A idéia de que os limites entre homem e mulher são cada vez mais difíceis de discernir é mais do que uma reclamação ranzinza. É bem verdadeira. É desequilibrada, também. Podemos comprar livros que insistam que os homens são de Marte e as mulheres de Vênus – talvez porque nos deixam com saudade dos dias em que a linha divisória entre Nós e Eles ainda era claramente demarcada. Mas a realidade é que hoje os homens e as mulheres são extraordinariamente parecidos em suas expectativas e experiências. Dependendo de nosso ponto de vista, ou elogiamos o feminismo por isso ou o culpamos.

Ao mesmo tempo, precisamos tomar cuidado para não exagerarmos a extensão dessas mudanças. Na verdade, algumas das barreiras que acreditávamos mais fáceis de derrubar, que são as barreiras de redistribuição do trabalho remunerado e do trabalho não remunerado, parecem de chumbo. Deixando de lado toda a retórica, toda a legislação e todas as políticas em favor da família, o fato é que o estilo de vida de muitas horas de trabalho – outro nome para a priorização do trabalho citada por Catherine Hakim – parece fazer com que grande parte dos homens se sinta bem consigo mesmos, e grande parte das mulheres, principalmente se forem mães, sinta-se mal. E não apenas mal, mas erradas.

Os sociólogos dizem que nossos ambientes de trabalho são construídos com base em "uma norma trabalhista ideal", que recompensa as pessoas que colocam o trabalho remunerado como o centro de suas vidas. Os críticos dizem que esse é um modelo de sucesso "masculino", e é claro que isso é verdade. Mas também é verdade que nos ambientes de trabalho de hoje em dia, o gênero explica cada vez menos a variação na realização profissional entre homens e mulheres. Uma mulher que escolhe se comportar como uma funcionária ideal, em outras palavras, tem a mesma probabilidade de alcançar sucesso quanto um homem. A diferença é que menos mulheres do que homens decidem fazer isso. Catherine Hakim descobriu que a proporção de homens que diziam ser centrados no trabalho era de 55% – mais do que o dobro das mulheres.

Para muitos observadores, e eu me incluo, o argumento de que a persistência da diferença na ambição é o resultado da discriminação ou da desvantagem convence cada vez menos. "Não tem a ver com talento, dedicação, experiência ou a habilidade de pôr a mão na massa", insiste a empresária Mary Lou Quinlan. "As mulheres simplesmente dizem: não gosto dessa cozinha."

•

Quinlan deve saber do que está falando. Ela deixou o cargo de CEO[1] de uma agência de publicidade em Nova York, a NW Ayer, em 1998, para fundar a *Just Ask a Woman* (Pergunte A Uma Mulher), uma empresa de consultoria que assessora clientes de empresas nas negociações com mulheres.

É claro que, todas as semanas, os noticiários anunciam histórias de pessoas renunciam a seus cargos importantes em empresas – quero dizer, escolhem deixar seus cargos. Nada vende uma revista com mais rapidez, ao que parece, do que mais uma história comovente sobre uma empresária que, como o personagem de Jim Carrey no filme *O Grinch*, descobre que o real sentido da vida está no serviço (não remunerado) de ajuda ao próximo. O mais interessante sobre Mary Lou Quinlan é que ela não largou tudo por querer passar mais tempo com sua família – na verdade, ela não tem filhos –, mas sim porque quis.

Será que as Marys Lou Quinlan do mundo poderiam representar a próxima nova onda do feminismo? Lisa Belkin foi quase colocada no "tronco" quando sugeriu isso (o inferno não tem a fúria de uma adepta da segunda fase do feminismo que foi desdenhada). Escrito em 2003 para a *New York Times Magazine*, seu artigo *The Opt-Out Generation* ("A Geração Que Optou por Sair") mostrava um grupo de mulheres bem-sucedidas e cultas, mulheres que Tinham Tudo e que decidiram abandonar ou dar menos ênfase as suas carreiras simplesmente porque – ao que tudo indicava – elas queriam.

---
[1] CEO: sigla de *Chief Executive Office* - diretor(a)-geral de uma empresa, diretor(a)-presidente.

Belkin sabia muito bem que as mulheres em questão não eram nada típicas: altamente qualificadas, poderosas na sociedade, incentivadas até o último fio de cabelo por maridos carinhosos com salários altíssimos que, para começo de conversa, possibilitaram a opção de suas mulheres abandonarem suas carreiras. O fato de essas mulheres serem tão sortudas dizia tudo. Se havia um grupo capaz de tomar tal decisão, certamente era aquele.

Belkin começou mostrando algumas estatísticas estranhas, por exemplo: que as mulheres representam metade do número de pessoas que se formam nas melhores universidades norte-americanas, mas que constituem apenas 16% das sócias de firmas de advocacia. Que hoje em dia os homens e as mulheres entram nos programas de treinamento de empresas em número igual, mas as mulheres são vencidas pelos homens em um índice de quatro a um nas vagas das empresas. Que, das 108 mulheres que apareceram na revista *Fortune* como as Mais Poderosas Mulheres das Empresas Norte-Americanas, pelo menos vinte abandonaram seus empregos (a maior parte delas voluntariamente) em troca de vidas "menos intensas e mais gratificantes". Que apenas 67% das mulheres brancas com MBA trabalham atualmente em período integral, contra 97% de seus colegas do sexo masculino. Que, de acordo com os dados do censo americano, o número de crianças que ficam em casa com suas mães que não trabalham fora cresceu quase 13% na última década.

"Quando essas mulheres olham para o 'topo'", Belkin escreveu, "elas decidem que não querem passar pelo que seria preciso para chegar lá."

Não é que "não podem fazer". Não é que "não têm permissão de fazer". Mas sim "não querem fazer".

"Financeiramente, a situação fica melhor", foi como uma informante resumiu o fato, "mas em termos de vida real, fica pior."

A feminista e antroposófaga evolucionária Sarah Blaffer acredita que grande parte das mulheres abre mão de suas carreiras por causa dos filhos. No atual momento de nosso desenvolvimento social, ela diz, "buscar prestígio em um mundo masculino não se correlaciona com o bem-estar infantil. Hoje em dia, lutar por *status* significa deixar seus filhos com um *au pair*[2] que só poderá trabalhar por um ano, ou então em uma creche inadequada". As mulheres competem muito bem, insiste (e ela mesma passou boa parte de sua fascinante carreira mostrando exatamente como e por quê). Elas simplesmente "não querem competir sob condições que não são compatíveis com seus outros objetivos". E para as mães, o objetivo número um é o bem-estar de seus filhos.

Nas décadas de 1970 e 1980, as feministas radicais agitaram-se em favor do cuidado livre e universal com os filhos, acreditando – de modo bastante irracional – que o bem-estar infantil, longe de ser uma "responsabilidade da mulher", deve ser visto como uma responsabilidade da comunidade. Pessoalmente, acredito que isso é verdade. Mas ainda assim a evidência me prova, e a muitas outras pessoas, que deixar os filhos muitas horas em uma creche não é uma maneira de alcançar esse objetivo. Na verdade, a imagem que tem aparecido nas últimas décadas relacionadas às creches é bastante desanimadora. O "mito" de que a Mãe (Ou uma Substituta Razoavelmente à Altura da Mãe) É Quem Cuida Melhor tem se tornado bastante forte.

O que começou como uma "gota de preocupante evidência" a respeito dos efeitos causados aos filhos que ficam muitas horas por dia na creche, nas palavras do pesquisador Jay Belsky, virou agora uma cachoeira. Em uma crítica sobre esse assunto na revista *Journal of Child Psychology and Psychiatry*, em 2001, Belsky apresentou um conjunto de descobertas sobre o efeito geral da creche, desde a relação entre pai e filho à socialização até o rendimento escolar – e as notícias são tão agradáveis quanto a coceira causada por oxiúros. Sem entrar em detalhes (porque já estou deprimida o suficiente), a mensagem

---

2 *Au pair*: jovem estrangeiro(a) que mora com uma família e, em troca de hospedagem e oportunidade de aprender e praticar a língua do país, presta trabalhos domésticos.

clara é que deixar os filhos nas creches mais do que vinte horas por semana não é "tão bom para as crianças", mas, sim, claramente pior. E não importa quão boa seja a creche.

Podemos até atacar as pessoas que nos dão essas notícias – mesmo Belsky, um consagrado e firme feminista, está pronto para a briga –, mas a mensagem em si mantém-se intacta para todas as pessoas corajosas o bastante para destampar os ouvidos e escutá-la.

Vamos dar um passo para trás a fim de que, em nosso pânico moral, não tiremos dessas premissas alguma conclusão absurda ou histérica (do tipo "as mães não devem trabalhar" ou "as creches são uma porcaria"). Primeiro de tudo, em muitos casos, as desvantagens para as crianças que passam o dia todo em creches – apesar de serem concretas – são pequenas e beiram a insignificância, principalmente com o passar do tempo. De modo mais conciso, não é que a creche "estraga" as crianças, muito menos as "destrói".

Por outro lado, do ponto de vista de um pai ou de uma mãe que só quer o melhor para seus filhos – e, francamente, não somos todos nós? –, isso parece um conforto terrivelmente desanimador. Eu me lembro que, quando meu casamento terminou, ficava furiosa quando amigos bem-intencionados me garantiam que meus filhos "sobreviveriam". Como pais, nosso objetivo não é que eles "sobrevivam". Talvez o mais importante, entretanto, seja que precisamos lembrar que a pesquisa compara os efeitos da creche em relação ao lar em geral, e não especificamente em relação aos cuidados da mãe.

A mensagem principal aqui não é que a Mamãe É Quem Cuida Melhor, mas que As Famílias Cuidam Melhor. (E, se por acaso você está pensando nas babás, eu também estou. Procurei em vão por pesquisas que comparassem os cuidados das babás que cuidam de nossos filhos em casa com os cuidados da família.) Não existem evidências de que as mães, ou qualquer outra mulher, ofereçam melhores cuidados às crianças em seus primeiros anos de vida do que, por exemplo, os pais.

Mas a tentação de jogar o problema nas costas das mulheres é irresistível. "As mães que trabalham fora prejudicam seus filhos", gritam as manchetes quando tais pesquisas são divulgadas na mídia, e o relato de descobertas não comprovadas ou completamente sem fundamento são mais as regras do que a exceção. Eu acho engraçado – e instrutivo – citar o exemplo de uma pesquisa que li na mídia inglesa alegando que os filhos de mães que trabalham fora tinham problemas no rendimento escolar. Quando li a pesquisa original, realizada no *Institute for Social and Economic Research* (Instituto de Pesquisa Social e Econômica) da Universidade de Essex, descobri que era verdade. Mais ou menos. As mães que tinham empregos de período integral causavam um pequeno efeito negativo no rendimento escolar de seus filhos – mas os pais também! Por alguma razão, a manchete "Paisque Trabalham Fora Prejudicam seus Filhos" nunca aparece na primeira página de jornal algum. Tampouco em qualquer página.

•

A tendência imperativa – serei política e evitarei aquela outra palavra com "i", "instinto" – de que as mães cuidam pessoalmente de seus filhos já está estabelecida, e as implicações disso no trabalho dessas mulheres são óbvias, tanto lógica quanto empiricamente. Mas um dos fatos mais fascinantes das entrevistas de Belkin era quão convencidas essas jovens mulheres estavam de que, ao escolherem abrir mão de suas carreiras, passavam a colocar seu próprio bem-estar em primeiro lugar. Se seus filhos ou parceiros fossem beneficiados também – melhor ainda. Mas isso era uma preocupação secundária. Uma mulher com quem Belkin conversou, artista teatral e professora com mestrado em inglês, admitiu timidamente que a maternidade tinha lhe dado, simplesmente, "um plano de fuga... uma saída graciosa e conveniente". E é claro que há muitas não mães, como Mary Lou Quinlan, que também estão optando por diminuir o ritmo de trabalho para cuidarem de si mesmas.

Os homens e as mulheres se preocupam igualmente com o impacto que o estilo de vida de dupla renda terá para a qualidade de seus relacionamentos. Mas se precisam trabalhar menos, é quase inevitável que é o trabalho da mulher que vai ser podado. A questão é saber se isso é um problema, principalmente quando não há evidência de que a priorização do trabalho do homem não seja uma escolha em comum.

Um estudo sobre relacionamentos na Austrália, publicado em dezembro de 2003, revelou que, nas dramáticas palavras de um jornalista, "nove em cada dez australianos acreditam que o trabalho – principalmente o desejo dos dois parceiros de terem carreiras – é uma ameaça de destruição da relação". Quando o marido e a esposa trabalhavam fora, segundo os entrevistados, as três principais dificuldades eram: falta de tempo (38%), falta de compreensão (27%) e falta de comunicação (21%). O mesmo estudo revelou que 93% dos homens e das mulheres acreditavam que ser um bom marido ou uma boa esposa era o aspecto mais importante de suas identidades, seguido pelo relacionamento com os filhos (91%).

Nossos valores como mulheres e homens coincidem. Mas a maneira como demonstramos esses valores continua divergente. "Ser uma boa esposa" e "ser um bom marido" apenas parecem ser objetivos iguais. Na verdade, eles são alcançados de maneiras muito distintas. Ser um bom marido significa trabalhar em período integral – e ser um bom pai apenas intensifica o imperativo de provedor. Ser uma boa esposa ou boa mãe, por outro lado, traz à mente um conjunto totalmente diferente de responsabilidades, para o qual o trabalho remunerado não é nem ruim nem sequer relevante.

A análise das tendências de empregos dos homens confirma isso. É verdade que a responsabilidade pelo sustento da família é cada vez mais dividida entre os homens e as mulheres. De fato, nos Estados Unidos, mais de um quarto das esposas contribui com a mesma quantia ou com mais dinheiro do que seus maridos. Mas a solução trabalho/vida para as famílias de dupla renda, que sob muitos aspectos parece ser a mais óbvia – que os dois trabalhem meio período com remuneração e meio período em casa, sem remuneração –, tem causado tanto entusiasmo nos rapazes quanto uma tarde de sábado separando as meias por pares.

De acordo com uma pesquisa financiada pelo governo federal australiano e realizada pelo *Social Policy Research Centre* (Centro de Pesquisa de Política Social) em 2004, apenas 2% dos homens australianos passaram a trabalhar meio período para cuidar de seus filhos. O estudo também revelou que, apesar de 81% dos contratos de trabalho oferecerem benefícios referentes à família, apenas 18% dos trabalhadores homens aproveitaram algum deles. Os autores concluíram que "apesar da entusiasmada adoção de um estilo familiar voltado para os filhos e compromissado com a paternidade compartilhada, a maioria dos homens... dá prioridade ao trabalho em detrimento da família".

Outra pesquisa mostrou que os tão famosos "direitos a favor da família" têm pouca influência na maneira com que o homem ou a mulher lida com as pressões de trabalho e de vida. A pesquisadora norte-americana Ellin Galinsky descobriu que os pais que trabalham com acesso a tais benefícios "passaram pelo mesmo conflito com seus trabalhos e vidas pessoais e apenas um pouco menos de estresse". Os fatores que real-mente faziam diferença para os pais, conforme Galisnky constatou, foram coisas como ter autonomia no trabalho e mais segurança empregatícia. Aqueles que simplesmente tinham trabalhos mais calmos e menos exigentes, se é que você consegue acreditar, disseram ter menos motivação.

Galisnky também descobriu que as mães que trabalhavam tinham uma probabilidade muito maior do que os pais que trabalhavam de continuar tendo o mesmo nível de responsabilidade, e muito mais probabilidade de dizer que trocariam promoções no trabalho por um emprego de meio período, pelo trabalho em casa ou por horários flexíveis. A empresa de pesquisa norte-americana Catalyst mostra que geralmente as mulheres que são gerentes optam por empregos com salários e níveis de estresse mais baixos, como *marketing* ou recursos humanos, em vez de linhas de produção, nas quais os gerentes têm muito mais responsabilidade dire-ta sobre seus subordinados. Tais descobertas sugerem que, deixando de lado a retórica de fachada, a única força competitiva dos homens é a determinação que eles têm de "vencer" – que geralmente se transforma em uma disposição de colo-car a carreira antes da família.

Uma pesquisa feita por Charles A. O'Reilly III da Stanford Business School tem mostrado muito isso. O sucesso não está mais relacionado ao sexo, ao fato de você ser homem ou mulher, O'Reilly descobriu. Está relacionado à maneira com que participa do jogo. Brenda Barnes, CEO da Pepsico, que deixou o cargo em 1997 no clímax de sua carreira corporativa, disse ao *Australian Financial Review* em 2002: "Quando se fala naqueles importantes empregos, aqueles empregos de diretoria, você simplesmente tem de dar sua vida por eles. Não há como alterá-los para fazer com que eles se tornem mais adequados às mulheres, diferentemente dos homens. É assim que as coisas são".

A jornalista Alice O'Keeffe, em uma reportagem do *Observer* em janeiro de 2004, menciona uma pesquisa inglesa que mostra que as mulheres e os homens que se formam em uma determinada área geralmente entram em campos diferentes – esqueça o jogo de igual para igual –, nos quais as mulheres escolhem carreiras com menos *status* e mais flexibilidade. Apenas três anos depois de as mulheres saírem da faculdade, o salário delas representa 76% do salário dos homens. Não é preciso ser um gênio em astrofísica para entender o porquê. Sequer é preciso recorrer à sociologia. Na área da engenharia e da tecnologia, por exemplo, grande parte das mulheres que se formam se torna – acredite se quiser – professoras. Os homens formados, em grande parte, tornam-se cientistas e gerentes.

O'Keeffe fala sobre uma mulher recém-formada pela Oxford cujos conhecidos ficaram "muito chocados" quando ela escolheu a enfermagem no lugar da medicina. (Imagine como eles ficariam muito mais chocados se ela fosse um homem!) Solteira e sem filhos na época em que tomou sua decisão, essa jovem mulher explicou que estava pensando no futuro ao antecipar os desafios que teria de enfrentar para conciliar a família com sua carreira – inclusive aquele pequeno detalhe de ter energia suficiente para desfrutar da companhia deles. Chamem a decisão dela de exageradamente cuidadosa, ou impressionantemente madura. Mas, no atual estágio de nossa evolução social, podemos pelo menos concordar que essa é uma decisão que toda mulher tem o direito de tomar?

Quando falamos sobre satisfação no trabalho, a evidência mostra que as mulheres estão tão satisfeitas quanto os homens, mesmo alcançando menos sucesso. Em um intrigante estudo mencionado pela psicóloga Leslie Brody, os homens e as mulheres participantes gravaram suas emoções sempre que recebiam um chamado em seus *pagers*. As mulheres mostravam-se mais felizes – dizendo que estavam "felizes", "alegres" ou "amistosas" em vez de "tristes", "irritadas" ou "bravas" – quando estavam no trabalho e sentimentos mais negativos quando estavam em casa. Exatamente o oposto acontecia com os homens. A razão, Brody especula, pode ser o fato de as mulheres terem mais opções no trabalho; e os homens, em casa.

Já vimos algumas evidências de que as pessoas com salários mais baixos dizem ter menos satisfação na vida do que aquelas que ganham mais, e observamos que a diferença entre os dois grupos é surpreendentemente pequena. O Australian Personal Wellbeing Index de 2001, para citar apenas um exemplo recente, revelou que os indivíduos na camada de menor renda anual – 15 mil dólares por família – tinham um nível de satisfação de vida de 72% em comparação com 78% das pessoas no grupo de salários mais altos, que recebiam seis vezes aquela quantia (90 mil dólares a mais). Outra pesquisa sugere que pode haver uma média de ganho, e o bemestar pode ser prejudicado se a renda anual for mais baixa do que essa média, mas acima dela as alterações dos níveis comprovados de alegria são muito pequenas.

Meu estudo favorito desse tipo, que foi realizado em 1996 pela Universidade de Michigan, revelou que as mulheres que ganham 40 mil dólares ou mais têm uma sensação maior de adequação e estão um estado psicológico melhor do que as mulheres que ganham menos, mostrando um número menor de conflitos e mais apoio social dos outros.

Ajustando esses dados com a inflação, poderíamos responder à pergunta: "O que as mulheres querem além do trabalho?" – de maneira bastante sucinta: 4 mil dólares por mês.

Igualmente fascinante foi a descoberta de que não foi o salário em si que fez a diferença, mas o quanto o dinheiro influenciava a sensação de adequação de uma mulher – um fator que, por sua vez, teve um impacto profundo em seus níveis de depressão, ansiedade, solidão e vulnerabilidade a pensamentos suicidas.

•

Quando algumas formandas da Harvard Business School foram questionadas sobre que palavra descrevia melhor o sentimento que tinham em relação a seus trabalhos, a palavra "exaustão" liderou a lista. Sem surpresa, talvez, seja o fato de que um quarto dessas mulheres tivesse se afastado completamente do mercado de trabalho. E, ainda, como a autora do livro *The Third Shift* ("O Terceiro Turno"), Michele Kremen Bolton, comicamente comenta: "Assim como os pilotos da Força Aérea se gabam do número de missões das quais participaram sem serem derrubados, as mulheres de hoje têm muito orgulho de sua capacidade de gerenciar vários papéis". Boa comparação. A idéia de que você pode estar exausto e ao mesmo tempo profundamente grato certamente faz muito sentido para essa mãe solteira que escreve este livro.

O ideal de trabalho masculino tem a ver com devotar-se de corpo, alma e pasta de couro a apenas um papel na vida: o papel de trabalhador. (O tempo gasto fora do escritório, quando possível, é dedicado ao papel de preguiçoso.) Os "viciados em hora extra" entre nós, como a socióloga australiana Barbara Pocock os chama, acham que é normal trabalhar dez, vinte ou até mesmo trinta horas extras sem remuneração por semana. Estudos recentes mostram que a Austrália tem o segundo horário comercial mais longo do mundo, perdendo apenas para a Coréia – uma descoberta que recentemente motivou o diretor do Australia Institute, Richard Denniss, a propor um Dia Nacional de Ir Para Casa no Horário (*Go Home on Time Day*). Os economistas observam que essa tendência, em parte, é o resultado da mudança de uma mentalidade de "horas trabalhadas" para a mentalidade de "resultados alcançados". Talvez. Mas há pouca evidência de que passar mais horas no trabalho signifique que alguém está realmente trabalhando com mais afinco, que dirá de modo mais eficiente. Significa que a pessoa só está trabalhando mais.

Ao mesmo tempo, os trabalhadores que almejam um equilíbrio melhor – independentemente de serem homens ou mulheres – se encontram em situações precárias quando o assunto é promoção ou aumento salarial. "Pessoas já me disseram que tiraram duas ou três manhãs para cumprir compromissos acadêmicos que no relatório anual de desempenho foram descritas como 'abusivas' do processo", é o que diz o especialista da saúde masculina Stephen Carroll. O resultado para muitos executivos, Carroll diz, é uma "crise existencial" que pode levar a uma reorganização radical de prioridades.

As mulheres que decidem abandonar suas carreiras deixam algumas feministas irritadas, enquanto os homens que fazem a mesma coisa são vistos como campeões culturais. Suspeito que essa seja outra concepção remanescente dos anos de 1970 que precisamos deixar para trás – o equivalente moral de uma jaqueta no estilo Nehru[1] ou um poncho com franjas. Carroll cita o exemplo de um advogado que trocou sua carreira por um emprego mais calmo no ramo imobiliário para poder dedicar mais tempo a sua família. Não é bonitinho?, dizemos com um suspiro. Mas as jovens que escolhem a enfer-

---

1 Jaquetas Nehru: as jaquetas inspiradas nas roupas que Jawaharlal Nehru, primeiro-ministro da Índia na década de 1960, usava. A principal característica da jaqueta eram suas lapelas levantadas. (N. da T.)

magem no lugar da medicina, ou a clínica geral no lugar de uma especialidade, ou ser professora no lugar de administradora nos deixam nervosas. Ele se preocupa em seguir pela "estrada menos percorrida". Ela se preocupa em seguir pelo caminho com menos obstáculos.

Existem mulheres viciadas em hora extra, também, é claro – e nós pegamos muito mais no pé delas. Uma amiga me contou uma conversa que ela escutou entre duas meninas exageradamente produzidas dentro de um ônibus: "Minha mae está tão triste", uma delas disse. "Tipo assim, ela tem dois empregos, veste um terninho e tenta fazer tudo. Você acredita que ela me contou, tipo assim, que teve que ir à reunião de pais... e começou a cochilar? No meio de todo mundo?" ("Quando foi que ela caiu no sono? Foi numa parte chata?", perguntou a amiga.)

O pai que tem dois empregos e dorme no meio da reunião de pais e mestres ainda tem uma probabilidade maior de ser visto (e de ver a si mesmo) como a lenda, não como um palhaço. E o pai que dá banho em seus filhos todas as noites, independentemente como tenha sido seu dia no trabalho, é visto como generoso e comprometido. As esposas dos homens que fazem isso ainda têm uma probabilidade maior de dizer que são "sortudas" do que "oprimidas". Seus filhos sentem-se seguros e queridos. Eles não esperam mais do que isso do papai. E, verdade seja dita, tampouco alguma de nós.

De modo geral, as Mulheres Que Fazem Coisas Demais têm menos chances de serem viciadas em hora extra do que de ter uma overdose por executarem várias tarefas: um termo agradável para dizer fazer quase tudo, e malfeito. "Pressão" é o termo usado pelos pesquisadores. Hoje sabemos que gerenciar múltiplas responsabilidades – por mais que as mulheres reclamem disso – é algo que muitas de nós conseguimos. E quando afirmo isso não quero dizer que as mulheres deveriam aprender a gostar de sua exaustão. Cumprir o segundo turno não é divertido, e ser forçada a conseguir um tempo "para si mesma" trancando-se no banheiro por cinco minutos também não é. Mas ser responsável por muitas coisas é algo diferente. E a pesquisa mostra que isso, na verdade, é bom para o bem-estar físico e mental das mulheres. A depressão feminina é mais comum entre as mulheres que não trabalham.

E, paradoxalmente, os especialistas dizem que os sentimentos de culpa e baixa auto-estima também. Tais mulheres podem sofrer pouca pressão, diz Michele Kremen Bolton, mas em muitos casos o objeto da culpa que elas podem ter sentido quando trabalhavam é capaz de se transformar de "autocensura em relação ao tempo gasto com a família a uma sensação de traição pelo tempo que passou estudando ou ao movimento feminista".

Lisa Belkin acredita que tal culpa pode ser o que os sociólogos chamam de "efeito de período" – ou seja, um fenômeno associado a um determinado momento histórico. Entre as mães citadas por Balkin, havia uma mulher de cinqüenta anos que sofria uma grande culpa por ter aberto mão de sua carreira; uma de quarenta anos que tinha menos problemas com sua decisão; e outra de trinta e poucos que não sentia culpa alguma. "Antes mesmo de me tornar mãe, suspeitava que não voltaria a trabalhar", ela disse a Belkin. (Eu quase escrevi, ela "confessou" a Belkin – uma escolha verbal que teria o mesmo efeito de um teste de carbono 14^2 em mim.)

"As Mulheres de Hoje Têm Vidas Desordenadas", acusa o *USA Today*. Ainda assim, como a colunista Margaret Talbot, do *New York Times*, diz com um notável bom senso, "mil vezes melhor ser 'desordenada', com tudo que temos direito, do que 'organizada'". Se me dessem a opção de escolher entre

---

2 Carbono 14: termo usado em arqueologia para designar datação, processo que usa carbono radioativo para estimar a idade de objetos muito antigos.

uma vida organizada e puída, e uma levemente cheia de coisas – ou talvez até transbordando de tão cheia de vez em quando –, sei qual escolheria. E, realmente, às vezes a busca pela solução perfeita ao enigma do trabalho e da vida pode cansar tanto quanto a busca por qualquer outro tipo de perfeição – seja ela uma bolsa, uma casa ou um marido.

"Pessoalmente e por uma questão de política social", Marjorie Williams escreveu em um artigo do *Washington Post*, "sempre parecemos estar à espera da fada da isenção de culpa, para que ela venha e explique de uma vez por todas como nossos mais complicados problemas podem ser resolvidos". Felicidade não significa não ter problemas para resolver. Se fosse assim, o peixinho de meu filho seria mais realizado do que eu.

Aceitar que nossas vidas não são problemas que precisam ser solucionados ou uma balança que precisa ser equilibrada – que nossos maiores conflitos existem em parte porque eles são inerentes aos seres humanos – pode ser a tarefa mais difícil de todas.

E Quanto ao Sexo?

Há quarenta anos, a revolução sexual nos seduziu e nos fez acreditar que a pílula nos libertaria. Hoje em dia, essa idéia parece tão exótica quando um par de longas botas de vinil. A sensação de anticlímax é inconfundível. Ou talvez seja apenas a descoberta de que a "liberdade" não era tudo aquilo que pensávamos. A revolução sexual deveria ter simplificado o sexo: reduzi-lo ao básico, retorná-lo à natureza – como se existisse qualquer coisa "natural" no sexo com o propósito de reprodução. Mas o sexo atualmente é mais problemático do que nunca. Certamente a maneira com que lidamos com ele como uma sociedade nunca foi tão esquizofrênica. É verdade que conseguimos desmantelar as políticas sexuais. Seja lá o que ele pode ou não ser, não é mais um jogo que os homens jogam com os corpos das mulheres. Tampouco é uma transação aceita por mulheres reprodutoras, uma troca calculada de prazer por proteção. Tiramos o sexo de sua biologia com sucesso espetacular. Ao mesmo tempo, tiramos a pesada capa de ritual e romance que para as gerações anteriores definitivamente separou a sexualidade humana – pelo menos na teoria.

Arrancar o sexo da primeira gaveta da cômoda para trazê-lo à luz do sol parecia uma boa idéia na época. Mas a claridade do dia revela os defeitos e marcas que não são percebidos no escuro. (Ouço minha mãe dizer: "À noite, todos os gatos são pardos".) O mais inquietante, talvez, a questão a respeito do que o sexo significa – especialmente diante da promessa de que, se jogássemos direito, não significaria nada – nunca foi mais urgente.

Para as mulheres, a revolução sexual prometeu um fim para o duplo padrão de conduta. Somos agora livres para fazer sexo sem compromisso, seja ele reprodutivo, conjugal ou financeiro. A euforia causada por isso, como um orgasmo bastante adiado, foi quase desconcertante em sua intensidade. Por pouco tempo, diz Kay S. Hymowitz, uma colaboradora de *Modern Sex: Liberation and Its Discontents*, "A promiscuidade tornou-se quase uma questão de princípio para muitas mulheres recém-libertas das antigas idéias do que as meninas decentes podiam e não podiam fazer". Dormir com um cara aqui e outro ali era muito bom, se você conseguisse – "a variedade e a abundância sexual não eram apenas uma promessa de prazer; elas confirmavam a liberdade e a independência das mulheres", diz Hymowitz –, mas não era uma prática comum para muitas, exceto para as feministas mais politizadas. Para a maioria das mulheres, e eu me arrisco a dizer até mesmo para a maioria das feministas, o sexo continuava sendo uma atitude pessoal altamente desafiadora.

Derrubar o duplo padrão de conduta foi a parte mais divertida. O complicado foi entender como substituí-lo. E ainda é. O padrão duplo de conduta que permitia que os meninos fossem meninos e as meninas fossem mães tinha sido completamente injusto. Livrar-se dele não foi apenas bom. Parecia certo. A alternativa do padrão único de conduta – que é na verdade uma abreviação do modelo de conduta tradicional masculino – é evidentemente menos injusta para as mulheres, mas discutivelmente favorável à felicidade sexual delas.

Entrar na fase adulta durante uma época de revolução sexual, como aconteceu conosco, significou que o sexo estava em primeiro plano em nossas vidas, e em nossa cultura, como nunca. Não é de surpreender que nosso modo de ver as coisas pareça um pouco errado, às vezes.

Quando levo minhas filhas para a escola todas as manhãs e dirijo por uma avenida movimentada, passamos na frente de uma série de *outdoors* ousados o suficiente para deixar qualquer pessoa com vergonha. Um deles é um anúncio de um novo tipo de celular (GRUDE NELE!). O outro traz a foto que anuncia um carro esporte, com a frase A TRASEIRA PERFEITA sob a foto da traseira do carro posicionado entre as traseiras de duas mulheres jovens. Um terceiro é um anúncio de refrigerante. VAMOS LÁ, está escrito, cheio de malícia. SEI O QUE VOCÊ QUER.

Detesto esses *outdoors*. Eu os detesto, como o Profeta diz, com ódio perfeito. Mas – assim como tudo mais que eu detesto, como a xenofobia australiana e calças jeans de cintura baixa para meninas de oito anos – tenho de enxergá-los de um ponto de vista histórico. É mais barato do que Prozac.

"As relações sexuais tiveram início/Em 1936", o poeta inglês Philip Larkin afirmou com apatia. Ele exagerou só um pouquinho. Mas sem dúvida alguma em um intervalo de quarenta anos nossa consciência sexual atingiu marcas inéditas. Assim como nossas expectativas sexuais. Ironicamente, a revolução que deveria ter nos deixado mais felizes com nossa sexualidade – e que conseguiu fazer isso até certo ponto – também forçou o sexo a carregar uma carga muito pesada de exigências e expectativas.

As gerações anteriores aceitavam, e até viam com bons olhos, a queda do desejo sexual como uma parte natural do ciclo de vida (apesar de que expectativas mais baixas de vida significavam que relativamente muito poucas tinham bastante sorte de durar mais que sua libido). Para as mulheres que conseguiam chegar lá, sobrevivendo a várias gestações e partos, a menopausa devia ser recebida como uma dádiva, e a queda no desejo sexual, como uma recompensa pelos serviços prestados. "Não ser desejada", como a feminista Germaine Greer diz no livro *The Change* ("A Mudança") "é também estar livre."

Uma pessoa certamente não consegue imaginar essas mulheres tentando "consertar" a menopausa, ou adiá-la, pelo amor de Deus. Hoje, esperamos – na verdade, exigimos – ser sexuais até morrer. E estamos preparadas para fazer o que for preciso para atingir nosso objetivo: seja por meio de remédios, cirurgia estética, psicoterapia ou algum outro tipo de auto-escultura. Assim como esperamos manter nossos dentes, esperamos manter nossa sexualidade.

Mas nem sempre fica completamente claro quem somos – ou de onde vem nossa ansiedade. O desejo de manter-se sexualmente ativa a qualquer custo, pelo menos quando falamos sobre as mulheres, em geral parece ser fortalecido por algum mecanismo externo, por nossos parceiros, talvez, ou por um roteiro sexual da "sociedade" que ainda apresenta as mulheres como coadjuvantes nas aventuras dos homens.

"Ninguém mais ouve sequer o 'tsc-tsc' de reprovação de respeitáveis senhoras de meia-idade", diz Meghan Cox Gurdon, do *Wall Street Journal*. "Todas elas estão nas aulas de Pilates tentando ficar *sexy* para que seus maridos não as troquem por modelos mais recentes." Não podemos deixar de nos perguntar: foi para isso que a revolução sexual nos "libertou"?

De certo modo, o sexo parece influenciar muito a maneira com que vivemos nossas vidas. Onipresente, como aqueles *outdoors*. Mas banal como eles. A revolução sexual ajudou a expor a sexualidade humana com toda a sua diversidade e perversidade. Mas hoje ela se tornou um caso de superexposição. O sexo está em todos os lugares; assim, também não está em lugar algum – tornou-se invisível ou, pelo menos, comum.

"Onde está o mistério?", minha mãe pergunta, alterada, quando passamos por uma bonita moça vestindo um pequeno *top* e cuja etiqueta da calcinha está tão à mostra quanto seu *piercing* no umbigo. "Por que é que precisa haver mistério?", pergunto, testando-a. Mas é só um reflexo. Sei muito bem o que ela quer dizer. Não só sei, mas de certa forma concordo (o que é muito mais assustador). Mostrar mais nossa sexualidade fez com que nos conhecêssemos melhor, nos deixou emocionalmente mais inteligentes e nos fez aceitar melhor nossos corpos e desejos. Mas a fruta proibida não tem o sabor tão bom quando está colhida, descascada e cortada, pronta para comer.

"Você acha que o sexo é algo sujo?", alguém perguntou a Woody Allen. "Sim", ele respondeu sem hesitar. "Mas só se você estiver fazendo direito." Suspeito que a maioria dos jovens de hoje sequer entenderia a piada, e talvez isso seja um progresso. Nos dias de hoje, o sexo tornou-se uma diversão boa e sadia. Não é de surpreender que precisemos ultrapassar os limites para continuarmos interessados.

Passamos muito mais tempo agora olhando para sexo, escutando sobre sexo e falando sobre sexo. A ironia, é claro, é que nós nunca havíamos passado menos tempo praticando sexo – exceto os jovens, que o estão fazendo cada vez mais cedo. O aumento – apesar de eu achar que tumescência talvez fosse o termo mais adequado – da Geração Sem Sexo é o filho temporão da revolução sexual (e o feminismo é a irmã mais velha).

Eu suspeito que em parte o sexo perdeu muito de sua graça simplesmente porque temos uma grande variedade de fontes alternativas de gratificação agora, muitas seduções competindo juntas. Em um ambiente eletrônico, o que você pode chamar de zonas erógenas sociais têm se multiplicado exponencialmente. O sexo (a atividade) costumava ser o que os adultos faziam para poder se divertir – até mesmo por entretenimento. Hoje em dia, os DVDs cumprem esse papel. Sem falar da internet, dos jogos de computador, *e-mails* e *home theaters*. O lazer é algo cada vez mais externo. E o sexo não é uma exceção.

Pesquisas sobre sexo de todos os cantos do mundo confirmam que a tendência a se fazer menos sexo – como o fenômeno de ter menos filhos que presumivelmente está ligado a ela – é uma parte tão comum da vida pós-moderna quanto o terrorismo global, ou como a *reality television*. Um grande estudo australiano publicado em 2003 identificou a "falta de interesse" como a principal disfunção sexual do país, afetando quase um quarto dos homens e mais da metade das mulheres. Mais do que a metade. Na minha época, isso seria visto como um problema social comum, e não preocupante.

Mas não são apenas os australianos que estão deixando de jogar por falta de vontade. Nos Estados Unidos, a preocupação geral com a Geração Sem Sexo (como a revista *New York* apelidou-a em 2003) tem crescido muito nos últimos anos. De acordo com a *Health and Social Life Survey* (Pesquisa da Saúde e da Vida Social) (1999) da Universidade de Chicago, em uma análise detalhada do sexo nos Estados Unidos, uma em cada sete mulheres disse ter problemas para se excitar e um em cada cinco disse sentir pouco desejo sexual. Um estudo publicado recentemente no *USA Today* disse que "mais de 40 milhões de americanos fazem pouco ou nenhum sexo dentro de seus casamentos". E não são só as mulheres que estão fechando a torneira. Dentre os homens norte-americanos, 30% afirmaram que também não se interessam.

De acordo com a *Atlantic Monthly*, as mulheres nos frígidos anos de 1950 tinham mais atividade do que suas conterrâneas atuais. É uma opinião sustentada também pelo diretor do Kinsey Institute, Dr. John Bancroft. As mulheres – principalmente as casadas – estão revelando os índices mais baixos de relações dos últimos tempos. Não que sejam dados fáceis de serem investigados. Os entrevistados dizem um número mais alto do que a realidade na hora de responder com que freqüência fazem sexo (principalmente os homens). "Quando pressionados, quase todos optam pelo respeitável 'uma ou duas vezes por semana'", segundo a revista *Newsweek* intitulada *Not in the Mood* ("Não Estou com Vontade").

Perguntar aos adultos sobre sexo é como nos perguntar sobre nossos hábitos alimentares. Assim como uma dieta rica em fibra, o sexo tornou-se algo que sabemos que deveríamos fazer mais. Mas assim como uma dieta rica em fibras, é algo que muitos de nós só dizemos que é bom, mas não o adotamos. A socióloga Pepper Schwartz, autora do livro *Tudo O Que Você Sabe Sobre Amor e Sexo Está Errado*, acredita que quando as pessoas recebem a "permissão" de serem honestas, geralmente elas revelam que fazem sexo menos de uma vez por mês. "E isso entre casais que se amam!", ela acrescenta. Alguns psicólogos estimam que até 20% dos casais têm um "casamento sem sexo" – operacionalmente definido como fazer sexo não mais que dez vezes por ano. De acordo com a terapeuta Michele Weiner Davis, autora de *The Sex Starved Marriage* ("O Casamento Faminto de Sexo"), o número de tais casamentos tem sido "erradamente anunciado". Livros com títulos abomináveis como *Ressurrecting Sex* ("Ressuscitando o Sexo") e *Rekindling Desire: A Step-by-Step Program to Help Low-Sex and No-Sex Marriages* ("Reacendendo o Desejo: Um Programa Passo-a-Passo Para Ajudar Casamentos Com Pouco ou Nenhum Sexo") dizem a mesma coisa. Até mesmo o Dr. Phil[1] chama isso de uma "epidemia" (mas, o que o Dr. Phil não chama de epidemia?).

---

1 Dr. Phil: Dr. Phil McGraw é médico, apresentador de TV e escritor nos Estados Unidos. (N. da T.)

Sem base científica, dizem que o problema é mais grave em famílias em que o pai e a mãe trabalham o dia inteiro fora. Casais que começaram a vida como descompromissados DINKS (*double income no kids* – casais de dupla renda que não têm filhos) são submetidos a uma triste metamorfose depois da chegada do primeiro filho, entrando na casa dos trinta como DINS (*double income no sex* – casais de renda dupla que não fazem sexo). Outros observadores dizem que os DINS são um mito suburbano. Foi "alguma coisa que alguém disse. Os dados mostram que eles não existem", insiste a psicóloga Janet Hyde, da Universidade de Wisconsin. Segundo Hyde, não há correlação alguma entre as horas que os parceiros trabalham e a quantidade (ou a qualidade) de sexo que eles gozam.

As mulheres inglesas estão entre as sexualmente menos ativas do mundo, de acordo com uma pesquisa recente. Um estudo revelou que um quarto de todas as mulheres inglesas faz sexo uma vez por mês ou menos. Em junho de 2001, o *site* redirect.co.uk afirmou que um quarto de mais de três mulheres entre dezoito e quarenta e cinco anos de idade disse que "elas não se interessam" em fazer sexo, e um outro quarto disse que ficavam "satisfeitas com um carinho". Mas elas certamente estão agüentando firme, porque seus níveis de "felicidade" são muito altos. Entretanto, é impossível saber se estão felizes apesar ou por causa do fiasco de suas vidas sexuais.

Um dos livros mais vendidos de 2003, a engraçada obra sobre a mãe que trabalha fora, *I Don't Know How She Does It* ("Não Sei Como Ela Consegue"), de Allison Pearson, conta a história de uma heroína que trata do sexo com seu marido do mesmo jeito que trata da preparação de um jantar para oito pessoas: cansada, e só depois de usar todas as táticas possíveis para adiá-lo. Admite que prefere fazer sexo oral em seu marido. É mais rápido assim. E mais limpo, também.

Mas as mulheres não são as únicas flores que estão murchando. Uma reportagem recente feita pela BBC, com a manchete "Os Homens Preferem Dormir a Fazer Sexo" afirmou que, "diante da chance de passar uma hora a mais na cama, a maioria dos homens que trabalha diz preferir passá-la dormindo em vez de fazer sexo". Apesar de uma pesquisa "ter confirmado a velha crença de que os homens passam a maior parte de seu tempo pensando em sexo" – obrigada por deixarem isso claro, rapazes –, ela também revelou que "o ritmo acelerado da vida moderna os deixa cansados demais para a coisa propriamente dita". Não foi nenhuma coincidência que essa pesquisa tenha sido realizada pela Berocca, empresa fabricante de vitaminas, que bem sabemos quer nos restituir a velha e boa disposição.

Pelo menos a nova apatia sexual – que talvez somente pareça apática comparada com as altas expectativas que agora os adultos têm – é assunto para debates acalorados. Observadores neoconservadores argumentam que essa é só mais uma falha do pós-feminismo. A exaustão e a raiva das mulheres, como dizem, uniram-se para criar um forte inibidor de apetite – e isso tudo é nossa culpa também, se insistimos na bobagem de continuarmos mantendo um estilo de vida de renda dupla.

Fico tão ofendida quanto todo mundo com essa retórica. Por outro lado, é preciso admitir que o impacto da "seca" em todas as formas de lazer adulto – principalmente no sexo – tem sido devastador. Isso ocorre mais com casais com filhos pequenos. Qualquer criança de três anos poderia fazer a conta: quando uma pessoa não tem tempo para coçar a si mesma, ela tem muito menos tempo para coçar outra pessoa. Tanto homens quanto mulheres sofrem da exaustão que prejudica a vida sexual nas famílias modernas. Mas a persistência da dupla jornada significa que as mulheres sofrem mais, e a estatística da "falta de interesse" comprova isso.

Mais sutis, porém igualmente evidentes na vida familiar com menos sexo, são as mudanças em nossos conceitos de paternidade. A família voltada para o casal de meados do século XX – com suas portas trancadas, festas apenas para adultos e manuais de sexo sob o colchão – é coisa do passado. Então infelizmente também o são a privacidade adulta, o lazer e o direito dos adultos de passarem momentos sozinhos.

Apesar desse fenômeno da dupla renda – ou talvez até mesmo por causa dele –, as famílias hoje estão mais voltadas para as necessidades dos filhos. Quando eu era criança, nós precisávamos pedir permissão para entrar no quarto de nossos pais. Hoje, é bem mais provável que peçamos permissão aos nossos filhos para entrarmos no quarto deles. Os adultos que querem manter suas camas só para eles – mesmo que de vez em quando – são vistos como insensíveis e egoístas. As camas pertencem às famílias agora. E o sexo pertence... bem, em grande parte aos parceiros que ainda não são pais. Tipicamente, só quando os filhos se tornam sexualmente ativos é que os casais finalmente se sentem no direito de fazer aquelas "viagens a dois". Tenho uma amiga que diz que a maior vantagem que os pais vêem em viajar sozinhos é que assim eles não escutam seus filhos transando com as namoradas no andar inferior da casa. "Passamos mais tempo mexendo no controle remoto do que um com o outro", ela acrescenta, secamente.

O Efeito Lisístrata – mulheres furiosas que entram em "greve de sexo", como acontece na famosa comédia de Aristófanes – foi citado como outro fator que esfria a vida adulta moderna. Na peça, um grupo de esposas preocupadas se reúne para usar seu poder sexual como uma estratégia política para impedir seus maridos de irem para a guerra. Hoje em dia, a situação é bem mais complexa.

É claro que há momentos em que as mulheres modernas usam o sexo, ou deixam de usá-lo, para objetivos específicos – como a mulher que faz sexo oral em seu marido por ele ter lembrado de levar o lixo para fora. Entretanto, na maioria dos casos, a relação entre sexo, recompensa e castigo é mais difusa e menos consciente. As mulheres que sentem raiva de seus parceiros – tipicamente por causa da desigualdade na divisão do trabalho doméstico – podem expressar suas frustrações deixando de fazer sexo, ou mesmo suprimindo ainda mais os desejos sexuais: "Meu marido age como um menino de quatro anos e depois não entende por que não quero dormir com ele".

As mães de família podem reclamar, com razão, de que estão "cansadas demais" para fazer sexo. Mas quando paramos para pensar em quanta energia os casais gastam brigando porque não transam, não há como não se perguntar: é a falta de tempo? Ou uma avalanche de raiva? "Muitas mulheres estão furiosas", diz a revista *Newsweek*:

"...As mães que trabalham, as que ficam em casa, até mesmo as mulheres sem filhos. Elas ficam furiosas porque seus maridos não saberiam o número de telefone da babá em caso de necessidade. Furiosas porque eles nunca lembram de trazer fraldas ou leite quando voltam para casa. Furiosas porque eles não precisam cantar a música inteira dos "Dez Patinhos" enquanto tentam secar o cabelo com o secador."

•

O profundo desejo de ter o que os homens tinham era a forma de a geração anterior lidar com o desequilíbrio de poder. Freud chamava isso de inveja do pênis. Hoje, parece muito mais uma questão de vingança da vagina (geralmente inconsciente). Em um mundo melhor, talvez as mulheres não usassem o sexo como uma arma. Mas em um mundo melhor, talvez não sentissem essa necessidade.

Mas também há muitos homens furiosos por aí – homens que acham que estão carregando o dobro de peso que as gerações anteriores carregaram e recebendo apenas uma parte dos benefícios. Os homens que acham que não são respeitados pela contribuição que dão ao relacionamento – tanto no trabalho remunerado quanto no trabalho doméstico – ficam tão irritados quanto suas parceiras. E a sensação de privação que sentem, mesmo assumindo formas diferentes, não é mais fraca.

É fácil esquecer que, até há pouco tempo e por mais chocante que seja, ter acesso freqüente a uma parceira sexual era a razão do casamento do ponto de vista masculino. Em um casamento com pouco ou nenhum sexo, os homens que se vêem fazendo o dobro do serviço doméstico que seus pais faziam – e talvez o dobro das tarefas de cuidados com os filhos – sentem-se, na melhor das hipóteses, desvalorizados e, napior, totalmente idiotas. Como um marido de trinta e cinco anos de idade disse à jornalista Kathleen Deveny, da *Newsweek*: "Quem mais perde entre o trabalho, as crianças e os cachorros sou eu. Preciso de mais sexo, mas isso é só uma parte da história. Quero ter mais tempo para ficar sozinho com minha esposa, e quero mais atenção."

Como já observamos, a idéia da "obrigação de esposa" – de que fazer sexo com freqüência é direito de quem trabalha e obrigação da dona de casa – é difícil de imaginar sem as aspas, hoje em dia. Pelo menos na teoria, os direitos nupciais agora são, como todo o resto, direitos iguais. Quando nos lembramos de livros como *A Mulher Total*, escrito em 1973 por Marabel Morgan –, que aconselhava alegremente as mulheres a fazerem um "supersexo" no quarto se quisessem mais eletrodomésticos na cozinha – é difícil saber se devemos rir, chorar ou soltar um longo gemido.

Mas é mais fácil rir. Por isso, rimos. Por outro lado, também rimos da piada do noivo que sussurra no ouvido de seu padrinho: "Acabei de receber o melhor sexo oral da minha vida inteira!", e sua noiva, corada, que sussurra no ouvido de sua madrinha: "Acabei de dar o último sexo oral da minha vida inteira!". As mulheres não se casam mais para serem sexualmente ativas – como suas mães e avós provavelmente fizeram –, mas para ter um descanso merecido da atividade sexual. Para poderem deixar de lado o sutiã que faz maravilhas e relaxar. Não há evidências (informais ou comprovadas) de que os homens pensam assim, ou de que, de alguma maneira, eles vêem o casamento como um lugar para se abrigar do sexo.

Sem falar do sexo oral para os homens, o sexo não é mais um serviço que as mulheres prestam a eles. Mas, entre os mais jovens, ele é mais útil do que nunca. Nos campus universitários, os *booty calls* – telefonemas com o intuito de pedir sexo – são tão comuns (e aparentemente tão cheios de emoções) quanto pedir uma pizza. Você sente fome, você come. Quer sexo, encontra alguém com quem transar. Não com quem dormir – com quem transar, uma vez que a etiqueta do *booty call* dita que os exaustos participantes voltem para seus respectivos quartos quando chega a hora de se fazer alguma coisa bem íntima (ou seja, dormir). Em comparação com um *booty call*, a famosa "uma noite e nada mais" fica com cara de compromisso sério. Esse tipo de envolvimento não é "sexo de relacionamento", explica o sociólogo da Universidade de Chicago, Edward O. Laumann em *The Sexual Organization of the City* ("A Organização Sexual da Cidade"). É um "sexo de negócio" – uma troca de prazer, pura e simples. Bom, pelo menos simples.

Para esta geração, a intimidade verdadeira não está ligada ao sexo em si, não está ligada a sexo de maneira alguma, e até a comédia menos romântica do mundo não contesta esse fato. O filme *Simplesmente Amor*, por exemplo – um filme cujas políticas sexuais são tão radicais quanto um episódio de *I Love Lucy* –, apresenta um enredo sobre uma bem-educada estrela pornô que faz sexo oral de frente para a câmera, mas que fica toda envergonhada quando o cara que recebeu o sexo oral timidamente a chama para sair. A ironia é tão sutil quanto um vibrador ligado na potência máxima. O namoro, que presumidamente envolve fantasias e desejos e – bem, mistério – ficou *sexy* de uma maneira que uma transa não consegue ser.

Temas parecidos dão vida a *Leis da Atração*, uma comédia romântica sobre dois advogados especialistas em divórcio, uma premissa sem dúvida mais engraçada do que o filme todo. Julianne Moore e Pierce Brosnan, representando um casal de candidatos a Hepburn e Tracy (os atores Katharine Hepburn e Spencer Tracy, que formaram o casal mais famoso do cinema) fazem sexo no primeiro encontro, mas só vão gostar um do outro – muito antes de se amar – só muito, muito depois.

O suspense angustiante do filme *Em Carne Viva*, de Jane Campion, faz parte de outra categoria cinematográfica. Mas o relacionamento entre os protagonistas do filme segue a mesma trajetória invertida. O casal em questão – Meg Ryan como uma atormentada acadêmica da cidade (existe algum outro tipo?) e Mark Ruffalo, como o detetive de homicídios em quem ela está louca para deixar suas impressões digitais – troca fluidos corporais antes mesmo de saberem seus respectivos sobrenomes. Mas só depois que se beijam pela primeira vez é que ficam realmente íntimos.

No cinema, ninguém parece ficar entendiado com o sexo. Isso é o entretenimento, eu acho. Na vida real, o roteiro é diferente. Tirando o que eu sinto vontade de chamar de emoção da caça (só que essa é uma das frases favoritas da minha mãe, e eu não faria isso), o que sobra é geralmente um claro anticlímax. Tenho um amigo com dois filhos adolescentes que moram na casa dele com suas respectivas namoradas. Os quatro — com idades entre quinze e dezenove anos — são muito responsáveis e cumprem com as obrigações da casa, ele me diz. E também são precocemente desapaixonados. "Eu era totalmente obcecado por sexo quando tinha a idade deles", ele diz. "Mas eles pensam assim: é, podemos fazer ou não." Ele balança a cabeça, indignado. "A falta de interesse deles me deixa muito surpreso. Até parece que eles já estão casados!"

E, de certa forma, é claro que estão. De certo modo, para dizer a verdade, o mundo inteiro está, se "estar casado" significa "ter acesso a um parceiro sexual disposto" (pelo menos teoricamente). Apesar de ser um erro confundir a intimidade madura com um jogo de esconde-esconde erótico — ou com uma perseguição essencialmente trivial — talvez também seja um engano insistir que os dois estão relacionados.

Também é possível que a contra-revolução sexual não represente nada novo, que ela só pareça assim em comparação com um *flash* pouco realista do espaço sócio-histórico que começou com a "descoberta" da relação sexual em 1963 e terminou (mais ou menos) com a pandemia de Aids do final da década de 1980 e começo da década de 1990. Talvez o sexo nunca tenha sido um assunto tão importante — pelo menos o sexo pós-adolescente, pós-reprodutor. Talvez a primeira revolução sexual, como um galanteador mentiroso, tenha feito muitas promessas que não cumpriu; e talvez esta seja apenas mais uma delas.

"Os *baby-boomers* foram a primeira geração a acreditar que poderia ter sexo monogâmico excitante até a velhice", diz a terapeuta sexual e de relacionamento, a norte-americana Marty Klein. "A colisão entre essa expectativa e a realidade é bastante frustrante para a maioria das pessoas." Pode ser, principalmente, para a maioria dos homens. Apesar de as estatísticas dessa discrepância de desejo não serem conclusivas, há mais evidências que sustentam que as mulheres não foram preparadas para ficar interessadas em sexo a vida toda – ou pelo menos não tão interessadas quanto os homens. Talvez elas sejam apenas bastante honestas, ou poderosas, para dizer isso. Pensando nisso, talvez ficar a todo vapor não seja muito natural para os rapazes também. Talvez – talvez – não haja problemas em preferir assistir ao *Sex in the City* a fazer sexo.

Outro fator que pode estar nos levando para a direção errada é o aumento do uso de antidepressivos e outros psicofármacos – uma vez que a falta de desejo sexual é um dos efeitos colaterais mais comuns da geração dos inibidores de recaptação da serotonina como o Prozac. Assim, a perspectiva de uma pessoa ter sua libido diminuída por uma medicação, e precisar de outra ajuda química, torna-se bastante real. Nos Estados Unidos, por exemplo, pelo menos 12% de adultos tomam antidepressivos – e, desses, cerca de nove em dez são casados. São muitos os relacionamentos sérios em que os casais correm o risco de sofrer de problemas sexuais devido ao uso de medicamentos. Os números na Austrália, no Reino Unido e na Europa são igualmente perturbadores, especialmente quando comparados com a grande queda nas vendas do Viagra, dos *sprays* de testosterona, das terapias de reposição hormonal e de uma crescente farmacopéia de outros estimuladores do desempenho sexual.

Uma geração anterior de feministas defendia pública e descaradamente os direitos sexuais das mulheres. Hoje, é provável que enfrentemos um desafio novo e mais difícil. Talvez defender nosso direito de não ser sexual – ou, de modo mais correto, sexualmente disponível – seja o mais novo ato de coragem moral e de subversão cultural para ambos os sexos.

A historiadora Elizabeth Abbott diz que, historicamente, o celibato, tão institucionalizado, principalmente pela igreja, oferecia uma atraente opção de estilo de vida para as mulheres, mostrando uma saída para os riscos do parto e das tarefas conjugais e um possível tiro na educação, no *status* e no poder. Mesmo hoje, ela escreve no livro *A History of Celibacy* ("Uma História de Celibato"): "o celibato traz grandes benefícios". Abbott afirma isso logo depois de seu divórcio, que foi uma decisão evidentemente muito satisfatória. Ela diz que tem sentido tanta falta do sexo que fazia quando estava casada quanto daquela pergunta infernal: "Querida, onde estão minhas meias?". Acredito que não poderíamos esperar outra coisa de uma autora cuja primeira obra foi chamada de *The Kama Sutra of Celibacy* ("O Kama Sutra do Celibato")!

A obrigação de ser sexual é parte do trabalho sexual que muitas mulheres ainda executam, e dos quais se ressentem amargamente, dentro de seus casamentos. Por outro lado, como a jornalista Rebecca Mead observa: "É estranho pensar que a complexa conexão entre duas pessoas que constitui o amor sexual pode simplesmente ser desprezada diante de uma pilha de meias". O celibato é uma resposta – e uma resposta verdadeira – à pergunta a respeito do que as mulheres querem depois do sexo. Mas não é uma boa solução. A maioria das mulheres, como Mead secamente conclui, preferiria "encontrar um equilíbrio entre o sexo e as meias".

Antes que alguém fique muito entusiasmado com o celibato, vale lembrar que as pesquisas mostram que em geral é mais sexo, e não menos sexo, o que nos torna seres humanos mais felizes. Quer gostemos ou não – e suspeito que Elizabeth Abbott não gostaria –, a relação entre sexo e bem-estar não poderia ser mais direta ou mais forte. Quanto mais as pessoas fazem sexo, mais felizes elas dizem ser. Em um grande estudo, realizado em 2004 pelo *US National Bureau of Economic Research* (Instituto Nacional de Pesquisa Econômica dos Estados Unidos) e com base em um grupo aleatório de 16 mil adultos, descobriu-se que as pessoas que faziam sexo quatro ou mais vezes na semama eram as pessoas mais felizes de todos os grupos estudados. O estudo concluiu que não se tratava de um caso de pessoas felizes fazerem mais sexo, mas de mais sexo trazer mais felicidade. E o efeito foi idêntico para as mulheres e para os homens.

É inegável que muito sexo faz bem para nós. Mas o mesmo podemos dizer a respeito da ingestão de semente de gérmen de trigo crua e de correr em uma esteira, e a maioria de nós não faz nada disso. Para muitas mulheres, a sugestão de que precisamos nos motivar para ter prazer sexual – assim como precisamos nos motivar para fazer exercícios ou para comer fibras – parece errada. Contraditória, até. Com certeza, sentir-se obrigada a ter desejo é um pouco como se forçar a ser mais espontânea. Não é?

Pesquisadores que estudam a neuroquímica do sexo têm algumas estranhas teorias sobre a base biológica da felicidade sexual das mulheres. "O esperma pode curar a tristeza?", perguntava uma matéria recente no Salon.com (acho que não há problemas em pergunta). "Um pesquisador diz que o esperma pode agir como um antidepressivo", ela continua, "mas outros cientistas não estão engolindo essa teoria."

O estudo original, publicado em 2002 no *The Archives of Sexual Behaviour* ("Os Arquivos do Comportamento Sexual"), mostrou que as mulheres que faziam sexo sem camisinha eram mais felizes do que aquelas cujos parceiros usavam o preservativo. O autor do estudo, Gordon Gallup, psicólogo na SUNY Albany, atribui o efeito a "alguma química" desconhecida contida no esperma. É uma explicação. Uma mais simples pode ser que as pessoas que não usam preservativos têm uma probabilidade maior de estar em um relacionamento mais sério. É possível que a "química desconhecida" seja – posso dizer? – o amor. De modo interessante, não houve uma diferença notável nos índices de depressão e felicidade entre aqueles que usavam os preservativos e aqueles que dormiam sozinhos.

Então a equação de mais sexo igual a mais felicidade pode acabar ficando um pouco mais complicada do que desejamos. É duro imaginar que quatro noites e nada mais por semana, por exemplo, aumentariam o bem-estar de quem quer que fosse. Convenhamos. A maioria das pessoas que diz praticar mais sexo do que a média são pessoas apaixonadas – ou as mentirosas.

Então, repito que o amor por si só é uma reação química, mesmo sendo uma reação completamente complicada. Os cientistas da Universidade de Edimburgo, por exemplo, confirmaram no laboratório, em 2001, o que William Shakespeare havia suspeitado quatro séculos antes: que o cérebro feminino libera uma "poção do amor" durante o ato sexual. Seu nome mais prosaico é oxitocina – e se você tem a impressão de já ter escutado essa palavra antes, tem razão. É exatamente o mesmo elo químico de bem-estar liberado durante a amamentação.

É muito adequado que a medicação que faz com que as mulheres voltem a amamentar, apesar dos mamilos inchados e machucados e uma grande dor, seja a mesma que nos liga a nossos parceiros! A oxitocina não só incentiva as mulheres a se comprometer, como também parece garantir que, quanto mais sexo o casal faz, mais forte fica o elo entre eles. Os cérebros dos homens, caso você esteja se perguntando, não liberam oxitocina durante a relação sexual. (Não, não achei que você pudesse estar se perguntando.)

Tendo dito tudo isso, a verdade que fica é que o esperma realmente é "uma salmoura altamente química" de hormônios, para usar a linguagem poética de um pesquisador, incluindo a testosterona e o estrogênio. E essa química realmente absorvida pela corrente sanguínea de uma mulher através da vagina. Além do possível efeito antidepressivo do coquetel químico, os pesquisadores também estão investigando um elo mais provável: a libido.

Um estudo recente, por exemplo, analisou o efeito da prostaglandina E1 – um hormônio encontrado no sêmen – na Disfunção da Excitação Sexual (em inglês, SAD – *Sexual Arousal Disorder*). Segundo o Salom.com, as mulheres desse estudo "molharam seu clitóris, lábios vaginais e entrada da vagina com um líquido à base de prostaglandina, e depois assistiram a vídeos eróticos por trinta minutos enquanto iam anotando como iam ficando excitadas". Além desses relatórios, os pesquisadores mediram o fluxo sanguíneo genital. A resposta foi significativa. O que um engraçadinho chamou de "a cura pelo gozo" pode, acredite ou não, ter algum fundamento. Não posso deixar de pensar, entretanto, que depois de trinta minutos assistindo a filmes pornôs com muita atenção e interesse, as mulheres poderiam ter "molhado" seus genitais com qualquer coisa, desde vaselina a molho *barbecue*, e registrar o mesmo resultado. Mas talvez eu só esteja sendo uma estraga-prazeres.

A ligação entre testosterona e libido – para ambos os sexos – está bem comprovada. Assim como o fato de que os níveis de testosterona de uma mulher aumentam quando ela está na casa dos vinte anos de idade e depois sofrem uma queda vagarosa e contínua com o passar do tempo. Não restam dúvidas de que as "terapias" hormonais que envolvem altas doses de testosterona definitivamente aumentam o interesse e o prazer sexual das mulheres. Infelizmente, elas também costumam aumentar os pêlos do corpo, a acne e a produção de colesterol.

O diagnóstico da SAD[2] – lembrando que as siglas inteligentes são feitas, não nascem prontas – é importante. Para as mulheres, e provavelmente também para os homens, a perda de libido com a idade é tão normal quanto a perda da elastina ou melanina... ou da paciência com o sistema de saúde. A queda no desejo sexual pode ser mais um caso de uma mulher "fazer" o que é natural e receber o diagnóstico de alguma doença por isso.

Mas não nos permitamos cometer o mesmo erro de não assumir que a meia-idade para a mulher é um período de inevitável perda de vitalidade, inclusive a sexual. *The Jubilee Report*, um estudo com mulheres inglesas nascidas quando a Rainha foi coroada, por exemplo, oferece fortes evidências de que a vida realmente começa aos cinqüenta para muitas mulheres atualmente. (Ou, como eu prefiro pensar, os cinqüenta são os novos trinta.) Das mulheres entrevistadas, 65% disseram que se sentiam mais felizes depois da menopausa do que antes dela, e 66% disseram que estavam mais independentes. Ainda mais alarmante – para as mulheres que ainda não entraram na menopausa, pelo menos – é que 64% delas disseram que suas vidas sexuais mudaram para melhor.

2 SAD: a palavra *sad* em inglês significa triste.

Até mesmo a autora do estudo, Kate Fox, co-diretora do *Social Issues Research Centre* (Centro de Pesquisa de Assuntos Sociais), admitiu estar "surpresa" com essas descobertas. A boa notícia – de que praticamente todos os aspectos das vidas das mulheres melhoraram depois da menopausa – foi equilibrada pelas novidades mais moderadas de que as mulheres submetidas a tratamentos de reposição hormonal tinham um perfil muito melhor do que as que não receberam o tratamento.

Meros cem anos atrás, a média de idade com que a mulher inglesa entrava na menopausa era aos quarenta e sete anos (mais ou menos a mesma idade nos dias de hoje) – e a expectativa de vida era de quarenta e nove anos. Não é de surpreender que nossa ignorância a respeito do que a menopausa significa de verdade seja tão grande. Um grande estudo australiano que acompanhou um grupo de mulheres durante dez anos, publicado em maio de 2002, por exemplo, chegou exatamente à conclusão oposta do estudo inglês. Ele constatou que as mulheres na fase pós-menopausa sofriam uma grande perda da função sexual.

Trisha Posner, autora do livro *This Is Not Your Mother's Menopause* ("Não é a Menopausa de Sua Mãe"), concorda que as mulheres passam por uma diminuição da libido na menopausa. Ela diz ainda que esse fato biológico natural criou uma oportunidade pouco natural para a indústria farmacêutica. O estudo australiano de 2002 citado concluiu que as mulheres que sofriam de pouca libido – e realmente achavam que estavam sofrendo desse mal – deveriam ser submetidas à TRH[3], para repor o estrogênio que seus ovários vagarosos se recusavam a produzir. Pareceu uma idéia razoável naquela época. Até que, meses depois, os hormônios foram jogados no ventilador. Um estudo que relacionou os hormônios mais prescritos nos Estados Unidos com um risco maior de coágulos sanguíneos,

---

3 TRH: Terapia de Reposição Hormonal.

câncer de mama, ataques cardíacos e derrames cerebrais não só interrompeu o *Women´s Health Initiative Study* (Estudo Inicial da Saúde da Mulher) na metade dele. Colocou um ponto final no "milagre" da terapia de reposição hormonal.

Posner escreveu: "Os hormônios cuidam da parte mecânica, mas não cuidam da complexa parte emocional do que realmente faz com que o sexo funcione para nós. Temos feito reposições hormonais em milhões de mulheres há quarenta anos e não me parece que muitas delas estão gozando de vidas sexuais ativas..." (Lembre-se: as mulheres de cinqüenta e poucos anos do *Jubilee Report* que disseram que não se sentiam menos sexuais do que antes da menopausa podiam ter parâmetros baixos.)

Pessoalmente, Posner percebeu que seu desejo sexual voltou lentamente depois da menopausa. Ela e muitos outros pesquisadores notaram que as mulheres geralmente passam por um fenômeno de "use-o ou perca-o": basicamente, que fazer sexo com freqüência é uma precondição para gostar de sexo freqüente. Também não é "apenas psicológico". O efeito na lubrificação vaginal e na elasticidade é mensurável. Na verdade, é quase como se, sem o sexo freqüente, nossos genitais esquecessem como reagir. "Um ponto muito importante foi que meu parceiro não me pressionou nem fez com que eu me sentisse mal por minha falta de interesse", Posner acrescenta.

Se pelo menos os homens estivessem disponíveis nas prateleiras, quem é que precisaria de suplementos nutricionais, vitamina E, salsaparrilha e óleo de calêndula?

Enfeitiçada, incomodada e anestesiada

Sempre que pensamos em perguntar "o que as mulheres querem" – seja em relação a sexo ou a refrigerantes – precisamos especificar quais mulheres. Como vimos, a atividade sexual está muito ligada à felicidade das mulheres adultas. No entanto, para as adolescentes, a relação entre sexo e bemestar é totalmente inversa. A atividade sexual das adolescentes está associada com menos felicidade do que a abstinência.

De acordo com o *National Longitudinal Survey of Adolescent Health* (Estudo Abrangente Nacional da Saúde do Adolescente) de 2003, mais de um quarto das meninas adolescentes sexualmente ativas recebeu o diagnóstico de depressão, em comparação com menos de 8% de sua colegas não ativas. (Tornar-se sexualmente ativa parece acabar com a felicidade dos meninos, também. Muitos meninos que fazem sexo sofrem mais do que o dobro dos meninos que não fazem sexo, apesar de que os dados são comparativamente muito menos significativos: 8,3 % *versus* 3,4 %.)

Não é de surpreender que os estudos demonstrem que dois terços dos adolescentes que perderam a virgindade se arrependem. Números como esses sugerem que a força de atração de movimentos a favor da abstinência adolescente como o *True Love Waits* (O Amor Verdadeiro Espera) e *The Silver Ring Thing* (O Lance do Anel Prateado) têm tanto a ver com fatores psicológicos quanto religiosos ou éticos. A filosofia do "se é bom, faça" evidentemente tem seus dois lados, mas a idéia de que qualquer coisa é melhor do que sexo – sem falar do celibato – é radical para os filhos da revolução.

Talvez seja por isso que o movimento de abstinência esteja sendo tratado na mídia como a tendência mais chocante desde o rap. Pode ser fácil esquecer que o movimento de abstinência foi, na verdade, iniciado pelo "movimento de indulgência" – a moda das pessoas jovens fazerem sexo cada vez mais cedo. De acordo com dados publicados em *A Statistical Report of a Generation* (Relatório Estatístico de uma Geração), as mulheres norte-americanas nascidas entre os anos de 1963 e 1972 tinham duas vezes mais probabilidade de terem transado com vários rapazes aos dezoito anos do que as mulheres apenas dez anos mais velhas – e seis vezes mais que avós (nascidas entre 1943 e 1952). Na Austrália, onde a idade da primeira experiência sexual tem caído nos últimos cinqüenta anos, a menina em média perde sua virgindade aos dezesseis anos. O sexo oral também começa cedo hoje em dia: mais ou menos na mesma época da relação sexual, segundo as pesquisas, e às vezes mais cedo.

Hoje, de acordo com Paula Kamen, autora de *Her Way: Young Women Remake the Sexual Revolution* ("Do Jeito Dela: As Jovens Refazem a Revolução Sexual"), uma grande pesquisa a respeito do que as mulheres nascidas entre os anos de 1960 e 1979 querem do sexo, as jovens demonstram ter uma certeza de seus direitos sexuais, certeza essa nunca antes notada. Para provar, Kamen aponta para o aumento do surgimento das *superrats*, jovens mulheres cuja sexualidade explícita e superagressiva é motivo de orgulho. Como Germaine Greer nos anos 1970, em política, ou como Madonna nos anos 1980, em música pop, as *superrats* esperam "conduzir suas vidas sexuais como bem quiserem e com uma nova liberdade", e insistem para que isso aconteça.

As *superrats* sempre existiram, Kamen diz (pense em Mary McCarthy, Simone de Beauvoir, Eva). Mas o que diferencia as *rats* de hoje é a "falta de pudor" delas. Uma das entrevistadas de Kamen, Stacie, uma assistente social de vinte e sete anos de Chicago, confidencia o que lhe aconteceu logo que conheceu seu atual namorado: "eu pensava nele o tempo todo, e, você sabe, eu queria conhecê-lo – no sentido bíblico da palavra. Não queria saber o que ele pensava sobre coisa alguma. Não queria saber qual era a cor favorita dele". Mas Stacie não se vê como uma pessoa sexualmente exigente. "Não exijo ter um orgasmo", ela contou a Kamen. "Mas se não tenho, ninguém consegue dormir."

Stacie despreza os rapazes que não se esforçam para descobrir o que a excita, e menospreza a transa com eles, referindo-se a ela como se fosse uma masturbação. "Sexo só para gozar", ela classifica. Outra *superrat*, Cat, contou a Kamen que o momento da virada para ela aconteceu quando percebeu que não precisava usar o sexo como "uma coisa de poder", ou "por amor", mas "apenas pelo prazer". E tem Tasha, que admite que se masturba na frente de seus amigos no que chama de "intervalos para masturbação". ("Já aconteceu de eu dizer: 'Olha, estou muito estressada hoje. Preciso relaxar"). Tanta confiança pode ser vista como sincera ou saudável, ou simplesmente assustadora.

O desafio é evitar a brusca mudança de ser uma serva sexual para ser a chefe sexual, que é a atitude de má-fé que muitas adolescentes parecem estar tomando nos dias de hoje. "As meninas escutam que devem ir atrás de tudo em suas vidas", observa Atoosa Rubenstein, editora da *CosmoGirl*. "As mães dizem: tente uma vaga no conselho estudantil, no time, tente aquele emprego, e isso, de uma mensagem direcionada ao alcance de realizações transformou-se em algo a que elas dedicam suas vidas. Então aplicam esse conselho para conseguirem rapazes também."

Uma sexóloga texana que atende de vinte a trinta adolescentes por mês concorda. "Os meninos que atendo geralmente dizem que as meninas os pressionam para que façam sexo e esperam que eles peçam para transar, e, se não pedirem, elas mesmas trazem o assunto à tona."

"As meninas estão bem mais agressivas do que os meninos", John Bernard, de dezesseis anos, disse a um repórter do *New York Times*. "Elas têm mais atitude. Têm mais poder. E estão mais ousadas do que os meninos. Sabe, isso assusta."

As consultoras de revistas que esclarecem dúvidas de adolescentes com problemas pessoais, de acordo com Helen Walsh, no *Independent*, "não recebem mais uma avalanche de perguntas como: 'Até quando devo esperar?', mas sim: 'É muito rude cuspir ou eu devo engolir?'". Marty Beckerman, dezenove anos, autor de *Generation SLUT* (um acrônimo que quer dizer *Sexually Liberal Urban Teenager* - "adolescente urbana sexualmente liberal"), acredita que as meninas estão tentando transformar o sexo em algo tão sem significado quanto ele é para os meninos. Se é isso o que as meninas querem agora, que Deus nos ajude. Práticas como o "dogging" – um tipo de orgia "drive-thru" que acontece em carros estacionados em parques e estacionamentos –, que dizem ser cada vez mais comum no Reino Unido, não nos deixa esperanças de melhora em relação a nenhum dos sexos.

Contrariando todas as evidências, no entanto, as mulheres ainda são mais suscetíveis a ligar (quando não, confundir) amor com sexo. De acordo com um estudo realizado em 1998 pela *UCLA Higher Education Research Institute* (Instituto de Pesquisa Educacional da Universidade da Califórnia em Los Angeles), 26% a menos de mulheres aprovam o sexo casual, em comparação com os homens. Outro recente estudo mostra que quase metade das adolescentes cita o "carinho pelo parceiro" como a principal razão pela qual elas fizeram sexo, em comparação com apenas um quarto dos homens. É importante pensar no caso das *superrats*. Até certo ponto, elas são adolescentes normais.

O que as mulheres querem do sexo dentro do contexto da monogamia – isso se chegarem lá – não é menos contraditório. Um estudo com cento e seis casais com mais de dois anos de casamento, por exemplo, revelou que o desejo sexual das esposas estava ligado à satisfação dos maridos com o casamento em geral. Estranhamente, entretanto, a afeição sexual de modo geral não parecia estar relacionada diretamente com a felicidade conjugal de nenhum dos parceiros. Os pesquisadores têm especulado que é possível que o sexo se torne um fator de felicidade conforme o tempo passa. Outro estudo mais abrangente realizado pela socióloga Denise Donnelly, da Universidade Estadual da Geórgia, constatou uma forte relação inversa entre felicidade conjugal e inatividade sexual.

A conclusão de Donnelly de que os casamentos sexualmente frios não são, de modo geral, felizes ou satisfatórios seria uma aposta intuitiva bem segura. Exceto que quando o assunto é sexo no casamento, a intuição não tem nada a ver com isso. Um terceiro estudo, publicado na *Journal of Sex Research* em 1993, também revelou que a satisfação no casamento e a satisfação com o sexo estavam muito ligadas. Ao mesmo tempo, os pesquisadores descobriram que a disfunção sexual não estava ligada à satisfação no casamento. Ter sexo de qualidade no casamento é um bom sinal de felicidade. Mas a falta de sexo de qualidade poderia significar quase qualquer coisa, sugerem esses estudos (principalmente, o bom senso sugere, nos casos em que pessoas de baixa libido tiveram a sorte de se encontrar).

Pode ser uma fase da vida. Entre adultos mais velhos, por exemplo, a evidência sugere que o casamento é uma garantia de melhor atividade sexual do que de satisfação sexual. Os pesquisadores de um estudo recente, publicado pelo *The Gerontologist* em 1997, descobriram que as mulheres idosas eram 24 vezes mais suscetíveis a praticar atividade sexual quando casadas do que solteiras. Os homens mais velhos casados, por outro lado, tinham uma probabilidade de apenas 1,4 vez a mais de fazer sexo. De modo geral, os maiores sinais de atividade sexual para os homens são a idade (ou juventude, para dizer a verdade) e nível de educação. Os maiores sinais de satisfação sexual tanto para os homens quanto para as mulheres são: 1) ser sexualmente ativo; e 2) ter uma boa condição mental. Tudo isso sugere que a ligação entre casamento e satisfação sexual é indireta.

As diferenças no estímulo sexual entre homens e mulheres, algumas delas claramente baseadas na biologia, apenas complicaram a situação. Correndo o risco de simplificar demais a grande diversidade individual existente, o desejo sexual dos homens parece ser acionado por meio de estímulos visuais, enquanto para as mulheres os fatores emocionais desempenham um papel mais importante. Em uma pesquisa do Kinsey Institute, as mulheres disseram que sua principal précondição para um sexo agradável era "um bem-estar geral" – uma descoberta que sugere que podemos nos encontrar diante de um clássico dilema de "quem nasceu primeiro? O ovo ou a galinha?", quando falamos sobre sexo e felicidade feminina. As mulheres que fazem mais sexo são mais felizes? Ou é uma relação de reciprocidade?

Pode não estar completamente claro o que as mulheres adultas querem do sexo. Mas o que elas não querem é que ele seja uma obrigação, "mais uma coisa na longa lista de coisas a fazer", como disse o Dr. Jan Shifren, diretor do Programa de Menopausa no Hospital de Massachusetts. Uma mulher conta que seu marido costumava acender uma vela no quarto deles como um sinal nada sutil de que esperava fazer sexo com ela aquela noite. "Eu me arrepiava quando via aquela maldita vela", ela confessa. "Eu entrava no quarto e pensava: 'Ai, meu Deus, por favor. A vela hoje, não'." Kate Reddy, a heroína fictícia do livro de Allison Pearson, *I Don't Know How She Does It*, confessa: "Demoro escovando meus dentes. Cerca de vinte escovadas em cada molar. Se ficar bastante tempo no banheiro, pode ser que Richard caia no sono e não tente transar comigo".

Alguns psicólogos evolucionários sustentam que há razões biológicas para explicar por que o desejo sexual das mulheres, principalmente depois da fase reprodutiva de suas vidas, pode ser mais baixo do que o dos homens. A Teoria da Copulação Desenfreada da sexualidade humana, como gosto de dizer, postula que, como os homens teoricamente produzem um número incontável de filhotes, enquanto as fêmeas só podem gerar e ter um número limitado deles, o sexo mais freqüente está nos interesses evolucionários dos homens, enquanto os interesses das mulheres estão mais voltados para uma escolha mais seletiva de seus parceiros; isso para não dizer completamente exigente.

Se essa teoria é verdadeira atualmente, ou se algum dia já foi verdadeira, é uma pergunta que não quer calar. Mas me parece que até que eliminemos os efeitos de criação – as forças socioculturais que moldam nossa sexualidade –, não temos nenhuma esperança em entender os imperativos (se é que existem) da natureza. Pessoalmente, acho que o argumento de que as mulheres por natureza são menos interessadas em sexo do que os homens é difícil de engolir. Mas o que sei com certeza, por outro lado, é que as mulheres são, por natureza, menos capazes de expressar sua sexualidade, menos suscetíveis a definir o que a sexualidade é, ou o que poderia ser.

O problema de "discrepância do desejo" pode funcionar do modo oposto, também, é claro. Os especialistas estimam que, em 20% dos casais, a mulher é quem tem mais desejo sexual. Casos como esses têm mais probabilidade de serem vistos como problemáticos pelos dois lados – principalmente pelos homens. Mas uma mulher cuja satisfação sexual é comprometida pela falta de interesse de seu parceiro não costuma exigir seus direitos conjugais, seja em particular ou no consultório médico.

A verdade é que a satisfação sexual dos homens é vista como uma prioridade em nossa cultura. A satisfação sexual das mulheres, até as últimas décadas, não tem sido nem um pouco considerada. Os homens procuram terapias sexuais mais do que as mulheres. E as clínicas públicas que tratam de problemas sexuais são os únicos serviços de saúde mais freqüentados pelos homens do que pelas mulheres.

"As mulheres sentem que, quando um homem tem um problema, todo mundo se vira e encontra uma solução", diz Brett McCann, da *Australian Society of Sex Educators, Researchers and Therapists* (Associação Australiana de Educadores, Pesquisadores e Terapeutas Sexuais). "Mas quando é a mulher que tem um problema, ele é ignorado. Ainda existe o estigma cultural: 'Bem, o que você espera? Você é uma prostituta? Não tem de se preocupar com sexo'".

Para mim, isso é exagerar. O feminismo estabeleceu algumas coisas. E uma delas é que, quando saímos do ensino médio, relativamente poucas de nós nos preocupamos com esse papo de prostituta. As mulheres não só têm a "permissão" de se importar com o sexo atualmente, como temos a permissão e até somos pressionadas a mostrar que nos importamos com ele. Mas na hora do "vamos ver", a idéia de que o prazer sexual das mulheres se concentra em dar, e incidentalmente em receber, continua bastante freqüente. O sexo é reconhecido agora como algo de que as mulheres podem gostar. Mas é algo de que os homens precisam. É um tipo de discrepância de desejo que continua tendo importantes implicações em nossa política sexual, tanto dentro do casamento quanto fora dele.

A idéia de que o sexo é um serviço prestado aos homens pelas mulheres (ou pelas esposas aos maridos) deveria ter desaparecido juntamente com as vassouras feiticeiras de limpar carpete e com os vibradores a vapor. Mas se os livros *Sim, Querido* e o clássico da dona de casa medieval *A Mulher Total* (relançado em 2000), de Marabel Morgan, indicam alguma coisa, a prostituição continua sendo uma empresa de fundo de quintal crescente em milhares de casamentos hoje em dia.

O livro da guru dos relacionamentos, Dra. Laura Schlessinger, intitulado *Do Que os Homens Gostam* (2004), tipifica o gênero, que coloca a mulher no papel da provedora de serviços sexuais e o homem no papel de gado sexual. (Schlessinger diz: "Um marido é como um cavalo. No final do dia, ele geralmente é cavalgado com força e deixado de lado suado. Como nos filmes, se seu dono o controla e bate nele, ele vai chegar perto de se rebelar". As mulheres precisam perceber se estão dando a um homem o que ele quer na cama – assim como precisam se certificar de que estão colocando o que ele quer na marmita – porque... porque é o que os homens querem.

Implicação adicional: é o que todos os homens querem. Ou, como um dos informantes da Dra. Laura resumiu: "Os homens são simples. Se eu não estiver com tesão, prepare um sanduíche"). Parece óbvio demais dizer – e eu também não vou resistir – que não vemos *best-sellers* ensinando aos homens como se submeterem ao desejo feminino "para salvarem seus casamentos".

A pesquisa da psicóloga Janet Hyde mostrou que o sinal mais forte da diminuição do desejo sexual feminino era a fadiga – e as mulheres que ficavam o dia inteiro em casa cuidando dos afazeres domésticos estavam tão estafadas quanto as que trabalhavam fora o dia todo. A terapeuta sexual, Dra. Rosie King, observou que o melhor brinquedo sexual no mercado é um aspirador de pó, bem usado. Outras mulheres acham que a única preliminar de que precisam é a "permissão" de dormir até mais tarde em uma manhã de sábado. Ao mesmo tempo, Hyde descobriu que mulheres que valorizavam suas carreiras – desafiando os estereótipos – faziam mais sexo do que qualquer outra pessoa. (Um caso de "pergunte a uma pessoa ocupada"?)

O problema do desejo sexual desigual – como muitas outras formas de desigualdade doméstica – é um tópico que garante discussões mais exaltadas. Todo mundo tem uma teoria para esse assunto, mas minha opinião educada é que, sim, querida, a maioria das mulheres adultas é menos interessada em sexo do que seus parceiros, mas ganham por pouco (talvez 60% – uma parte altamente problemática para qualquer pessoa que deseje fazer generalizações baseadas no sexo), e as razões para a desigualdade são provavelmente uma mistura complexa de biologia, cultura e circunstâncias.

Com poucas, mas geralmente espetaculares exceções, a gravidez, o nascimento dos filhos e a amamentação são para a maioria das pessoas o equivalente a um balde de água fria.

Um banho gelado que pode durar anos. Em parte, talvez até na maior parte do tempo, isso é o resultado da fadiga, que é o resultado da maneira com que dividimos o trabalho e o lazer (se é que podemos usar essa palavra) da criação dos filhos. Mas em parte também é simplesmente um caso de mudanças e voltas biológicas. Para as mulheres, a maternidade não é só uma coisa que fazemos com nossas mentes e corações. É algo que fazemos com nossos corpos. Os homens podem ter filhos, mas as mulheres os geram. Os homens podem alimentar seus filhos. Mas as mães que amamentam são literalmente consumidas por eles. E a diferença (que de certo modo o começo do feminismo nos ensinou a minimizar) é importante.

Mas não é necessário rebocar a biologia em um *trailer* quando o comportamento por si só pode nos levar aonde quer que queiramos ir. O cuidado em tempo integral, em especial com os bebês, tem sua própria dinâmica de necessidades e recompensas. Isso também é algo que fazemos com nossas mentes e nossos corpos, e seu impacto em nossa sexualidade é direto e profundo. Os homens que cuidam o dia inteiro de crianças pequenas geralmente passam pela mesma queda no desejo sexual das mães que cuidam de seus filhos o dia inteiro – assim como a mesma necessidade de terem tempo para ficar sozinhos e dormir. Não há nada de anatomia/destino nesse caso. Não tem nada a ver com sexo ou com homens e mulheres. Tem a ver com papéis. Continuamos a achar que isso é um problema das mulheres porque o papel de responsável em tempo integral pelos filhos pequenos continua sendo, em grande parte, uma responsabilidade feminina.

Isso não quer dizer que o cuidado com os filhos não ofereça gratificações. Oferece – e são gratificações generosas. No entanto, o amor, a brincadeira, o contato pele a pele, a pura satisfação que nossos filhos nos devolvem têm o infeliz efeito de diminuir a libido ainda mais. Naqueles momentos de nossas vidas em que nossos filhos estão nos dando tudo o que sempre quisemos é alguma surpresa o fato de não querermos mais? Na questão do amor, estamos repletas, com nossas reservas de amor transbordando. (E isso, incidentalmente, pode ajudar a explicar por que as mulheres que abrem mão de seus empregos para cuidar de seus filhos o dia todo com a esperança de que terão mais energia para seus parceiros, inclusive mais energia sexual, ficam tão decepcionadas.)

Quando tudo que há para ser discutido é trazido à tona, pode ser que este não seja um argumento forte para uma divisão mais igualitária do trabalho da paternidade. Em famílias em que o pai e a mãe dividem igualmente as tarefas, a participação em todas as outras coisas – principalmente no que inclui o sexo – também será mais igualitária. Nas famílias em que isso não acontece, o risco de um desejo sexual desigual será mais alto. E esse risco, como qualquer outro impedimento estrutural para o bem-estar de um casal, desde uma sogra problemática a um financiamento de casa difícil, precisarão ser controlados com cuidado. A vida com filhos pequenos é um caso de controle de prejuízo sexual, e quanto mais cedo os dois lados a aceitarem como uma realidade temporária, melhor.

Os anos de maior dificuldade para os pais com filhos pequenos duram até que as crianças estejam na escola em período integral. No mínimo, com cinco anos de idade. Mais cedo ou mais tarde os bebês crescem, o caos da fase inicial passa e a noite de sono volta. Mas a fadiga pode continuar. Muitas mulheres percebem que assumir o trabalho não remunerado dentro de casa, o que parecia uma opção sensata quando estavam cuidando dos filhos, em algum momento do caminho transformou-se em uma bola de ferro e em uma corrente que elas carregam para todos os lugares, mesmo na força de trabalho em período integral.

O impacto disso na libido tem dois lados. O primeiro é a fadiga. O segundo, o ressentimento. Muito dever e nenhum prazer faz com que Maria se sinta tão *sexy* quanto um par de meias sem elástico. As mulheres que estão nessa situação não ficam com raiva, ficam apáticas (ou assim acreditam). Se não podem dizer "não" às exigências da vida doméstica, ou a seus filhos, ou a seus chefes, ou ao roteiro social que as obriga a servir ou a sentir a culpa – dirão "não" quando sentem que podem fazê-lo: na cama.

A ironia, é claro, é que "ficando apáticas" – que não é uma reação proposital, é bom que deixemos isso bem claro – tais mulheres têm ainda mais prejuízos. Elas privam seus parceiros do prazer sexual, é verdade. Mas nos últimos tempos, também têm privado a si mesmas. Independentemente do que saibamos ou não sobre a libido, está bem claro, como já vimos, que com o tempo, quanto menos sexo uma pessoa faz, menos ela vai querer fazer. Celibato gera celibato. Apesar de costumarmos chamar o sexo de "desejo" (que soa incontrolável e excitantemente urgente), no contexto de um relacionamento de longa data o sexo é também um hábito. As mulheres que abandonaram esse hábito sem dúvida não estão com tanta vontade, mas certamente também não estão completamente vivas.

•

Antes que comecemos a entender o que as mulheres querem do sexo, pode ser que precisemos fazer algo bastante ousado: perguntar a elas. Um relatório publicado no *Journal of the American Medical Association* em 1999 demonstrou que 43% das mulheres americanas estão bastante infelizes com suas vidas sexuais, tendo recebido oficialmente o diagnóstico de "disfunção sexual feminina" (FSD – *Female Sexual Dysfunction*). A FSD é diferente de sua outra "irmã", a SAD, em um aspecto principal: é um autodiagnóstico. Uma mulher que "tenha" FSD, em outras palavras, nada mais é que uma mulher que decidiu que precisava de ajuda, com base em sua própria definição de sua própria experiência sexual (diferentemente da avaliação que seu médico ou seu parceiro possa fazer). A idéia ousada que está por trás da FSD é que as mulheres são capazes o suficiente de avaliarem a si mesmas – um ruptura tão enfática na tradição quanto o fato de a Igreja Católica permitir pessoas leigas celebrarem missas ou perdoar os pecados umas das outras.

Uma mulher que, considerando um autodiagnóstico de FSD, explica a jornalista do *New Yorker*, Rebecca Mead, "mede sua própria vida sexual usando como base o que vê, ou imagina, das vidas sexuais das mulheres ao seu redor, e julga se sua vida é como gostaria que fosse". Deixar tudo para a "imaginação" de uma mulher é preferível a deixar para a imaginação do médico. Todavia, é importante reconhecer que tais avaliações podem ser influenciadas pela cultura e pelo histórico dessas mulheres.

Como Carol Groneman nos lembra no livro *Ninfomania: Uma História*, a libido saudável de uma mulher é a patologia psicossexual de outra. Groneman cita o caso de uma devotada esposa da era vitoriana que procurou ajuda médica porque freqüentemente tinha fantasias e sonhos eróticos com outros homens. Qual foi o tratamento prescrito para ela? Uma dieta leve, um colchão de crina de cavalo, um enema diário, dois banhos gelados por dia e fazer a limpeza de sua vagina com borato de sódio. Ela teve sorte. Outras "pacientes" eram submetidas a procedimentos muito mais invasivos, incluindo a remoção de seus ovários e clitóris.

A *American Psychiatric Association* (Associação Americana de Psiquiatria) não abandonou o diagnóstico de ninfomania até 1987. Uma ginecologista de Sydney, Dra. Jules Black, ex-secretária geral da *World Association for Sexology* (Associação Mundial de Sexologia), diz que ela ainda atende pacientes que se descrevem como ninfomaníacas. Geralmente esse termo é usado por um ex-parceiro (quase sempre aquele que foi trocado por outro). "Os homens referem-se às mulheres com termos pejorativos – 'Ah, sim, você é uma ninfomaníaca' – só porque o desejo sexual dela é maior que o dele e ele não consegue dar conta da situação", diz Black.

Antes da era vitoriana – certamente durante a Antiguidade e na Idade Média –, a máxima de que as mulheres recebiam nove décimos do prazer no ato sexual era um fato aceito como verdadeiro. Mesmo nos tempos modernos, a medicina tem visto a sexualidade feminina como uma força potencialmente destruidora – um vulcão adormecido pronto para entrar em erupção e causar estragos diante da mais simples provocação. Alguns médicos do início do século XX chegavam até mesmo a evitar usar um espéculo – como se ele chegasse perto de ser um candidato a brinquedo sexual! – ou de administrar anestésicos durante o parto.

Paradoxalmente, o vibrador – aquele símbolo imprescindível da autonomia sexual feminina – foi originalmente criado para ser usado pelos médicos nas pacientes que sofriam de histeria (literalmente, desconforto do útero). De acordo com a historiadora Rachel P. Maines, autora de *The Technology of the Orgasm* ("A Tecnologia do Orgasmo"), antes da invenção do vibrador elétrico em 1902, os médicos eram forçados a tratar os sintomas do "desejo desenfreado" manualmente, ou por meio de cadeiras de balanço, "pás vaginais" de dar corda ou equipamentos massageadores a vapor.

Hoje em dia tudo isso parece um pesadelo causado por uma *overdose* de lubrificante sabor chiclete. Mas as tentativas modernas de "cura sexual" são indiscutivelmente não menos extremas e, com toda a sofisticação, apenas um pouco menos controladoras. É verdade, a fraternidade médica atual preocupa-se menos em reduzir o "desejo desenfreado" das mulheres enquanto nós nos preocupamos em induzi-lo – contanto que o desejo em questão seja para a relação sexual heterossexual. É verdade também que agora temos uma probabilidade maior de manipular as mulheres quimicamente, em vez de mecanicamente.

Rebecca Mead, entre outras, preocupa-se com as doenças derivadas de práticas médicas equivocadas como resultado da intensa atenção médica à sexualidade feminina, assim como à "hipersexualização da cultura contemporânea" – uma volta, talvez, às clássicas noções da lascividade feminina. É uma conclusão que qualquer pessoa que leia as revistas *Cosmo* ou *Cleo* ou suas equivalentes para adolescentes ficaria pressionada a refutar. (A capa de uma dessas publicações alardeia: *"Six Guys To Do Before You Say 'I Do'!"* [Seis caras com quem você deve transar antes de se casar!.) Mead também observa o aumento de "um subgênero importante de matérias sobre sexo" escritas para as mulheres cujos parceiros querem menos sexo do que elas. Sob as atuais circunstâncias, não é de surpreender que 43% das mulheres americanas estejam sofrendo de disfunção sexual, mas que 57% não estejam.

Percorremos um longo caminho – longo demais, algumas pessoas diriam – desde a bizarra teoria de Freud de que o orgasmo vaginal era o único meio psicologicamente viável para uma mulher atingir o orgasmo. Sendo assim, Groneman nos lembra "que as mulheres que achavam que o prazer que sentiam tinha origem em outro lugar" – ou seja, quase todas nós – "eram vistas como pessoas que alimentavam a agressão sexual e a hostilidade inconsciente em relação aos homens".

Podemos rir disso agora, mas durante grande parte do século XX essa idéia de "orgasmo de qualidade" era um assunto muito sério. Até mesmo uma filha do final do *baby boom*, como eu mesma sou, não escapou da armadilha do Grande Debate sobre o Orgasmo. Meu primeiro amante, e eu admito que ele era uma geração mais velho do que eu, informou-me logo que os orgasmos clitorianos eram – e eu uso as palavras dele – "mentirosos". Como a piada de Woody Allen da mulher que finalmente teve um orgasmo, mas que ficou sabendo por seu terapeuta que fora do tipo errado, isso teria sido hilário – se eu não estivesse, na época, com dezessete anos e tivesse acreditado nele.

Para parafrasear Larkin, "o clitóris foi descoberto/em 1953". Foi nesse ano que Alfred C. Kinsey publicou o livro *Sexual Behaviour in the Human Female* ("Comportamento Sexual da Mulher"), o livro que representou para a sexualidade feminina o que Copérnico representou para o sistema solar. (Kinsey preferia uma metáfora mais terrena. Ele se via como um tipo de Cristóvão Colombo do Clitóris, comparando a crença do orgasmo feminino atingido na penetração com a convicção de que a Terra era plana.) Kinsey empregou a mesma metodologia estranha de pesquisa para estudar a FSD. Ele realmente ouvia as mulheres. A conclusão a que chegou, por fim – de que o que as mulheres queriam, sexualmente falando, era a estimulação clitoriana –, pegou de surpresa milhares de leitores que estavam no caminho errado, principalmente aqueles da comunidade médica. (Entre as outras chocantes descobertas feitas por Kinsey estava a de que apenas 50% das mulheres eram virgens quando se casavam – sim, apenas! – e que uma em cada quatro delas mais cedo ou mais tarde trairia o marido.)

Em resposta à sentença de Freud de que o orgasmo vaginal era a única resposta sexual "verdadeira e madura" das mulheres, Kinsey disse que não existia o tal do orgasmo vaginal, mas "apenas um tipo de orgasmo", que era "acionado pela estimulação do clitóris e que envolvia contrações de todas as partes do corpo feminino, incluindo a vagina". Hoje, as provas clínicas confirmam o que Kinsey disse. Mesmo podendo variar muito de qualidade e intensidade, do ponto de vista neurológico, todos os orgamos femininos originam-se da mesma maneira.

Os sexólogos William Masters e Virginia Johnson continuaram de onde Kinsey tinha parado. O estudo realizado por eles durante onze anos, *Human Sexual Response* ("Resposta Sexual Humana"), publicado em 1966, tinha a intenção de ser um jornal técnico, mas rapidamente transformou-se em um *best-seller* internacional. Entre outras descobertas, eles revelaram que as mulheres sentiam "espasmos mais fortes de contração e um aumento do ritmo cardíaco durante o orgasmo sem a relação sexual, e principalmente durante a masturbação". Para muitas mulheres, em outras palavras, os orgasmos mais intensos eram os do tipo "faça você mesma".

Para as jovens mulheres que foram iniciadas no assunto assistindo às reprises de *Ally McBeal* e brincaram de jogos de sexo oral no ensino médio, O Grande Debate sobre o Orgasmo pode parecer tão antiquado quanto as "pás vaginais" de dar corda. As liberdades sexuais que suas mães e avós lutaram para obter são agora desvalorizadas. O padrão duplo de comportamento – como as anáguas – é uma curiosidade de outra época. Mas tornar-se livre o suficiente para transar como os homens transam (ou talvez como costumavam transar) é só metade da batalha. Além disso, eu suspeito, talvez seja a metade mais fácil.

O desafio que as feministas enfrentavam uma década atrás era alcançar um conjunto de direitos sexuais que garantiriam às mulheres a liberdade da expressão erótica. O desafio que as mulheres enfrentam hoje é aprender a gerenciar essa liberdade. É uma tarefa de desenvolvimento que, para cumprir, precisamos percorrer um longo caminho. Mas os homens também, e eles começaram com uma vantagem de várias centenas de anos.

Entretanto, alguns temas começam a aparecer com clareza. Um deles é que a liberdade sexual exige um grande autoconhecimento e uma grande auto-aceitação. A verdadeira liberdade sexual talvez não seja um caso de dizer "sim" para o sexo, mas de dizer algo muito mais difícil: dizer "sim" para si mesma. Nossas mães e nossas avós sentiam-se culpadas por terem desejos sexuais e por se deixarem levar por eles. Às vezes, parece que hoje não resolvemos o problema, mas apenas o mudamos de lugar. As mulheres e as meninas que se sentem culpadas por não se sentirem sexuais o suficiente ainda estão se comparando com outras pessoas, provavelmente alguém do sexo masculino. É por isso que a verdadeira liberdade sexual para as mulheres deve incluir a liberdade de atrasar o momento de fazer sexo, como fazem os adeptos de movimentos de abstinência, e a liberdade de dizer não ao sexo, e de fazê-lo sem culpa – em intervalos ou em fases da vida. Ser livre para expressar e demarcar limites sexuais pessoais tem de ser parte do acordo.

Assim como a liberdade de transcender limites, é claro, particularmente aqueles impostos arbitrariamente ou por ignorância (que costuma ser mais o caso) ou como uma maneira de controle.

Freud definiu uma seqüência de três estágios de desenvolvimento sexual nos seres humanos, começando com a "perversidade polimorfa" da criança (associada com a oralidade), passando para o estágio anal e culminando – triunfantemente – no estágio genital, no qual a sensação erótica localiza-se quase que exclusivamente no relacionamento pênis-vagina ("Insira a tomada A na entrada B").

Ainda em nível cultural, nos últimos quarenta anos, essa hierarquia de necessidades eróticas tem sido grandemente desmantelada. A relação sexual heterossexual não mais ocupa o lugar de soberana no ápice da sexualidade humana; não é mais o ato dominante, o modelo padrão seguido por todos os casais. (Será que a infame declaração de Clinton: "Não mantive relações sexuais com aquela mulher" teria soado tão falsa uma geração atrás? Duvido.) Para as mulheres, essa dispersão do que as teoristas feministas chamam de ponto de vista "falocêntrico" ou ponto de vista dominado pelos homens da sexualidade humana representa uma importante vitória.

Isso não é para sugerir que o sexo oral foi inventado em 1963. Tampouco o sexo anal, o masoquismo ou a masturbação – sem falar nas centenas de outras variações para o tema, as quais podemos chamar de "sexo extracoito". A novidade é como essas práticas têm se tornado comuns, classe média, quase doméstica. Os brinquedos sexuais, assim como os brinquedos para animais de estimação, estão disponíveis em qualquer *shopping center*. Para os homens e as mulheres jovens (mas especialmente para as mulheres), a sexualidade entre pessoas do mesmo sexo não só perdeu seu estigma, como também ganhou uma nova demão de *glamour*. As mulheres norte-americanas de cerca de trinta anos, por exemplo, têm o dobro de probabilidade de já ter feito sexo com outra mulher do que as mulheres de cinqüenta. A imperativa pós-moderna de "aceitar a diversidade" ganhou vida. Sob vários aspectos, isso representa um triunfo extraordinário.

Para muitas mulheres que cresceram na "geração sanduíche" dos anos 1960 e 1970, entretanto, a luta para definir uma sexualidade genuinamente centrada na mulher continua em andamento. "Todos nós que crescemos nesta cultura somos condicionados a pensar em 'sexo' como a relação sexual – que a pesquisa atual mostra funcionar muito bem para os homens, mas que com freqüência deixa as mulheres se perguntando: 'Não deveria haver algo mais?'", observa Gina Ogden, autora de *Mulheres Que Gostam de Sexo*. Se o objetivo da revolução sexual era acabar com nossas inibições – ou pelo menos derrubá-las –, então deu certo. Nossa sexualidade está menos reprimida do que em qualquer outra época de nossa história humana. Isso está claro.

O que está menos claro é se nossa liberação sexual, por todo o seu aumento, verdadeiramente melhorou nossa felicidade sexual... ou apenas diminuiu nossa ansiedade em obtê-la. A evidência é, na melhor das hipóteses, equivocada. Ser mais aberto e mais bem informado sobre sexo tem, sem dúvida, aumentado nossa consciência e intensificado nosso prazer. Mas o impacto de tudo isso em nosso bem-estar subjetivo parece ser mínimo. Como a feminista norte-americana Anne Roiphe já disse: "Apesar de o prazer, com certeza, proporcionar momentos agradáveis, toda essa história de orgasmo e ereção, a longo prazo não faz com que alguém sinta-se melhor em relação à vida, ao casamento e a seu corpo".

Se houvesse uma resposta para a pergunta: o que as mulheres querem do sexo, seria ir além da capacidade de controlar nossa própria sexualidade à tarefa mais ambiciosa de reimaginar a totalidade de nossa jornada sexual. Não o poder de pedir sexo à la carte – mas a oportunidade de reescrever o cardápio inteiro. Como vimos, nossa liberação sexual não tem sequer se traduzido em mais sexo, muito menos em sexo de melhor qualidade, muito menos em vidas melhores. Na verdade, o sexo não é a resposta. E isso, os revolucionários sexuais dos anos 1960 e 1970 entenderam errado.

Tradicionalmente, o sexo tem sido algo que os homens exigem e as mulheres dão – ou não. Para os homens, o sexo tem sido a principal fonte de prazer. Para as mulheres, tem sido a principal fonte de poder – e se formos honestas com nós mesmas, ainda é. As mulheres que escolhem não fazer política sexual, em seus relacionamentos ou no mundo, constituem uma pequena e subversiva elite. Elas costumam ser mulheres que não se importam em "pegar e segurar um homem", como se fosse um inseto interessante, geralmente porque conquistaram poder econômico suficiente para sair do jogo. Como a cantora pop Cher, elas se transformaram nos homens ricos com quem as mães queriam que elas se casassem.

As mulheres mais jovens que nos mostram que é possível fazer sexo "sem uma boa razão" – não de modo estratégico, sem procurar vantagem ou privilégio, sem conferir obrigação ou exigência – podem representar o próximo estágio em nossa evolução erótica. Mas parece duvidoso que isso se revele a etapa final. Como a felicidade em si, talvez, o "ótimo sexo" – do tipo que não nos tira momentaneamente de nossa vida comum, mas que fortemente a transforma – é um subproduto de um projeto maior e mais ambicioso.

Aceito e não aceito

"O casamento é como uma gaiola", Montaigne disse. "Os passarinhos que estão fora ficam desesperados para entrar, e os que estão dentro ficam desesperados para sair." Apesar de não ter visto muitos passarinhos desesperados para entrar em uma gaiola, acho que todos nós entendemos o que Montaigne quis dizer. E se parece que estamos ainda mais divididas em relação ao casamento atualmente, talvez seja simplesmente porque a gaiola tem uma porta-giratória agora.

O casamento – assim como os debates no rádio e a varíola – deveria ser extinto. Sua teimosa popularidade diante da sua intimidação ideológica, redistribuição econômica e retiro religioso é impressionante. Praticamente sinistra. Hoje podemos escolher entre uma variedade de alternativas mais praticáveis (coabitação, monogamia serial, ficar solteiro) sem estigma. Mas a maioria de nós, ao percebemos que temos a opção, decide entrar. Alguns de nós, de maneira quixotesca, ou simplesmente idiota, repetidas vezes.

Quem foi que disse que as mulheres são avessas aos riscos?

Nem mesmo minha filha de dez anos de idade acredita em Cinderela. Ela cresceu vendo a versão feminista, na qual um pobre, porém belo, rapaz é tirado da escuridão por uma poderosa princesa, e os três malvados meio-irmãos terminam a história como fadas. Sussy adora a Branca de Neve, mas se compadece de sua estupidez. ("Que idiota comeria aquela maçã?", ela pergunta pela milésima vez. Seu irmão responde amavelmente: "Ela permite que um esquilo lamba seus pratos. O que você espera?") Pensar que uma menina normal pode ficar sentada cantando para ratinhos e esperando a chegada de seu príncipe exige tanta imaginação quanto qualquer presunção típica da Disney – de elefantes voadores para cima. Acho que principalmente para uma menina que foi criada desde os seis meses de vida por uma mãe solteira alegremente monogâmica.

Por falar nisso, Sussy passou por uma fase tipicamente feminina alguns anos atrás. As pessoas que vinham a nossa casa ficavam espantadas ao vê-la, aos seis anos de idade, trajando um vestido de noiva miniatura com um véu, passando o aspirador de pó com determinação na sala. (A mãe dela estava em um relacionamento na época, escrevendo o livro *Wifework: What Marriage Really Means for Women* ("Trabalho de Esposa: O Que o Casamento Significa Para as Mulheres").

"Você não deveria... dizer alguma coisa?", minha prima Felicity cochichava para mim. Mas o que eu podia dizer? "Você esqueceu de passar o aspirador de pó no canto?" A Noiva continua sendo um ícone cultural tão forte quanto o Batman ou o Super-Homem, e é impossível manter nossos filhos longe deles, assim como é impossível mantê-los longe de armas, maquiagem ou comida industrializada. E quando ela apareceu no Halloween daquele ano usando o vestido de noiva e uma máscara inspirada na tela *O Grito* de Edvard Munch – "Sou uma noiva-terror, mamãe!", ela gritou –, vou ter de admitir que me senti vingada.

Por ser mãe de um menino, tenho tido muitas oportunidades de perceber que meninos pequenos raramente passam por um desejo equivalente de se vestir de noivos – ou, que seja, de passar o aspirador de pó na sala. A fase das fantasias de Bill aconteceu mais cedo, quando ele tinha cerca de três anos. Baseava-se em uma máscara de plástico do Super-Homem, que durante muitos meses ele usou tão fielmente quanto suas cuecas. Usava mais a máscara do que as cuecas, para dizer a verdade. Os problemas de identidade de Bill naquela fase de sua vida fariam com que os de Clark Kent parecessem piada. (Quando perguntávamos qual era o nome dele, ele respondia com firmeza, sem o menor sinal de hesitação ou ironia: "Super-Homem".) Ninguém sugeria, nem mesmo Felicity, que eu deveria "dizer alguma coisa" a Bill a respeito disso. Nunca pensei que o fato de ele se identificar com um super-herói pudesse ser prejudicial mais tarde. As ilusões de Bill a respeito de poderes sobre-humanos tinham a mesma relação com a realidade que as ilusões de Sussy a respeito da servidão subumana.

Mas a sobrevivência desses ícones culturais – o fato de eles terem entrado espontaneamente em um ambiente familiar que tem uma firme estrutura de regras não tradicionais – nos lembra quão fina é a linha que separa a vida familiar pós-feminista da divisão clara de tarefas realizadas pelos sexos: A Esposa que Cuida (A Noiva Que Usa o Aspirador) e o Marido Protetor (Cujos Problemas de Identidade Abrangem Tudo).

Todo mundo sabe que esses modelos são personagens inspiradoras nas vidas de casais modernos. ("Prepare seu Maldito Jantar", é o que está escrito no meu bloquinho de anotações, embaixo da figura de uma radiante esposa dos anos de 1950 apontando quase obscenamente para uma geladeira cheia. Adoro esse bloquinho. Procuro não deixar que a ironia de saber que eu o uso para fazer as listas de compras do mercado me atrapalhe.) Mas sempre ficamos aflitas em descobrir que entre o que sabemos e o que sentimos – que droga, entre o que sabemos e como agimos – existe um abismo enorme. Quarenta anos de feminismo conseguiram enfiar uma estaca no coração da Noiva do Terror. Mas assim como Glenn Close no final de *Atração Fatal*, ela sempre volta.

Uma geração atrás, o conceito de uma "noiva pronta" fazia tanto sentido quanto "um padrinho corado". O casamento, como um jogo amador de basquete, era algo para o qual uma garota era escolhida, ou não. As coisas não são mais assim. Hoje, não necessariamente esperamos ser escolhidas por nossos pares, como se fôssemos maçãs ou participantes de *reality-shows*. Quando o assunto é pedido de casamento, podemos dar o mesmo que recebemos – teoricamente –, e não há um lembrete mais enfático de como o equilíbrio de poder mudou. Ou balançou, pelo menos.

De acordo com uma reportagem do jornal nova-iorquino *Daily News*, quando Britney Spears pediu seu namorado, Kevin Federline, em casamento, em um vôo de Nova York para a Irlanda, ele disse não. "Fui pego de surpresa", o rapaz de vinte e seis anos explicou aos jornalistas. "Eu achava que era o homem que tinha de pedir a mulher em casamento. Então alguns minutos se passaram e eu fiz o pedido."

"E eu disse sim, é claro!", Britney ronronou.

Como mulheres, não precisamos mais que o casamento nos acorde sexualmente, que nos salve socialmente ou que nos dê suporte financeiro. Com um quarto a um terço dos bebês nascidos de mulheres solteiras nos países que falam inglês, é óbvio que não achamos que precisamos de um casamento para termos filhos. Então para que precisamos do casamento? Ou, sendo mais precisa, o que queremos dele? Porque as mulheres, em sua maioria, querem se casar –, principalmente as jovens, que nunca se casaram.

Por mais estranho que pareça, casar-se ficou *sexy* outra vez. De todos os inesperados efeitos colaterais da segunda onda do feminismo – do surgimento do metrossexual ao desaparecimento do cachorro da família –, este é provavelmente o mais ousado. O feminismo deveria ter libertado as mulheres das algemas do casamento, e não tê-las mandado atrás de um novo par de correntes para os pés.

Mas como a jornalista Anne Kingston diz no livro *The Meaning of Wife* ("O Significado da Esposa"), as mulheres estão devorando anúncios a favor do casamento que fariam Jane Austen[1] corar, desde lindas revistas de noivas aos horríveis manuais do tipo Como Agarrar um Homem (e meu preferido é *How to Get a Husband after 35 Using What I Learned at Harvard Business School* ["Como Conseguir um Marido depois dos 35 Anos Usando o que Eu Aprendi na Escola de Administração da Harvard"]). Das confissões ousadas da criadora de *Bridget Jones*, Helen Fielding, até os totalmente insanos Dra. Laura e Dr. John T. Molloy, autor da bíblia dos anos de 1980 *Dress for Success* ("Vista-se Para o Sucesso"), e que tirou o excesso de pano para se encaixar no espírito de 2003 com a publicação de *Por que os Homens se Casam com Algumas Mulheres e Não Com Outras*. "Se uma mulher quer mesmo encontrar um marido", Molly aconselha, com seriedade, "ela deve namorar homens que estão na idade de assumir compromissos."

Os Estados Unidos pós-11 de setembro estão obcecados com a indústria das esposas, como Kingston diz. Isso não surpreende. Afinal de contas, nada como uma iminente ameaça de Armagedon para fazer as pessoas correrem para a segurança de valores conservadores. O que surpreende é como uma geração dominada pelos filhos do divórcio consegue usar as palavras "casamento" e "segurança" na mesma frase.

---
1 Jane Austen: nascida em 1775 em Hampshire, Inglaterra, foi uma das maiores novelistas de seu país, tendo escrito seu primeiro romance aos catorze anos de idade.

"Acordo de manhã, olho para minha aliança e penso: que legal!", Britney diz. "Adoro limpar a casa, de verdade", ela acrescenta (apesar de não parecer que alguém tenha perguntado), e "Estou aprendendo a preparar as saladas que minha mãe faz". Kingston fala sobre um artigo que apareceu na *Elle* do Canadá em 2001 no qual as mulheres jovens são aconselhadas a procurar trabalho nas "glamorosas indústrias" gerenciadas por homens ricos. (Espere aí. Isso não abrange todas as indústrias?) "Casar bem é o melhor meio de evitar o trabalho", *Elle* aconselhava suas jovens leitoras, "e empregos requintados podem abrir as portas para isso."

Na minha época, os ídolos adolescentes estavam sempre muito ocupados fazendo sexo grupal sem camisinha para se preocupar com o preparo de saladas. "Que legal" estava para o casamento assim como "que gostoso" estava para o achocolatado Quick – ou seja, não faziam tal comentário. As pessoas ainda se casavam naquele tempo, mas elas eram pessoas bem tristes: os caras vestiam camisas de manga curta com canetas nos bolsos e as meninas faziam permanentes em casa. O pessoal mais moderninho ou andava junto ou então maneirava nos enfeites para andar no meio das outras pessoas. Eles se casavam descalços, ou na praia, como se o casamento fosse algo divertido, como nadar pelado ou tomar sorvete de casquinha.

Ou então era assim que eu via as coisas. Na verdade, o casamento naquela época – nos anos de 1960, 1970 e 1980 – ainda era uma "opção padrão". Hoje, os índices de produção mostram uma queda brusca na Indústria da Esposa. Apesar de a aura ao redor do casamento estar mais colorida do que nunca, cada vez menos pessoas entregam-se aos laços matrimoniais nos dias de hoje. Mas o que percebemos é que os passarinhos batendo suas cabeças contra a porta do lado de fora da gaiola são mais numerosos do que nunca.

Nossos sentimentos em relação ao casamento são, na melhor das hipóteses, ambivalentes. Mas não nossos sentimentos em relação às festas de casamento. Na Austrália, por exemplo, onde as noivas têm, em média, vinte e oito anos de idade – o que significa que entre as mulheres mais estudadas da classe média, trinta e poucos anos é provavelmente a idade mais comum – e 40% das mulheres nunca se casarão (apesar de que apenas uma parte desse percentual o fará por escolha própria), a indústria das festas de casamento só cresce. Apesar de os vestidos com saias cheias de enfeites parecidos com suspiros e de as enormes caudas estarem fora de moda, gastar até 5 mil dólares em um vestido de noiva é normal, de acordo com Glenn Findlay, fundadora da Australian Bridal Services. As damas de honra perderam espaço, mas uma gama de acessórios apareceram para pegar o lugar delas, desde o clareamento dos dentes aos implantes de silicone. "Há noivas que precisam melhorar sua aparência", Findlay admitiu timidamente para a revista *Age* em fevereiro de 2004. Afinal, "é o dia delas".

O casamento australiano normal de 15 mil dólares é considerado uma barganha. No Reino Unido, onde os casais freqüentemente gastam duas vezes esse valor, cada vez mais noivos estão fazendo contratos de casamento para não correrem riscos. O financeiro, em especial. A empresa Marks & Spencer tem até uma cláusula que oferece um reembolso no caso de terapia familiar.

Ao mesmo tempo, os números mostram que cada vez mais jovens mulheres estão adiando o casamento, ou evitando-o (ou perdendo a oportunidade – as estatísticas não mostram as variações). Nos Estados Unidos, onde os índices de casamentos são agora os mais baixos da história, o número de donas de casa aumentou um terço nos últimos quinze anos. No Japão, nesse mesmo período, aumentou 50%. No Reino

Unido, o *Office for National Statistics* (Repartição Pública de Estatísticas Nacionais) prevê que, no ano 2020, um quarto de todas as inglesas será composto por solteiras (e presumindo, um quarto também dos homens, apesar de que eles nunca colocam as informações dessa maneira). Os índices de casamentos na Austrália são os mais baixos dos últimos cem anos. "Quem Precisa de um Marido?", alardeava a capa da revista *Time* de agosto de 2000, embaixo de uma foto das estrelas do seriado *Sex and the City*. Quatro anos depois – com a revelação apocalíptica que, entre outras, a solteira Carrie Bradshaw precisava –, começava a parecer que a *Time* tinha feito a pergunta errada. Talvez não fosse uma questão de quem precisava de um marido, mas de quem queria um. Como um par de sapatos Manolo Blahnik.

Os observadores que profetizaram que a instituição do casamento estaria extinta hoje em dia fizeram um comentário alarmante. Mas estavam errados. Parte do erro, estamos começando a entender, foi acrescentar mais lógica a uma proposição não linear. Achar que as pessoas só se casarão sob circunstâncias em que faça sentido se casar é como achar que as pessoas só trabalharão se não tiverem comida de graça.

Sem dúvida alguma, o casamento tem uma base econômica. A teoria de que a monogamia se baseia na permuta de recursos reprodutivos por recursos materiais é correta. Mas não vai muito longe. Há uma analogia com o trabalho que é instrutiva. Trabalhar tem a ver com "receber dinheiro". Mas as pessoas que não precisam trabalhar, porque têm outros meios de sustento, trabalham mesmo assim. E fazem isso aos montes. Em parte, é uma questão de quanto é o suficiente – todos nós sabemos que as famílias que reclamam que precisam trabalhar muito trabalham porque, caso contrário, como é que vão conseguir juntar o dinheiro para aquela viagem anual para a Europa/aquela casa de veraneio/as mensalidades da escola? Mas em parte também é verdade que o trabalho oferece outras gratificações menos palpáveis. Amigos, por exemplo. Estímulo. Uma sensação de realização e propósito. Uma desculpa para usar maquiagem.

Se nenhum de nós precisasse trabalhar por causa do dinheiro, conseguiríamos ver esses "fatores de motivação" com muito mais clareza. Provavelmente descobriríamos que o que antes víamos como benefícios extras podem ter um lugar mais central, que nunca percebemos, na nossa existência como trabalhadoras.

Algo parecido acontece com o casamento hoje em dia. As mulheres precisam cada vez menos do casamento; o artigo da revista *Time* estava certo sob o seguinte aspecto: uma mulher com renda fixa, um bom plano de saúde, um bom plano de previdência e acesso a um banco de esperma precisa tanto de um marido quanto um peixe precisa de um carro. Mas a necessidade, como vemos agora, era só uma parte da história. Agora que tudo está esclarecido, precisamos ver se os benefícios extras do casamento eram tão desprezíveis. Quem sabe? Talvez o extra seja o mais importante.

Seja pela ilusão, negação ou pelo desejo de destruição, até mesmo as mulheres mais poderosas continuam a citar o casamento, ou pelo menos um relacionamento tão estável quanto um casamento, como uma das prioriades da lista contemporânea de desejos, perdendo apenas, talvez, para a felicidade em si. Mais estranho ainda, porém, é que a crença de que o casamento traz felicidade não é uma completa superstição. Mesmo com o tempestuoso estado da união matrimonial nas últimas quatro décadas, e com um índice de divórcios que oscila entre 35 e 50% no mundo ocidental, pesquisas mostram que a satisfação com o casamento é um sinal de satisfação com a vida. Ter um casamento feliz não é um componente necessário da felicidade para os adultos, principalmente para a mulher, como os índices das pesquisas que mostram a vida feliz de muitas mulheres solteiras podem provar. E é possível ter uma vida satisfatória mesmo dentro de um casamento cheio de problemas, principalmente para os maridos, como bem vemos. Mas em casamentos satisfatórios, as vidas dos homens e mulheres que fazem parte deles parecem, inevitavelmente, incorrigivelmente, boas de viver. Um bom casamento, em outras palavras, é um fator de risco para uma vida boa.

Nesse aspecto, o casamento é bem diferente de se rasgar uma bolsa Prada (mas estragar uma festa de casamento pode ser bem parecido). Apesar de a maioria de nós não pensar no assunto de modo tão analítico até que seja tarde demais, casar e estar casado são dois estados completamente distintos. Um é um rito de passagem intrinsicamente excitante. O outro é uma passagem já concluída, intrinsicamente não excitante.

Já vimos que a maioria das pessoas costuma valorizar demais o grau de felicidade que as experiências intensas, positivas e únicas geram. Essa "ilusão de ótica" ajuda a explicar por que as festas de casamento são tão valorizadas, tão elaboradamente planejadas e coreografadas em comparação com o casamento em si, que freqüentemente continua, perigosamente, não sendo analisado. Mas a festa de casamento não é o que nos transforma, a não ser no aspecto legal – e eu não estou nem aí para o fato de sua *lingerie* ser maravilhosa. Casar-se não traz uma felicidade mais duradoura que ter um filho ou se divorciar. Estar casado, por outro lado, pode trazê-la.

Uma pessoa não pode tomar conhecimento da literatura e negar que a felicidade, assim como o diabo, é um problema desconcertantemente banal. A filósofa Hannah Arendt observou, há muito tempo, que a maior parte da tristeza do mundo, longe de ser um mal repentino, era uma mistura de fracassos prosaicos. Ela disse que o mal era um anticlímax – perpetrado pelas pessoas mais comuns agindo de acordo com seus impulsos mais conhecidos. Talvez, paradoxalmente, a felicidade também o seja. O que nos deixa felizes por mais tempo, e mais verdadeiramente, é quase decepcionantemente simples. Comer, beber, fazer sexo, dormir e – sim, em muitos casos – viver em um estado que os pesquisadores romanticamente chamam de "em pares", seja no casamento ou em seu equivalente moral.

As tendências sociais que sugerem – ou melhor, que "reclamam" – que os jovens estão tendo cada vez mais dificuldades para manter um casamento ou qualquer outro tipo de relacionamento íntimo e verdadeiro precisam ser levadas a sério. Não é a ética de nosso fracasso geral de assumir um compromisso que está em pauta, nem o impacto no conceito nebuloso de "valores familiares" de alguém. Eu diria que não são nossas almas mortais que estão na mira, mas algo muito maior. Refiro-me, é óbvio, à nossa capacidade de nos divertirmos.

De acordo com um estudo de 2002 realizado pela UK Future Foundation, existem agora mais pessoas solteiras e casas com apenas um dos pais do que qualquer outro tipo de família. Viver sem um parceiro, em outras palavras, agora é o mais comum no Reino Unido e no mundo desenvolvido. Na Alemanha, por exemplo, o número de pessoas solteiras entre vinte e quatro e quarenta e cinco anos de idade que moram sozinhas aumentou 500% desde 1960.

A boa notícia, segundo os observadores, é que os jovens não sentem mais a mesma pressão de se unir a alguém. Outros – incluindo qualquer pessoa que já tenha passado uma noitena companhia de duas ou mais mulheres com mais de vinte e três anos – discordam disso. Eles apontam o crescimento do "primeiro casamento", um fenômeno envolvendo um pequeno porém crescente segmento de casais jovens de classe média que se casam aos vinte anos, mas que se divorciam depois de alguns anos sem ter filhos. Os primeiros casamentos não existiriam em uma sociedade que fosse menos afligida pela compulsão por casamentos, observou a demógrafa Pamela Paul, autora de *The Starter Marriage and the Future of Matrimony* ("O Primeiro Casamento e o Futuro do Matrimônio"). Paul também diz que o primeiro casamento é uma oportunidade de aquisição de experiência para que os envolvidos a usem em futuras uniões – para o coração, um tipo de Categoria Juvenil de Futebol. Infelizmente, o alto índice de divórcios entre pessoas que já haviam se casado antes – 60% na última contagem – não dá muito apoio a essa teoria.

O número crescente de jovens nunca antes casados que se reúnem em grupos de interesses parecidos pode ser um mito. A idéia de que as pessoas agora obtêm intimidade e apoio de grupos de amigos que substituem a "convivência familiar" não pode ser sustentada pela pesquisa, segundo o psicólogo e crítico social inglês Frank Furedi, autor do livro *The Culture of Fear* ("A Cultura do Medo").

"Desde 1986, a proporção de solteiros ingleses que se encontram com seus melhores amigos todas as semanas tem caído", Furedi observa, "e as pesquisas mostram que as pessoas de trinta e poucos anos de hoje têm metade do número de amigos que seus conterrâneos tinham trinta ou quarenta anos atrás." Não é só o fato de estarmos casados ou morando junto com alguém que causa esse afastamento, Furedi sugere. Estamos cada vez mais cansados de qualquer relacionamento sério, seja ele com um chefe, um melhor amigo e até mesmo com um cachorro.

Mas enquanto uma mulher pode escolher viver avessa a riscos, outra pode escolher viver vulnerável a todos eles. Você precisa pensar, no entanto, por que notícias de pessoas que são solteiras e felizes continuam a ser manchete. Sasha Cagen tinha vinte e cinco anos, era "terminantemente solteira" e – pasme! – satisfeita com sua vida quando fundou o Quirkyalones, um movimento composto por "pessoas que estão dizendo não à tirania do namoro". Como o subtítulo do livro de Cagen, *Quirkyalone: A Manifesto for Uncompromising Romantics* ("Quirkyalone: Um Manifesto Pelos Românticos Descompromissados"), no entanto, sugere, os quirkyalones não são contra as possibilidades de uniões amorosas. Eles não se opõem ao casamento, mas ao na-moro – ou ao lado tolo do namoro. Na verdade, o objetivo dos quirkyalones é, definitivamente, ficar juntos de um modo quirky (diferente). Enquanto isso, eles procuram maneiras e meios de serem solteiros com dignidade. O fato de as mulheres precisarem de movimentos como esse para defender essa escolha de estilo de vida é revelador.

Na verdade, para a maioria de mulheres jovens, estar solteira não é uma opção de estilo de vida. É uma circunstância de estilo de vida.

Isso não quer dizer que não existam grupos por aí que promovam ativamente a vida de solteira como uma alternativa à vida de casada. Há muitos, assim como há muitos grupos que promovem ativamente mergulho em brejos e auto-amputação em série. *A American Association of Single People* (Associação Americana de Pessoas Solteiras) proclamou um feriado para solteiros como um tipo de veneno anti-Dia dos Namorados. Outros defensores do solteirismo pedem que as mulheres usem um anel de diamantes na mão direita como uma maneira de celebrarem seu estado de solteiras – que é mais ou menos como incentivar as pessoas sem filhos a vestir pijamas dos Teletubbies, ou pedir às pessoas que não bebem álcool que tomem água em garrafas de vodca. Existe um limite sutil entre "celebrar" e "protestar demais", e muitos desses grupos o ultrapassam.

É claro, uma pessoa poderia dizer exatamente o mesmo para aqueles grupos que insistem com a mesma estridência na superioridade moral do casamento. Não há como deixar de perguntar a si mesmo: se esse estilo de vida é tão estupendo, por que há tantas pessoas fazendo um esforço para vendê-lo? É importante perceber, também, que não vemos livros ou sites dirigidos por homens solteiros celebrando o tal do "somos felizes solteiros". Os homens não precisam ser convencidos, e não precisam de nenhuma instrução. Mas, acima de tudo, eles não precisam de nenhum tipo de "relações públicas".

Betsy Israel, autora do livro *Bachelor Girl: The Secret History of Single Women in the Twentieth Century* ("A Solteirona: A História Secreta das Mulheres Solteiras do Século XX"), diz que as mulheres solteiras (ao contrário dos homens solteiros) ainda são vistas como um grupo de interesse especial. Carolyn Dinshaw concorda. Dinshaw, diretora do *Center for the Study of Gender and Sexuality* (Centro de Estudos Relacionados ao Sexo e à Sexualidade"), da Universidade de Nova York (uma cidade na qual, de acordo com os números do censo, o número de mulheres solteiras ultrapassa os dois milhões), disse ao *New York Times* recentemente que ela achava que o termo "mulher solteira" estava "ultrapassado" porque ele "mostra a mulher solteira como um problema, como se o padrão fosse o casal, e me parece que ultrapassamos essa fase". Dinshaw tem razão demograficamente falando. Mas nossos conceitos ainda precisam se igualar aos nossos números. E mesmo os nossos números ficam menos claros quando os analisamos mais atentamente.

Apesar do tsunami de solteiros, os demógrafos ainda prevêem que mais de 85% dos adultos americanos se casarão em algum momento de suas vidas. (O interessante é que o grupo de pessoas solteiras que mais cresce é o dos divorciados.) Na Austrália e no Reino Unido, as previsões para o casamento são menos animadoras.

Mas a formação de casais, na forma de relacionamentos sérios, mostra pequenos sinais de enfraquecimento.

Na Austrália, por exemplo, ao mesmo tempo em que tem ocorrido um aumento no número de homens que nunca foram casados, a proporção de relacionamentos sérios mais do que dobrou nos últimos vinte anos. De acordo com o *Men and Women Apart* ("Homens e Mulheres de Lado"), um estudo da Monash University publicado em 2004, o casamento na Austrália está cada vez mais ligado à condição financeira, com grande parte do declínio ocorrendo entre os menos ricos – um modelo que tem ficado evidente em outros lugares do mundo desenvolvido. Nos Estados Unidos, por exemplo, metade das garotas que abandonam os estudos tem filhos sem casar. Entre as universitárias formadas, esse índice é de apenas 6%.

Já que estamos falando sobre nascimentos, uma outra tendência mostra que o casamento está ficando cada vez mais ligado ao nascimento dos filhos. (Não que ele nunca tenha sido. A ciência é clara a respeito desse assunto, mesmo que Hollywood nunca tenha sido: o bem-estar dos filhos é a razão para a monogamia. Foi só nos últimos cinqüenta anos dos últimos 500 mil que nos esquecemos disso.) Nos Estados Unidos, por exemplo, os casais casados atualmente contabilizam apenas 52% de todas as famílias – mas, dessas, 88% têm pelo menos um filho.

A verdade provavelmente não é que o solteirismo está ganhando da vida de casado – principalmente na classe média –, mas que ele representa uma nova e melhor fase (ou pelo menos alterada e mais duradoura) do desenvolvimento adulto que foi colocada entre a adolescência e o relacionamento sério. "Com pouca empolgação", escreve o autor de *Urban Tribes* ("Tribos Urbanas"), Ethan Watters, "adicionamos um estágio de desenvolvimento à fase adulta que vem antes do casamento – os anos tribais." A pa-lavra-chave aqui é "antes", não "no lugar".

O demógrafo australiano Bernard Salt sugere uma seqüência de desenvolvimento alternativa. Salts diz que, cada vez mais, a vida adulta será dividida em três estágios de relacionamentos seriamente monogâmicos: um parceiro pré-nupcial, com quem nos juntaremos para "viagens, diversão e sexo"; um parceiro reprodutivo, que dividirá conosco o tradicional pacote "casamento, aluguel e filhos"; e um parceiro pós-nupcial para os anos pós-maturidade, pré-cuidados-na-velhice. Se as previsões de Salt estiverem corretas, o relacionamento monogâmico – com ou sem o carimbo do casamento – continuará sendo uma característica central da vida adulta. O casamento tem poucas chances de desaparecer assim; simplesmente ficará mais diversificado.

Pessoalmente, acho que Salt quer dizer mais – e não só porque a história de meu próprio relacionamento é um livro sobre sua teoria. As previsões que insistem em dizer que muitas pessoas ficarão solteiras pelo resto de suas vidas não levam em conta o desejo incontrolável que os seres humanos têm de encontrar um par – os homens assim como (apesar de nem tanto) as mulheres. Estamos adiando, mas não rejeitando, a união. E há uma grande diferença. Pelo menos no mundo desenvolvido, parece que vemos a monogamia como Santo Agostinho via o celibato. "Senhor, dai-me castidade e continência... mas não agora!", ele rezava.

Você se lembra da explosão populacional? As previsões nos garantiram que ela também aconteceria. Mas agora sofremos uma crise mundial de fertilidade. Tenho idade suficiente para lembrar de prognósticos sobre a aquisição da casa própria. "Sua geração vai viver de aluguel o resto da vida", minha mãe disse-me em um tom pesado, com um leve toque de sarcasmo. Ela tinha escutado aquilo no noticiário. As notícias são assim mesmo. Mas a realidade, não.

Ter um Superamigo – como os quirkyalones chamam a pessoa em quem você confia para alimentar seu gato ou estacionar seu carro do outro lado da rua – deixa a vida melhor, é claro. Mas os amigos não substituem os parceiros, assim como não substituem os filhos, os avós ou os bichos de estimação. "Minha melhor amiga é como se fosse o meu marido", uma solteira satisfeita (alguém ousa dizer "presunçosa"?) disse a Liz Hoggard do *Observer* em fevereiro de 2004. Mas, de certo modo, isso não prova tudo? Se estar solteiro é tão bom porque é como estar casado – então, qual é a vantagem de ser solteiro? Se, por outro lado, a questão é que os casais não têm o monopólio de uniões sérias, íntimas, corretas e estáveis, não há nada a ser discutido. É claro que existem outras maneiras de se unir. Mas mesmo quando reduzimos o casamento a uma metáfora – um bom amigo é como um marido fiel ou, como uma de minhas amigas, uma mãe solteira, disse há pouco tempo, "minha mãe é mesmo minha esposa" – enfatizamos sua persistência como um ideal.

Ninguém em sã consciência diria que o casamento "faz" as pessoas felizes. A questão é que as pessoas falam nisso o tempo todo – até mesmo os pesquisadores que, apesar de suas credenciais acadêmicas, deveriam saber mais. As estatísticas realmente mostram uma relação clara e intercultural entre casamento e bem-estar subjetivo de modo geral. Mas também mostram uma relação clara entre casamento e divórcio. Então, o que isso prova?

O mal – e a depressão – está no detalhe. Por exemplo, sabe-se que as taxas de depressão são em geral muito mais altas para ambos os sexos entre os separados e os divorciados. Mas a figura de saúde mental conjugal é muito diferente para as mulheres do que para os homens. De modo estranho, o casamento parece proteger os homens da depressão independentemente da qualidade do relacionamento. Mas talvez não seja tão estranho. Falaremos mais sobre isso daqui a pouco.

Para as mulheres, por outro lado, o *status* civil por si só nos diz muito pouco. Para nós, a qualidade do relacionamento é no que está a ação. De acordo com dados do *US National Institute of Mental Health* (Instituto Norte-Americano de Saúde Mental), as mulheres mal casadas têm os níveis mais altos de depressão entre todos os grupos, homens ou mulheres, quer vivam juntos, sejam separados, divorciados ou nunca tenham sido casados. Como observamos em outro lugar, normalmente as taxas de depressão são duas vezes mais altas para as mulheres do que para os homens. Mas quando falamos de casamentos infelizes, as esposas são três vezes mais propensas do que os maridos a serem deprimidas, de acordo com as estatísticas da *American Psychological Association* (Associação Norte-Americana de Psicologia). Os homens, por outro lado, são mais propensos a ficarem deprimidos quando um relacionamento termina ou quando a parceira morre.

Linda Waite e Maggie Gallagher, autoras do livro *The Case for Marriage: Why Married People Are Happier, Healthier, and Better Off Financially* ("O Propósito do Casamento: Por Que as Pessoas Casadas São Mais Felizes, Saudáveis e Com Vidas Financeiras Melhores"), acreditam que "a razão pela qual encontrar uma esposa é melhor para a saúde do que encontrar um marido não é porque o casamento estraga as mulheres, mas sim porque os homens solteiros levam vidas muito desregradas". Elas têm razão. Não res-tam muitas dúvidas de que, de modo geral, os homens entram no casamento com um bem-estar muito mais baixo, apesar da histeria coletiva a respeito das mulheres solteiras sem pretendentes e desesperadas diante da possibilidade de seres comidas por alsacianos.

Outra pesquisa revelou que o casamento melhora muito mais o bem-estar entre homens e mulheres que são muito tristes quando solteiros. As pessoas que eram mais ou menos felizes solteiras continuarão sendo mais ou menos felizes casadas. Um estudo recente do psicólogo Ted Huston, da Universidade do Texas, constatou que casais felizes namoraram em média vinte e cinco meses. Os chamados *early exiters* – aqueles que se divorciaram depois de dois a sete anos – namoraram durante mais tempo (cerca de três anos), mas não apenas uma pessoa. Huston descobriu que os *early exiters* tinham uma propensão maior a ter "casos imprevisíveis" e a ver o casamento como uma solução para os problemas de relacionamento.

Talvez isso seja compreensível, dada a força da propaganda a favor do casamento que tem nos assegurado, há décadas, que bem-estar e casamento andam juntos como uma carruagem e o cavalo. Mas a mais recente pesquisa sugere que talvez estejamos colocando a carruagem na frente do cavalo – e ignorando o fato de as pessoas casadas serem mais felizes porque, para começo de conversa, as pessoas felizes têm uma probabilidade maior de se casar.

"A tristeza pode adorar companhia", observa o psicólogo David G. Myers, autor do livro *The Pursuit of Happiness* ("A Busca Pela Felicidade"), "mas a pesquisa sobre as conseqüências sociais da depressão revela que a companhia não adora a tristeza."

Um estudo realizado durante quinze anos e publicado em 2003 na *Journal of Personality and Social Psychology* revelou que a felicidade aumentava para o homem e para a mulher tanto antes quanto depois (que interessante!) do casamento, mas o aumento foi mínimo, cerca de um décimo de um ponto em uma escala de onze pontos. O autor do estudo, Richard Lucas, um psicólogo da Universidade Estadual de Michigan, interpretou essas descobertas como a descoberta do "ponto fixo" da teoria da felicidade: que os indivíduos têm um barômetro de satisfação pessoal preparado que regula o bem-estar a longo prazo, apesar dos obstáculos encontrados pelo caminho. Essas descobertas sugerem que pesquisas anteriores que pareciam mostrar o contrário – ou seja, que o casamento "criava" a felicidade – foram o resultado do que os pesquisadores chamam de tendência de seleção. Se as pessoas casadas dizem ser um pouco mais felizes do que as solteiras, como a pesquisa de Lucas mostra, pode ser porque aquelas que são casadas representam um grupo auto-selecionado de pessoas levemente mais felizes.

O estudo, que analisou os altos e baixos dos relacionamentos de mais de 24 mil participantes, também constatou que as pessoas que já estavam insatisfeitas com suas vidas antes do casamento tinham uma probabilidade maior de ficarem casadas. Especificamente, o estudo pediu que as pessoas dessem uma nota à felicidade que sentiam em uma escala de zero a dez. A maioria delas marcou entre 5,5 e 8. Mas as pessoas que eram casadas há menos tempo marcaram cerca de um quarto de ponto a mais. No ano anterior ao casamento (pense em paixão e muito sexo), essas mesmas pessoas de sorte sentiram um aumento de felicidade de uma quarta parte de um ponto. Imediatamente depois do casamento (pense em presentes e muito sexo), a mesma coisa aconteceu. Tudo isso soma dois terços de um ponto – um número considerável, quando pensamos que a maioria de nós dá um 2,5 a nossa felicidade. Por isso, os levemente mais felizes estavam mais propensos ao casamento. E a seqüência de eventos que levou ao casamento – namoro, casamento e lua-de-mel – consolidava essa vantagem.

Mas espere. Tem mais. Depois de dois anos de casamento, os níveis de felicidade dos casais voltaram exatamente para o patamar em que estavam quando os cônjuges eram solteiros.

Por falar nisso, Lucas também notou que muitas pessoas sofreram um aumento dramático e permanente nos níveis de felicidade com o casamento. Mas aqueles a quem o casamento ofereceu uma experiência arrebatadora ficaram igualados com aqueles que estavam traumatizados. Outra descoberta inesperada foi que aquelas pessoas que sentiram um aumento na felicidade nos três primeiros anos de casamento tinham mais propensão a continuarem até mais felizes nos anos seguintes. De acordo com Lucas, "os três primeiros anos de seu casamento vão mostrar quão feliz você se sentirá nos três, quatro ou cinco anos depois" – uma descoberta que ele acredita pode servir igualmente para relacionamentos parecidos com um casamento, entre pessoas que moram juntas e casais de homossexuais.

Mas e a satisfação conjugal a longo prazo? Os pesquisadores afirmavam antes que a felicidade conjugal, analisada durante a vida inteira de um casal, assumiria uma curva em forma de U: começando de um extremo, caindo durante os desgastantes anos de trabalho e constituição familiar e subindo outra vez na fase do ninho vazio em diante. Os estudos mais recentes, infelizmente, sugerem um modelo que parece mais um lance de escadas do que um U – descendo.

"Encontramos declínios na felicidade conjugal em todas as durações dos casamentos", concluíram os autores de um estudo nacional de dezessete anos de duração publicado no *Social Forces*, em junho de 2001, "e nenhum incentivo para um aumento na felicidade conjugal nos anos seguintes." Esse estudo, o mais abrangente de seu tipo, revelou que, em média, as quedas mais acentuadas de satisfação ocorrem durante os primeiros anos do relacionamento, e nos últimos.

Uma descoberta quase unânime em várias décadas de pesquisa é que os casais com filhos demonstram um nível mais baixo de qualidade conjugal do que aqueles sem filhos. Os filhos podem enriquecer incomensuravelmente as vidas das mulheres, mas também mostram uma tendência muito comensurável de causar aos relacionamentos adultos o que o parto causa em nossa região pélvica. E nada pode remediar isso.

O psicólogo Lawrence Kurdeck, da Wright State University, autor de um recente estudo confirmando (outra vez) o efeito erosivo dos filhos na qualidade do casamento, observa que "cuidar dos filhos pode resultar em tempo roubado do casamento".

E dar à luz aos filhos pode causar desconforto, também.

Ambivalente para sempre

Dá para viver feliz para sempre no casamento? É uma pergunta difícil. É quase certo que também seja a pergunta errada.

A felicidade conjugal e a pessoal são duas medidas diferentes – altamente relacionadas, certamente, mas diferentes. Temos de nos lembrar que ninguém estuda a "felicidade dos solteiros", ou a satisfação relacionada a ficar sem um par. É difícil imaginar que a maioria das pessoas que envelhecem sozinhas sentiria mais felicidade (ou menos tristeza) do que aquelas que encontraram um parceiro. E, de qualquer maneira, quem foi que disse que o casamento tinha de lhe fazer feliz? (Tirando a sua mãe, Walt Disney, a Igreja, o governo de Bush, os irmãos Grimm, a Dra. Laura...) "O casamento não tem de deixar ninguém feliz", diz, como num rosnado, o psiquiatra de Atlanta, Frank Pittman, autor de *Grow Up* ("Cresça"). "O que o casamento faz é lhe deixar casado."

Pittman, entre muitos outros observadores, diz que as ingênuas expectativas em relação à felicidade conjugal plena acabam com o bem-estar dos casais. Diante da alarmante porcentagem de divórcios, de 50%, já devíamos ter nos tocado disso. Poderíamos dizer que o principal problema enfrentado pelos casais atualmente é um excesso de cinismo. Mas estaríamos enganados, segundo Pamela Paul, autora de *Starter Marriage* ("Primeiro Casamento"). Paul diz que as pessoas que passaram pelo divórcio de seus pais, incluindo ela mesma, em vez de terem uma visão clara dos perigos e das realidades, podem correr o risco de sofrer de miopia conjugal. Na fase adulta, essas pessoas podem se sentir tentadas a curar as feridas da infância. "Queremos os tipos de casamentos com os quais sempre sonhamos, mas que nunca vimos", ela diz.

Alguém já viu?

Digamos que houve miragens. Muitas, inclusive. Nos Estados Unidos – o país com o maior índice de divórcios no mundo –, dois terços de todos os casais descrevem seus casamentos como "muito felizes". Poucos, no entanto, descrevem a si mesmos da mesma maneira. De acordo com dados do *National Opinion Research Center* (Centro Nacional de Pesquisa de Opinião) dos últimos trinta anos, 40% das mulheres e dos homens casados dizem que são pessoas "muito felizes". Esse é um fato que deixa os solteiros em desvantagem. Apenas um quarto deles diz ser feliz.

Por outro lado – e acho que já somam quatro "outros lados" até agora –, devemos lembrar que os solteiros não são necessariamente solteiros, como um grande estudo com 14 mil homens e mulheres realizado em 2003 pelos economistas australianos Michael Shields e Mark Wooden nos mostra. Um problema óbvio é que as pessoas que são casadas optaram por esse estado civil. As solteiras podem ou não ter feito a opção. Shields e Wooden descobriram que as pessoas que estavam solteiras devido a uma separação ou divórcio eram as menos satisfeitas de todos os grupos – principalmente as mulheres. Mas também descobriram que, quando o divórcio era concluído, os níveis de satisfação voltavam ao normal, e essas pessoas ficavam tão felizes quanto os outros solteiros. O que quer dizer, ainda menos felizes do que as casadas ou as que moram com seus parceiros.

Poderíamos pensar que as taxas mais altas de divórcio de hoje resultariam em um cenário de "sobrevivência dos mais felizes", no qual os muitos tristes tinham sido eliminados. Mas uma análise mais cuidadosa dos números, com o passar do tempo, revela exatamente o oposto. O efeito positivo do casamento na felicidade aparente tem perdido seu brilho nos últimos anos. Não poderia ser diferente, dado o grande peso extra que os casamentos de hoje têm de suportar: desde o aumento da desigualdade econômica ao aumento do conflito trabalho-família e às mudanças precipitadas nos papéis desempenhados pelos homens e pelas mulheres.

Uma pesquisa recente com base nos dados da General Social Survey mostra um declínio gradual na porcentagem de pessoas que afirmaram ter casamentos "muito felizes" de 1973 a 1988. Outro estudo, que comparava os casamentos em duas gerações de entrevistados, com a mesma idade nas épocas da pesquisa, revelou que os casais mais jovens tinham menos interação, mais conflitos e mais problemas de modo geral em seus relacionamentos. Sob um aspecto mais favorável, os pesquisadores dizem que uma queda na felicidade conjugal, evidente nos anos de 1980, parecia estar mais igual nos anos de 1990 (o que me faz pensar se meu segundo divórcio teve alguma coisa a ver com isso).

Um estudo publicado na *Journal of Marriage and the Family* em 2003 constatou que, entre 1980 e 2000, a felicidade no casamento e a taxa de divórcios mudaram pouco, mas que a qualidade da interação conjugal caiu de modo "significativo". Essas quedas foram associadas – e não "causadas", já que existe uma grande diferença entre os dois – aos casais que moravam juntos antes de se casar, às muitas horas de trabalho das esposas e às exigências dos empregos delas. As mudanças que ocorreram naquele período e que melhoraram a qualidade matrimonial incluíam renda extra – presumidamente possibilitada pelas "muitas horas de trabalho das esposas" –, mais igualdade na tomada de decisões e atitudes não tradicionais ligadas aos gêneros.

Esse estudo também revelou que, enquanto a satisfação conjugal de modo geral havia se mantido inalterada, as esposas estavam se sentindo um pouco mais felizes e os maridos um pouco menos felizes em relação aos seus estados civis. Os autores do estudo especularam que o trabalho doméstico era o pivô das duas mudanças. "O aumento na participação masculina nos afazeres domésticos parece ter diminuído a qualidade do casamento entre os maridos", eles disseram com uma expressão apática, "mas melhorou a qualidade do casamento entre as esposas." Uma enquete da CBS de 1995 parece ter confirmado essa interpretação. Ela afirmou que 63% das mulheres, mas apenas 49% dos homens, achavam que seus casamentos eram melhores do que os de seus pais.

No casamento, assim como em qualquer outro aspecto de nossas vidas, a felicidade pode ser operacionalmente expressa como a comparação da expectativa com a eventualidade. (Eu sei que já disse isso outras vezes.) Existem duas implicações aqui. A primeira é que, se quisermos ser felizes em nossos casamentos, precisamos manter nossas expectativas, se não realistas – devido à grande estagnação existente no mundo –, ao menos próximas da realidade. A segunda é que precisamos dedicar uma boa dose de energia analisando as realidades do casamento antes que essas realidades comecem a nos analisar. Caso contrário, não conseguiremos saber o que é ser "realista".

Mas não ajuda em nada saber que a paixão inevitavelmente traz aquela ilusão de que "nós não somos assim, querido". A crença de que o relacionamento atual é a única exceção à regra da vida não é, infelizmente, a melhor maneira de começar uma análise da realidade. Para a maioria de nós, apai-xonar-se é a parte fácil. (É também a única fonte de emoção positiva que os seres humanos experimentam, sem exceção. Nem mesmo sair para comprar sapatos se compara a isso.) O problema é a esperança de que continuaremos apaixonados, também conhecida como a Mentira da Paixão.

A pesquisa realizada por Ellen Berscheid, da Universidade de Minnesota, mostrou exatamente a mesma coisa que meu primeiro casamento: "que deixar de valorizar a limitada meiavida da paixão pode estragar um relacionamento". Frank Pittman acredita que "nada tem causado mais infelicidade" nas relações contemporâneas "do que a idéia da alma gêmea". O psicólogo Joshua Coleman concorda. Coleman é autor do livro *Imperfect Harmony* ("Harmonia Imperfeita"), uma incisiva defesa do casamento "bom o bastante". "É um evento histórico recente as pessoas esperarem receber muito de seus parceiros", Coleman insiste.

Como já percebemos em várias ocasiões, a felicidade é uma construção relativa – e quem, ou o que, uma mulher escolhe para se comparar pode ser tão importante para seu bem-estar quanto qualquer critério objetivo.

Quando pensamos nas grandes esperanças que as mulheres têm em relação a seus casamentos hoje em dia em comparação com as de uma geração ou duas antes, seria surpreendente se não sentíssemos um anticlímax (na melhor das hipóteses) ou uma amargura (na pior). "O alcance de um homem devia exceder seu braço, pois, caso contrário, para que serviria o céu?", escreveu Robert Browning. Mas ele estava falando sobre poesia, e não sobre se unir a alguém para o resto da vida. Eu diria que quando o alcance de uma mulher está cronicamente além de seu braço, como é comum nos casamentos de hoje, o resultado fica mais próximo do purgatório. Para a maioria dos homens casados, por outro lado, o diferencial do alcance/braço é menor e bem menos problemático.

A pesquisa do sociólogo Ken Dempsey com um número de australianos brancos, com formação universitária e de classe média, publicado em 2001, sugeriu "fortemente" que "os homens geralmente estavam mais satisfeitos do que as mulheres em relação a seus casamentos". Dempsey descobriu que sete em cada dez homens casados queriam que seus casamentos continuassem a ser como tinham sido no passado, em comparação com apenas quatro entre cada dez mulheres. As mulheres nesse estudo não eram necessariamente infelizes. E não havia nenhum sinal de que elas desejavam estar solteiras. Mas tinham reclamações a fazer sobre o casamento. Muitas. Dempsey conta que uma mulher fez vinte e oito reclamações sobre seu marido, e muitas fizeram mais de dez.

Todos os itens suspeitos mais comuns estavam representados: desde a maneira com que o trabalho doméstico e o cuidado com os filhos eram divididos a como as necessidades íntimas estavam sendo satisfeitas (ou deixando de ser). De modo significativo, entretanto, as reclamações a respeito de "quem faz mais" eram muito mais comuns quando as mulheres sentiam que não recebiam atenção suficiente de seus maridos. Entre aquelas que disseram ter um bom nível de companheirismo e intimidade, e um bom apoio emocional de seus parceiros, a questão dos afazeres domésticos era menos problemática.

De modo geral, dois terços das mulheres estudadas por Dempsey fizeram pelo menos três reclamações a respeito de seus companheiros, em comparação com apenas um quarto dos homens que reclamaram. Os itens mais populares na lista de reclamações das mulheres foram: participação nos afazeres domésticos e nos cuidados com os filhos; participação nas atividades de lazer; nível de intimidade; qualidade na comunicação; capacidade mostrada pelo parceiro de ouvir os problemas pessoais. As mulheres ainda reclamaram que seus maridos estavam muito ocupados com os próprios interesses, deixando de tomar a iniciativa na organização de atividades em família, fazendo exigências demais dentro de casa e transferindo as responsabilidades para os filhos em vez de assumi-las no lugar deles. Apenas 4% das mulheres disseram sim ao responder se achavam que a divisão do cuidado com os filhos era justa dentro de seus casamentos.

Os homens, por outro lado, demonstraram menos vontade de exigir uma mudança, segundo Dempsey. E também mostraram uma tendência mais baixa a mostrar raiva ou irritação com o atual estado de suas uniões. Na verdade, em apenas um aspecto os maridos estavam menos satisfeitos do que as esposas, e você não ganha nada se adivinhar qual era esse aspecto. Isso mesmo: um em cada três maridos disse que se sentia incomodado pela "falta de interesse de sua esposa na relação sexual".

É claro que algumas esposas fizeram a mesma reclamação. Duas em cem, para ser mais precisa. Deixando o sexo de lado (que é exatamente onde muitas mulheres parecia querer que ele ficasse), uma impressionante marca de 75% dos homens concordaram com a frase: "Tudo que descubro de novo em relação a minha parceira me agrada". Mas apenas 47% das mulheres devolveram o elogio. Quando as mulheres tiveram de responder o que achavam mais gratificante: cuidar dos filhos, cuidar da casa ou dedicar-se ao seu papel de esposa (ou seja, cuidar de seu marido), míseros 12% responderam a última opção.

Dempsey descobriu que os maridos tinham uma probabilidade muito maior de se sentir "muito felizes" com o fato de estarem casados (67% contra 47% das esposas). Mas ele também descobriu que a maioria dos dois sexos disse estar feliz com seus casamentos. Para a maior parte das mulheres casadas, então, o desejo de mudança precisa ser entendido dentro desse contexto. Não é que o casamento seja algo ruim para as mulheres, ou que o papel de esposa não apresente uma melhoria com relação ao papel de esposa de uma geração atrás. Mas é que as mulheres querem mais, e até melhor. Talvez o mesmo tanto que os homens têm. Hoje em dia, seria difícil encontrar um homem que negasse isso (pelo menos publicamente). Mas também seria difícil encontrar um que estivesse tão comprometido com o objetivo da igualdade que colocasse em risco seu próprio bem-estar para garantir que ela fosse alcançada.

Como mulheres, precisamos parar de desejar o contrário e descobrir uma maneira de começar a fazer isso – sim, começar a fazer isso também, receio eu – para nós. Talvez sejam os vencedores que escrevem as histórias, mas são os perdedores que reformam a constituição, culturalmente falando. E provavelmente essa é a metáfora errada. Como vimos, as mulheres não perdem tanto com o casamento. Só não ganham a) tanto quanto gostariam; e b) tanto quanto os homens. Querer mudar – mesmo que seja um desejo forte – não é a mesma coisa que querer desistir.

O truísmo psicoterapêutico de que uma pessoa só pode mudar a si mesma (e não ser capaz de mudar os outros) é bastante injusto – e desafiadoramente verdadeiro. Conseguir fazer com que os homens se responsabilizem por si mesmos é como pedir a uma pessoa que tem insônia para que durma – ou então forçá-la a tomar remédios para dormir e achar que a curamos. Não há como "conseguir" que alguém seja independente, assim como não há como programar alguém para ser espontâneo.

Se você ainda está controlando a lista de afazeres... adivinhe? Ainda está no controle. Protestar com o famoso "se eu não fizesse tal coisa, tal coisa não seria feita" também não adianta. Se você parar de ajudar e ninguém se der conta, você aprenderá uma destas duas coisas: ou o que você estava fazendo era desnecessário; ou então era necessário, mas só para você mesma. E, no caso de você decidir continuar fazendo essa coisa, é para o seu próprio benefício, e de mais ninguém.

Duro? Talvez. Mas a verdade – como um corte – sempre dói. Minha própria epifania a respeito disso tudo aconteceu no fim de um relacionamento "parecido com um casamento". Considerando tudo, era um típico cenário de família recomposta. Nós dois trabalhávamos (apesar de que ele trabalhava umas horinhas a mais e ganhava muito mais dinheiro). Tirando o que pagávamos para alguém fazer, eu era a responsável por grande parte da faxina, 100% responsável por lavar as roupas, três quartos das compras e da comida e talvez 80% pelos cuidados com as crianças. Ele dava comida para nossos animais de estimação. Quando eu o lembrava.

Certo, acho que você está entendendo. Não é preciso dizer que brigávamos muito a respeito de quem fazia o quê, e que esse era um grande problema na nossa lista de afazeres como um casal. (Bem, na minha lista de afazeres; não acredito que ele tivesse uma lista dessas – o que, pensando bem, era só metade do problema.)

Acabamos nos separando, algo provavelmente inevitável. E não se engane: fiquei muito mal. Ele também – mas não do jeito que eu tinha pensado.

Eu tinha pensado – e com razão, acho – que ele sentiria falta do que "eu fazia para ele". Na verdade, eu tinha sonhos bem reais com isso. Sonhava que ele se sentia mal conforme a casa ia se transformando, um pouco mais a cada dia, em um risco à saúde. Sonhava que ele ficava desesperado ao olhar a primeira gaveta da cômoda em uma segunda-feira de manhã tendo a angustiante certeza de que a fada das meias e das cuecas nunca mais apareceria. Resumindo, embarquei no que chamo agora de Grande Desilusão do Táxi Amarelo: a ilusão de que assim que eu partisse, levando o aspirador e os panos de limpeza comigo, ele ficaria jogado, chorando e um pouco infectado, com o coração partido no meio da sujeira.

Para minha surpresa e irritação, nada disso aconteceu. O rompimento foi ruim para ele, e acho que posso dizer que ele sentiu minha falta. Mas não sentiu falta das coisas que eu fazia para ele. Nem um pouco. Como eu previra, a casa realmente transformou-se em uma maçaroca de equipamentos esportivos, embalagens de comida pronta e DVDs não devolvidos à locadora. Até aí, tudo bem. O problema é que ele não parecia se importar. Na verdade, acho que ele sequer percebeu.

Mas é claro que acabou percebendo. Acho que foi no dia em que os gatos começaram a achar que a mesa era a caixa de areia deles. Só que, quando ele finalmente se deu conta, não se jogou ao chão babando de remorso por não ter valorizado a mulher que tinha antes. Ele pegou o telefone e contratou faxineiras. Fez o mesmo em relação à comida. A fixação com a comida caseira foi algo que eu apresentei, como uma imposição. Quando fui embora, ele simplesmente voltou a comprar comida pronta quando não sentia vontade de cozinhar. Como uma pessoa normal faz. As roupas devem ter dado um pouco mais de trabalho. Eu não tinha tanta intimidade com a rotina da casa para descobrir, e certamente não ia perguntar (apesar de estar morrendo de vontade). Acho que a mãe dele voltou a passar suas camisas, como fazia quando eu o conheci. ("Mas ela quer passá-las", ele protestara com um levantar de ombros. O horrível nisso é que era verdade.) Não havia satisfação nisso. Só uma pontada de ciúme, sinceramente.

Tudo bem. Provavelmente você está pensando que tudo isso foi castigo suficiente para mim. Eu pensei o mesmo. Mas, conforme o tempo ia passando, o castigo só aumentava. Outra coisa que eu não tinha previsto era como minha própria atitude em relação ao serviço doméstico mudaria. Basicamente, assim que nos separamos, continuei fazendo tudo o que fazia e mais alguma coisa – porque, afinal de contas, até mesmo um homem preso no estágio de desenvolvimento da "ajuda" contribui com alguma coisa. Havia apenas uma grande diferença: não fiquei chateada com isso. Eu sabia com toda a certeza que o que estava fazendo era para "mim" (um pronome que sempre deveria vir entre aspas quando usado pela mãe de três crianças em idade escolar), ou porque eu queria, ou porque achava que devia – mas inquestionavelmente porque escolhi.

Eu me importava com a limpeza – pelo menos um pouco. Eu me importava em arrumar as camas, em guardar os brinquedos, em fazer uma bela compra semanal no mercado. Eu me importava em deixar o almoço "interessante" e em arrumar os temperos em ordem alfabética (brincadeira!). Ele, não. Meu desejo de que ele se importasse com tudo isso era compreensível. Mas agora percebia que era improdutivo. Até mesmo auto-sabotador.

Manter a casa do jeito que eu queria – que poderia ser traduzido como da mesma maneira com que minha mãe, uma dona-de-casa em período integral, mantinha a dela – realmente provou ser uma missão muito maior do que eu conseguia cumprir sozinha. Mas isso não era mais problema dele. Na verdade, nunca deveria ter sido. Minhas opções, de repente, ficaram dolorosamente claras. Eu poderia baixar minhas expectativas ou poderia buscar ajuda. No final das contas, fiz as duas coisas e sou a mulher feliz que você vê hoje.

Claro, também sou solteira.

•

Um casamento feliz não é, necessariamente, um casamento pacífico, é importante dizer – principalmente do ponto de vista de uma mulher. Na verdade, a evidência sugere que, para as mulheres, a raiva e o bem-estar geralmente estão ligados. A psicóloga Lesley Brody disse: "As mulheres que expressam a raiva em seus casamentos dando início a brigas com seus maridos demonstram um nível maior de satisfação dentro do casamento três anos depois do começo do estudo do que as mulheres que não colocam sua raiva para fora". Em outras palavras, as mulheres que sentem que podem ou que têm o direito de ficar bravas são mais felizes em seus casamentos do que as outras. Por outro lado, em casamentos muito problemáticos a expressão de raiva das esposas quase sempre é o que gera os abusos – muito mais do que a tristeza ou a angústia.

O que mais deixa as mulheres felizes no casamento? Uma pesquisa publicada na *Journal of Happiness Studies* em 2002 mostrou que uma diferença de idade positiva entre marido e esposa aumentava a satisfação de vida para os dois. Ou seja: quando o homem é mais velho, os casais são mais felizes.

Detesto isso. Também espero que seja apenas um efeito de período – ou seja: que alguma coisa mudará com as mudanças na esfera social mais ampla. Uma geração atrás, uma mulher que se envolvia com um homem só um pouco mais novo que ela era considerada uma anomalia cultural. (Minha própria mãe, por exemplo, que é apenas três meses mais velha que meu pai, ainda se envergonha por ser uma "papa-anjo", mesmo depois de cinqüenta anos de casamento.) Atualmente, e cada vez mais, o envolvimento com um rapaz mais novo é visto como um ponto positivo na lista de conquistas de uma mulher, ou em seu espartilho ou em algum lugar.

Mas o sexo recreacional é uma coisa, e o casamento é outra – e acho que muitas mulheres jovens relutam em buscar um candidato a marido muito mais novo. Na maior parte das vezes, um homem que possa ser classificado como "material de parceria" ainda costuma se adequar às antigas exigências da hipergamia (literalmente, do casar-se com homens mais ricos): ou seja, um pouco mais velho, um pouco mais rico e, sim, um pouco mais alto. E ainda nos perguntamos por que a igualdade é tão ilusória!

No entanto, a Lei de Ferro da Nupcialidade, que se pensava ser tão inexorável quanto a gravidade, está mostrando sinais de ferrugem atualmente. O mesmo estudo, por exemplo, mostrou que a satisfação das esposas estava inversamente relacionada ao tamanho da diferença de educação entre os parceiros: traduzindo, que os casais cujas qualificações pessoais eram mais parecidas tinham uma chance maior de serem felizes. Uma geração atrás, o contrário provavelmente seria verdadeiro. Isso é uma boa notícia para as mulheres no topo da pirâmide alimentar profissional que, sob condições de hipergamia estrita, teriam bastante dificuldade em encontrar alguém que fosse melhor do que elas com quem pudessem se casar. E já que estamos falando nisso, a estatística constantemente repetida de que as mulheres com diplomas universitários são as que menos se casam é completamente infundada. As qualificações de uma mulher atrasarão seu ingresso no casamento, por diversos motivos. Mas elas também diminuirão significativamente suas chances de ficar solteira pelo resto da vida.

•

Até agora, estamos fazendo generalizações que tendem a agrupar o casamento e as relações parecidas com o casamento. Na verdade, existem importantes diferenças. Uma delas é que os índices de parceiros que optaram pela coabitação têm aumentado muito nos últimos trinta anos. Nos Estados Unidos, por exemplo, o número de casais que moram juntos aumentou muito desde 1970. Em 1978, quando minha irmã mudou-se para a Flórida para "viver na pouca-vergonha" com seu namorado (com quem ela acabou se casando), meus pais chegaram perto de deserdá-la. Uma década depois – assim como muitas outras coisas que aconteceram em 1970 –, isso ficou mais comum. As pessoas aprenderam a dizer "parceiro" no lugar de "amante", graças a Deus, e se acostumaram com esse termo. (Tenho idade suficiente para lembrar de meus pais se referindo a alguém como "esposa perante a lei" – e, mais emocionante ainda, de saber que se referiam à minha bisavó.)

Hoje, a coabitação não é mais um assunto moral. Mas as perguntas sobre como a coabitação é equivalente ao casamento são mais importantes do que nunca. A resposta básica parece ser que, para as mulheres, de modo geral, as vantagens do bem-estar do casamento em relação à coabitação são significativas. A pesquisa repete diversas vezes: pessoas que moram com um parceiro são um pouco mais felizes do que as solteiras; e um pouco menos felizes do que as casadas.

Isso é interessante por diversos motivos – principalmente porque, sob vários aspectos, as mulheres que moram junto com seus parceiros parecem ser um pouco mais valorizadas por eles. Por exemplo, uma pesquisa publicada em 2003 pelas sociólogas australianas Janeen Baxter e Edith Gray constatou que os homens em relacionamentos *de facto* faziam muito mais tarefas domésticas do que os maridos (40% contra 26%), apesar de trabalharem fora um pouco menos. Em comparação com as mulheres em relacionamentos *de facto*, as casadas passam em média seis horas a mais executando os afazeres domésticos – quase o equivalente a um dia todo de trabalho – independentemente de filhos, atitudes atribuídas a cada sexo, educação ou qualquer outra variável. Outra pesquisa, paradoxalmente, mostrou que a ajuda dada pelos homens às suas parceiras com quem dividem uma casa é maior entre aqueles que têm intenções de se casar do que entre aqueles que não pensam em casamento.

Uma pesquisa inglesa publicada em 2004 na *Journal of Epidemiology and Community Health*, baseada nas respostas de 4.500 adultos, revelou que a coabitação trazia benefícios para a saúde mental dos homens – principalmente como uma opção à re-união – mas nem tanto para as mulheres. Especificamente, os pesquisadores descobriram que enquanto as relações mais longas eram melhores para a saúde mental de ambos os sexos, o bem-estar emocional dos homens aumentava com a coabitação e o das mulheres com o casamento: um efeito que, se verdadeiro, parece constituir uma lógica nupcial.

De todo os entrevistados nesse relatório, as mulheres que continuaram sozinhas depois do divórcio ou do rompimento de uma relação estável relataram níveis mais altos de prejuízo à saúde mental. (Apesar de não achar que a palavra "relataram" pode ser levada em consideração aqui.) Essas descobertas fizeram com que um observador, o Dr. David Katz, professor adjunto da saúde pública da Yale University, dissesse que "biologicamente, os homens preferem se envolver com uma série de parceiras com o passar do tempo com o intuito de propagarem seus genes", enquanto as mulheres "sentem-se melhor em relacionamentos duradouros e estáveis". Ah, por favor! E eu acredito que a biologia também explique por que, de acordo com o UK Office for National Statistics, 40% das mulheres divorciadas com mais de 65 anos são tão pobres que precisam de pensão do governo. A pesquisa em questão claramente demonstrou que ambos os sexos ficam mais satisfeitos em relacionamentos estáveis e duradouros – assim como uma gama de outros estudos. (Ela também demonstrou, incidentalmente, que as mulheres que ficavam solteiras a vida toda tinham um quadro excelente de saúde mental – especialmente em comparação com os homens solteiros.)

Outra pesquisa revelou que os parceiros que moravam juntos – tanto os homens quanto as mulheres – mostravam níveis mais baixos de descontentamento do que os casados. Mas ela também revela que essa diferença está diminuindo. Uma pesquisa australiana publicada em 2004 por Mariah Evans e Jonathan Kelley da Universidade de Melbourne demonstrou que a nota média de satisfação para as pessoas casadas era 74, em comparação com 71 para as que optaram pela coabitação. É uma diferença de quatro pontos percentuais. Pequena, sim. Cada vez menor, com certeza. Mas, ainda assim, significativa.

A questão é: o que isso quer dizer? É óbvio que a coabitação oferece menos segurança do que o casamento – um fato que a maioria dos pesquisadores diz que é mais forte para as mulheres, devido a uma combinação de fatores biológicos (ou seja, reprodutivos), econômicos e sociais. Quando o relacionamento acaba, é a mulher quem fica com o bebê no colo, literalmente. No clima de intensa onda de divórcios, descrita pelo historiador familiar de Princeton, Lawrence Stone, como nunca antes vista, o casamento pode ser um cabide no qual podemos pendurar nossa felicidade. Mas a coabitação é mais parecida com a flor do Poeta: o vento a leva embora. E é um vento forte. Em comparação com o casamento, o índice de fracasso dos relacionamentos *de facto* é até três vezes mais alto.

Apesar de a maioria dos casais em coabitação acabar se casando – e a maioria das pessoas casadas de hoje ter optado pela coabitação antes do casamento –, viver juntos não necessariamente aumenta as chances de felicidade ou de estabilidade conjugal. Na verdade, ocorre o contrário. A pesquisadora Claire Kamp, da Penn State, recentemente analisou dois grupos de casais que iniciaram suas vidas a dois morando juntos e que mais tarde se casaram: casais que optaram pela coabitação há trinta anos ou mais (em uma época em que apenas um em cada dez casais se "entregava à sem-vergonhice") e casais que fizeram o mesmo nos últimos vinte anos. Suas descobertas, publicadas na *Journal of Marriage and the Family* em 2003, mostraram que os dois grupos disseram ter menos felicidade conjugal e mais conflitos do que os casais que moraram separados antes do casamento. É difícil entender por que isso aconteceu, e a freqüentemente citada teoria de que "os maus hábitos formados na época em que os casais moravam juntos podem perdurar depois do casamento" parece pouco convincente.

Descobertas como essas são sempre atacadas por grupos a favor do casamento, como a Igreja Católica e a minha mãe. Mas pesquisas recentes sugerem que a diferença entre a felicidade das pessoas que vivem juntas e a felicidade das casadas têm pouco a ver com um "pedaço de papel". Até certo ponto, não é o que o casamento ou a coabitação traz que faz a diferença, mas sim as diferenças que os casais trazem para esses relacionamentos.

A pesquisadora Ruth Weston e seus colegas do Australian Institute of Family Studies (Instituto Australiano de Estudos da Família), cujo grande estudo "Premarital Cohabitation and Martital Stability" (Coabitação Pré-Conjugal e Estabilidade Conjugal) foi publicado em 2003, constatou que as pessoas que coabitavam antes de se casarem apresentavam características de predisposição ao divórcio. Em outras palavras, tais casais apresentavam uma probabilidade maior de ter pais divorciados, de ser menos religiosos, menos estudados e de falar menos o idioma inglês. E se você acha que esse é um perfil no qual a maioria das pessoas que você conhece se encaixa, talvez não fique surpreso em saber que na Austrália atualmente apenas 27% dos casais não viveram juntos antes! (Nos Estados Unidos, esse índice chega pertos dos 50%.)

A coabitação por si não apresenta risco de rompimento para os casais; as condições preexistentes que estão associadas à coabitação, sim. Uma vez que essas condições foram controladas, não houve diferença alguma entre as taxas de sobrevivência de casamentos "diretos" ou "indiretos" oito anos depois.

Por outro lado, para os casais em relacionamentos estáveis para quem "manter as portas abertas para novas oportunidades" é uma prioridade confessa, a felicidade e a estabilidade podem ser precárias para os dois envolvidos. Parece uma heresia cultural dizer isso, mas as opções funcionam como portas de geladeira: quando ficam abertas por tempo indeterminado, as coisas podem estragar. Como o sociólogo Bernard Farber disse há quase duas décadas, a tendência em relação à "disponibilidade permanente" no mercado da parceria praticamente é garantia de uma insatisfação permanente. E nem mesmo o casamento oferece muita proteção.

Quando "todos os adultos, casados ou não, continuam no mercado dos casamentos", diz o sociólogo Norval D. Glenn, da Universidade do Texas, "e as pessoas casadas podem ser atraídas para fora de seus casamentos se encontrar um parceiro 'mais desejável', o 'pedaço de papel assinado' transforma-se em nada mais do que isso". E o casamento em si é só mais uma maneira de partir para a sem-vergonhice.

Glenn acredita que os jovens – mais especialmente as mulheres jovens – ainda desejam se casar. Ele menciona as estatísticas que mostram que, por exemplo, 83% das universitárias concordam com a frase "Casar é um objetivo muito importante para mim". Existem evidências de que os jovens valorizam mais o casamento do que valorizavam nos anos de 1970 ou 1980. Uma recente pesquisa com jovens americanos mostrou que 80% concordavam com a frase "A menos que duas pessoas estejam preparadas para ficar juntas pelo resto da vida, elas não devem se casar".

Mas ainda existe a evidência de que as mulheres jovens têm uma tendência mais forte de ver o casamento como "apenas um tipo especial de relacionamento íntimo em vez de como uma instituição social", diz Glenn. Glenn classificou, por meio de entrevistas, as universitárias de acordo com "suas abordagens à felicidade nos relacionamentos" como hedonistas, individualistas ou altruístas em orientação.

A maioria, ele notou, era individualista; as altruístas e as hedonistas representaram, igualmente, 10%. Glenn considera isso como um mau presságio para o futuro do relacionamento dessas jovens, acreditando que é o altruísmo – colocar as necessidades dos outros antes de seus próprios desejos – que mais leva a casamentos harmoniosos.

Talvez ele esteja certo. Talvez o desejo das mulheres de se satisfazer realmente seja uma tendência preocupante. Para mim, no entanto, essa pesquisa parece dizer que as mulheres jovens querem se casar; elas só não querem ser esposas. E quem é que pode culpá-las por isso? Afinal, é bem provável que os homens jovens também não queiram ser "esposas".

O desejo das mulheres de serem servidas por seus relacionamentos, em vez de servi-los, inevitavelmente destruirá modelos estabelecidos de interação conjugal. Ou, devo dizer, continuarão a destruí-los. (Lembre-se de que as mulheres dão o primeiro passo em dois terços de todos os divórcios.) Os críticos neoconservadores que apontam com amargura para o aumento do "individualismo" na cultura contemporânea se esquecem de que, para as mulheres, isso é uma boa notícia – a compensação de um antigo desequilíbrio. O verdadeiro altruísmo só é possível quando a pessoa pode escolher o contrário. Sob quaisquer outras condições, é uma forma de extorsão.

•

Por falar nisso, o desejo das mulheres de encontrar autorrealização no casamento, ou por meio dele, é problemático a ponto de ser ilusório. A monogamia não é uma atitude baseada no sentimento, mas na sobrevivência – principalmente na sobrevivência reprodutiva. (Sem surpreender, "quanto mais as pessoas virem a realização própria, e não a reprodução, como o propósito da união, mais elas vão se divorciar", observa o psicólogo David G. Myers.) A felicidade nada mais é que um efeito colateral. E nisso eu concordo inteiramente com a observação de Norval Glenn de que as jovens de hoje sabem o que querem, "mas não têm a experiência de vida para saberem que a busca direta e egocentrista da felicidade não é a melhor maneira de alcançá-la". Isso acontece tanto no casamento quanto em qualquer outra área de atividade. Quando a felicidade vem – se vem – entra sorrateiramente pela porta dos fundos. Procurar a realização pessoal no casamento, talvez, seja um pouco como procurar a serenidade na maternidade. Parece ser lógico, até você tentar.

É importante distinguir entre o que um relacionamento pode "fazer" para nós e o que pode ser alcançado dentro do contexto de um relacionamento. Pessoalmente, não acredito que qualquer relacionamento, independentemente de quão protetor ou poderoso ele seja, possa produzir uma sensação de individualismo onde ela antes não existia. Entretanto, tampouco acredito que o casamento e a "realização egocêntrica" sejam objetivos mutuamente exclusivos.

O ponto de vista de que o casamento "exige que os papéis sejam assumidos – de marido e esposa –, se pretende durar", como Danielle Crittenden escreve em *What Our Mothers Didn´t Tell Us*, é, na minha mente, tanto deprimente quanto destituído de imaginação. E eu tenho uma boa companhia. O psiquiatra David Schnarch, autor do livro *Passionate Marriage* ("Casamento Apaixonado"), diz que os papéis assumidos são exatamente o que impede o florescimento dos casamentos atualmente. Assim como também disse o famoso poeta árabe, Kahlil Gibran. "Encham as xícaras um do outro, mas não sorvam de apenas uma delas", Gibran aconselhou, no livro *O Profeta*, aos parceiros que pensavam em se casar.

•

Dividam seus pães, mas não se alimentem apenas com um deles.

Cantem e dancem juntos e divirtam-se, mas permitam que os dois possam ficar sozinhos.

Pois até mesmo as cordas de um alaúde são separadas, apesar de tocarem a mesma música.

O casamento pode nos deixar muito, muito felizes exatamente pela mesma razão que pode nos deixar com muito, muito medo: porque ele tranca as portas de saída. Correndo o risco de simplificar demais — mas, ei, faço o que posso —, é uma questão de compromisso. A pesquisa de Mariah Evans e Jonathan Kelley, que analisava especificamente o efeito da estrutura familiar nos níveis de satisfação, confirmou esse palpite. Também descobriu, meio sem querer, que a seqüência da fridideira com óleo quente — um novo casamento logo depois de um divórcio — tinha uma probabilidade maior de prolongar a felicidade em vez de destruí-la.

Sendo eu uma reincidente conjugal, consigo entender isso. A vantagem do casamento em relação à coabitação é simplesmente que ele indica um compromisso mais público e visível. Eu disse "indica" — e não "é". Mas, no jogo da felicidade, a percepção não representa três quartos da luta? Aquela ilusão Eterna, mesmo dentro de uma cultura em que os primeiros casamentos são tão descartáveis quanto fraldas (e com a mesma improbabilidade de biodegradar-se), é mais para as mulheres, para quem as necessidades de segurança costumam ter um pouco mais de importância. Se os homens ficassem com os bebês e as mulheres com a superexperiência, isso poderia ser diferente. Mas não no atual momento de nossa evolução social.

Houve uma época, não muito tempo atrás, quando o que as mulheres queriam do casamento era simplesmente estar casadas. Na verdade, algumas ainda querem isso, se a epidemia de manuais sobre monogamia para leigos quer dizer alguma coisa — apesar de que continuo a esperar que a maioria delas os leia para dar risada, assim como eu.

De modo geral, os dias em que a mulher precisava dizer "aceito" antes de poder dizer "sou" são uma relíquia de nosso histórico social assim como as mesas de centro e os talheres dourados – e ninguém sente falta. Seja lá o que as mulheres querem agora do casamento não é a identidade, pronta como uma caixa de biscoitos. Agora, a maioria de nós entra no casamento com isso já pronto: graças à educação, trabalho, viagens e uma gama de relacionamentos anteriores, significativos ou não.

Um pouco mais de uma década atrás – se pudermos acreditar nas enquetes realizadas pelas revistas femininas como *McCall's* e *New Woman* –, a maioria feminina acreditava, ou talvez temesse, que "as esposas afogam uma parte importante de si mesmas". Que "você abre mão de uma parte de seu verdadeiro ser quando se casa". Não nos contentamos mais com isso. O que as mulheres querem do casamento – ou de qualquer outro relacionamento longo e sério – é encontrar maneiras de sermos mais quem somos, e não menos. E se isso é um pedido muito grande... que seja. É isso o que acontece quando temos parâmetros.

Nunca satisfeita

"Você nunca pode ter o bastante do que não precisa para ser feliz."

Eric Hoffer

Quando eu era adolescente, achava que o amor resolve-ria tudo. Com vinte e poucos anos, achava que o sexo resolveria tudo. Mas, beirando os trinta, achava que uma carreira resolveria tudo. Aos trinta anos pensava que o casamento resolveria tudo e então – quando não resolveu nada – passei a ter certeza de que a maternidade resolveria. Perto dos quarenta, depois de um período de certeza de que a terapia resolveria tudo, me convenci de que o divórcio resolveria tudo. Aos quarenta, tinha certeza de que uma outra casa resolveria tudo (e, francamente, a suíte chegou perto de conseguir). Agora, beirando os cinqüenta, imaginem minha surpresa ao descobrir que estou mais perdida do que nunca.

Mas, falando sério, pessoal.

Alguns anos atrás, percebi que a única solução que me restava era parar de procurar soluções. Não tenho muita certeza se isso significa que eu aprendi ou que desisti. Talvez a diferença tenha sido muito grande.

Na época do Natal do ano passado, fiquei surpresa com o número de catálogos e propagandas apresentando os presentes como "soluções". E fiquei mais surpresa ainda ao perceber como a metáfora era verdadeira. Para muitas mulheres – e Deus sabe que para mim também –, as festas de final de ano são um pouco como um caminho todo decorado e cheio de barreiras. A época mais feliz do ano, tão conhecida, é quase sempre um modo de derrubar obstáculos, progredir. De "arrasar", como, para meu horror, peguei-me dizendo para uma vendedora enquanto ela embrulhava minha última compra de Natal. Quem estava arrasando com quem?, perguntei a mim mesma depois. Era uma estranha mistura de metáforas religiosas: a mamãe na cruz.

A luta para "decifrar" o Natal, assim como a luta para "desvendar" a charada do que as mulheres realmente querem, está fadada ao fracasso. Quando falamos sobre felicidade feminina – ou sobre qualquer outro tipo de felicidade –, não existe uma "solução". Nenhuma Grande Teoria Unificada. Nenhum Santo Graal. Nenhum Intervalo Mágico que, se ao menos pudesse ser calculado, poderia segurar, no momento exato, os elementos essenciais da vida de uma mulher – as forças aliadas de amor e sexo, casamento e maternidade, amigos e família, carreira e chocolate.

Criar uma vida de realizações e sentido está dentro do alcance de quase todas nós. Mas insistir em uma solução monolítica só nos atrapalha a alcançá-la. Enxergar nossas vidas como um teste de múltipla escolha cujo gabarito foi perversamente escondido por forças ocultas – os homens, o dinheiro ou nossas mães – não é somente errado. É trágico.

Estamos acostumadas a falar sobre "escolhas" como se a simples multiplicidade de opções fosse tudo o que interessa. Estamos descobrindo como esse objetivo é vão. Como mulheres pós-feministas em uma idade "rica", temos sido praticamente assoladas, seduzidas a acreditar que Aquela Que Termina Com Mais Opções Vence.

"Só aquela que diz que não escolheu é a perdedora no final das contas", escreveu a grande pensadora feminista Adrienne Rich. Mas a liberdade de escolha, como estamos aprendendo, é só o começo. É o que as mulheres queriam antes – e nós, suas filhas, somos as grandes beneficiadas desse grande desejo realizado. O que as mulheres querem agora é a coragem de escolher sem medo, e a sabedoria para escolher bem.

"Mas não somos realmente livres!", algumas mulheres continuarão insistindo. "Não podemos escolher de verdade!" É claro que, até certo ponto, isso é verdade. Há circunstâncias que impedem nossa liberdade, ainda hoje. Provavelmente sempre haverá. Deus sabe bem que elas existem para os homens.

Isso não é mais o que poderíamos chamar de "opressão". Mas sim o que chamamos de "vida".

Visto a distância, parecia que os homens tinham tudo. Amor e trabalho, sexo e descanso, tempo com a família e tempo para o lazer. Essas coisas não eram exclusivas dos rapazes, então por que haveriam de ser para o resto de nós? "O homem nunca precisa escolher entre o trabalho e a família", dizemos com amargura.

Agora, olhamos de perto e percebemos que, na verdade, é uma escolha que todo homem precisa fazer. Só que de modo diferente. Certamente eles fazem de maneira mais automática, com menos angústia e ambivalência. Há milhares de exceções, mas a regra ainda é que os homens privilegiam o trabalho em relação à família, e as mulheres, a família em relação ao trabalho. Entre outras coisas, isso quer dizer que os homens "têm" suas famílias, mas não as controlam, necessariamente. Tudo bem, eles conseguem ter suas carreiras e ser Pais. O que eles não conseguem, e nós conseguimos, é ter suas carreiras e ser Mães. Esse é um dos pequenos detalhes que não notamos.

E, sim, eu sei que, ao dizer as coisas desse modo, estou perpetuando os estereótipos. Eu deveria ser mais disciplinada. Deveria dizer Principal Responsável e Segundo em Comando –

porque é o que quero dizer. Numericamente, o gênero ainda determina a distribuição desses papéis. Em termos qualitativos, é quase completamente irrelevante. Meu melhor amigo é um pai "Principal Responsável" que chama sua ex-esposa de Tia-Mamãe. Em outras famílias, existem os Tio-Papais. Para a maioria de nós, os papéis não se dividem tão definitivamente, graças a Deus. Casos realmente tão assimétricos são um pouco menos raros do que os casos de verdadeira guarda compartilhada.

E já que estamos falando sobre coisas incomuns, grande parte das estatísticas mostram que as famílias nas quais existe a guarda compartilhada de verdade somam de 10 a 20% do total. Eu costumava achar que esse número desprezível. Cada vez mais, agora, fico assustada com ele.

Por um lado, as pessoas geralmente escolhem parceiros que as completam em vez de parceiros que sejam parecidos com elas. Minha necessidade de ser protegida combina com sua necessidade de proteger. Seu lado emocional complementa meu lado racional. Sua desenvoltura com o aspirador de pó combina com a sujeira embaixo do meu sofá. Os casais que ganham bem, mas que não cozinham, podem se dar maravilhosamente bem graças ao milagre das comidas prontas. Mas, quase sempre, costumamos nos unir a pessoas que consigam fazer e talvez até gostem de fazer as coisas que não conseguimos ou não gostamos de fazer. Isso não é injustiça. É sorte.

A especialização dentro de um relacionamento pode ou não ser igual. Mas o fracasso em especializar-se é quase inevitavelmente ineficiente. O tempo e a energia gastos na negociação de quem faz o que podem ser mais do que os casais conseguem tolerar, principalmente quando os filhos entram na lista de afazeres. Não é nenhum segredo porque (relativamente) tão poucas famílias conseguem realizar o sonho da igualdade: sinceramente, é muito trabalhoso.

Por falar nisso, o que algumas mulheres querem agora são relacionamentos iguais, e conseguir isso exigirá tanto uma seleção prudente de parceiro quanto a disposição de continuar investindo energia no sistema – provavelmente, ao se tornar mães, para sempre. As mulheres que insistem em se casar "bem" – procurando ho-mens mais altos, mais velhos, mais ricos e mais bem posicionados – entrarão em uma batalha complicada e possivelmente invencível. Pense nos 10 a 20% de relacionamentos igualitários em nossa sociedade. Em quantos deles a mulher ganha mais, ou tem qualificações melhores, ou um emprego mais importante, ou pelo menos uma família mais rica Em quantas ela é só um pouco mais alta ou um pouco mais velha? Vejamos... Todas elas?

E as mulheres que mudam seus nomes para adotarem o sobrenome de seu parceiro – e isso ainda é comum (nos Estados Unidos, a tendência das noivas manterem seus nomes está aumentando, os pesquisadores nos dizem) – e depois reclamam que seus maridos ainda pensam que são os chefes? Tenho uma notícia para dar, meninas. Se você deixar que ele carimbe o nome dele em você, ele é o chefe. É fácil esquecer que essas escolhas também são feitas pelas mulheres.

Outra razão, provavelmente A razão, pela qual o sonho da igualdade ainda tem que se tornar realidade é simplesmente porque a maioria de nós, em nossos corações, não o quer de verdade. A vontade de continuarmos diferenciadas – uma vez chamada de "chauvinismo", ou, mais caridosamente, insuficientemente conscientes – ficou muito mais forte do que imaginamos. O que torna "uma mulher uma mulher" e "um homem um homem" não é tão importante quanto o que nos une como seres humanos, e toda aquela história, mas as diferenças, quer escolhamos reformulá-las ou voltar a embaralhá-las, ainda importam. Importam muito. A androginia, um pouco como o socialismo ou a amamentação, parecia muito mais interessante de perto.

Talvez isso explique por que as mulheres falam, quase como que se desculpando, em encontrar um "homem de verdade", como se a masculinidade fosse um vício do qual não se livraram, como uma fraqueza por *milk-shakes*. Isso não tira o sentido do feminismo, como algumas pessoas entre nossos críticos conservadores tentaram dizer. Mas sugere uma necessidade de reajuste. Talvez aprender a viver como iguais, não necessariamente equivalentes, seja a charada que os homens e as mulheres precisam desvendar agora.

Em uma recente pesquisa de rádio, as mulheres inglesas deviam dizer o nome do livro que elas achavam que tinha tido a maior infuência nas vidas das mulheres do século XXI. Seis em cada dez livros mencionados eram clássicos romances, incluindo Jane Eyre, *Orgulho e Preconceito, Middlemarch, Little Women* e *Tess of the D´Urbervilles*. *The Women´s Room*, de Marylin French, e *The Handmaid´s Tale*, de Margaret Atwood, também entraram na lista. Assim como o *Diário de Bridget Jones!* (Pessoalmente, achei esses resultados confusos e contraditórios. O fato de eles refletirem meu próprio gosto literário deixou tudo muito pior.)

A professora Lisa Jardine, em entrevista ao programa "Women´s Hour", da BBC, observou que muitos dos títulos citados pelas mulheres concentravam-se na "luta entre a realização pessoal e doméstica, entre querer realizar-se e saber que o maior objetivo de sua vida é um marido, uma família e uma casa".

Colocar "maior objetivo" e "marido" na mesma frase é o suficiente para me fazer arrepiar. Mas estaria mentindo – apesar de que sonhando é uma palavra mais adequada –, se negasse que o pacote homem-filhos-casa continua sendo o primeiro item da lista de desejo da maior parte das mulheres. Para a maioria de nós, a carreira juntou-se a esse conjunto, e não o usurpou.

Na Austrália, a maioria das jovens – 90% – pretende ter filhos, segundo uma recente pesquisa realizada pela socióloga Barbara Pocock, da Universidade de Adelaide (apesar das projeções demográficas indicarem que apenas 75% delas realmente realizarão esse desejo). A maioria das crianças e adolescentes entrevistados, de dez a dezoito anos, disse que constituirá uma família de renda dupla e que dividirá os cuidados com os filhos com seus parceiros. Mas quando os pesquisadores foram mais a fundo, encontraram claras diferenças entre os sexos. As garotas pareciam pretender trabalhar adequando suas responsabilidades com os cuidados com a casa e os filhos. Já os garotos esperavam fazer o oposto. Para eles – e para seus pais –, o trabalho vinha em primeiro lugar, e a "vida" vinha em seguida.

Pocock encontrou pouca evidência para o surgimento de Uma Nova Esposa Australiana – a intenção renascida de encontrar um marido rico e de ficar em casa com os filhos. Assim como as jovens não mostraram acreditar no mito da Mulher que Tem Tudo. Suas expectativas em relação a seus parceiros eram, quando existiam, baixas – ou seja, realistas. (Suas expectativas em relação as suas mães, por outro lado, eram completamente românticas, principalmente no que dizia respeito a oferecer cuidados e atenção totais aos netos.)

Quando foram questionadas a respeito de como imaginavam a divisão do trabalho doméstico em suas futuras famílias, as garotas com quem Pocock conversou mostraram-se igualmente resignadas – ou seja, realistas. Apesar de as garotas que trabalhavam assumirem um "discurso mais direto sobre a justiça", suas irmãs mais ricas alimentavam algumas ilusões – talvez "expectativas" seja uma palavra mais adequada – em relação a quem faria o que e para quem.

É como se essas jovens quisessem exatamente as vidas que suas mães tiveram, porém livres de insegurança e despidas do idealismo. O que é muito bom, se for possível. Não há como não sentir uma sensação de anticlímax em relação a tudo isso – como se todo o trabalho difícil do feminismo não tivesse acabado com uma explosão ou mesmo uma lamúria, mas com um elegante e leve sorriso das esposas no filme *Mulheres Perfeitas*. Por outro lado, se enxergarmos a pesquisa que mostra a satisfação com a vida como um resultado direto de expectativas realistas, então o prognóstico para a geração em desenvolvimento é claramente positivo.

Como uma mulher que se tornou adulta no auge do feminismo dos anos 1970, devo confessar que luto com o conceito de objetivo alcançável. Parece ignóbil querer pouco. Lembra aquela frase de Browning? "O alcance de uma mulher deve estar além de seu braço, caso contrário, para que serviria o céu"? Se eu tivesse de bordar um lema para colocar na cabeceira de minha cama – isso se eu tivesse a mínima idéia de como bordar qualquer coisa e, felizmente para nós todas, eu não sei –, escolheria essa frase. Mas estar constantemente tentando alcançar a vida e nunca conseguir é uma ótima visão do inferno. O que as mulheres querem agora está em algum lugar desse meio, eu acho: luta suficiente para dar sentido à vida e repouso suficiente para torná-la prazerosa.

•

O prazer é um daqueles conceitos, como a realização e – posso dizer? – a gratidão, que raramente associamos com a corrente principal do feminismo. Se quisermos manter nossa clientela, isso é algo que precisa ser mudado radicalmente. Já está acontecendo sob alguns aspectos, graças as nossas irmãs da Geração X[1] que nos lembram que nossos corpos têm o mesmo direito à liberdade que nossas mentes têm – que eles são mais do que apenas sacos inconvenientes de protoplasma que levamos conosco.

---

1 Geração X: termo usado para designar as pessoas nascidas nas décadas de 1960 e 1970.

A felicidade humana, como já vimos, está ligada intrinsicamente aos nossos corpos humanos. Usar esses corpos não apenas para o sexo, mas para praticar esportes e atividades é uma maneira vital e óbvia de expressarmos e criarmos o bem-estar. Mas, para a maioria, quando viramos adultas, é como se nossos corpos ficassem como nossos carros: o que esperamos é que eles nos levem aonde precisamos ir sem muito esforço.

Uma das minhas descobertas favoritas em toda a literatura sobre a felicidade é aquela da dança: que a dança não só deixa as pessoas mais felizes do que o dinheiro, o casamento ou uma mudança para Califórnia. Ela deixa as pessoas mais felizes do que qualquer outra coisa. Penso em todas as horas que passei tendo de levar meus filhos às aulas de dança ou de atividades com músicas. O que nossa família realmente precisava era de uma aula de música e movimento para a Mamãe. Não uma aula de "exercício" – com três crianças em fase pré-escolar, fiz muito exercício, pode acreditar –, mas uma aula de descontração: uma aula de dança de salão, digo, de salsa.

Hoje, se tivesse de fazer tudo outra vez, deixaria de lado as aulas de Pilates pós-parto. Faria aulas de dança do ventre.

Comer é, com certeza, outro dos prazeres mais básicos da vida do qual as mulheres se privam. Quando o assunto é comida, somos facilitadoras clássicas: permitimos que os outros se regalem e sentimos o prazer por simbiose, em segunda mão. Fazer bons pratos é uma obsessão para muitas de nós, mas experimentar esses pratos – que dirá saboreá-los – está fora de questão. As mulheres que se tornam obcecadas por dietas (e, sinceramente, isso é quase uma redundância hoje em dia) não apenas se privam nutricionalmente, mas também sensual e hedonicamente.

Nada me deixa mais pessimista em relação ao futuro do que ver as amigas de minha filha de catorze anos comerem conscientemente suas saladinhas e iogurtes, ou apertarem suas coxas finas referindo-se a elas com um desgostoso: "toda essa banha!". Alguns anos atrás, elas invadiam a cozinha como uma praga de gafanhotos. Agora, parecem um bando de bichos-pau tomando o chá da tarde. Minhas próprias filhas, felizmente, são geneticamente preparadas para devorar a comida como lavradoras.

Rezo para que seja sempre assim. Ser uma verdadeira deusa doméstica é um ato de criação e consumo. Deus bem sabe que não tem nada a ver com servir comida para os outros. Isso é ser uma garçonete doméstica. Há uma grande diferença.

Uma pessoa que se abstém dos prazeres da comida não pode experimentar felicidade duradoura, e não me importa quanto esforço seja necessário para uma pessoa conseguir entrar em calcinhas tamanho P. Uma pessoa que não se entrega aos prazeres do sono está se preparando para o mesmo efeito. Na verdade, uma pesquisa recente revelou que, para as mulheres, poucas horas de sono acabam com a felicidade diária mais do que qualquer outro fator, exceto datas apertadas de entrega de trabalhos. Em um estudo publicado em 2004 na revista *Science*, o humor de novecentas mulheres americanas foi analisado usando-se o Método de Reconstrução do Dia – basicamente, um cálculo de tudo o que elas faziam durante o dia, que era "revivido" no dia seguinte e classificado usando-se medidores de humor que iam de "preocupada" a "irritada" a "amigável e feliz". As atividades menos agradáveis para a maioria das mulheres eram dirigir para o trabalho, o serviço doméstico e encontrar o chefe. As mais agradáveis eram sexo, sair com os amigos e relaxar. De modo bastante interessante, essa pesquisa também revelou que as divorciadas eram um pouco mais felizes durante o dia do que as mulheres casadas... Mas acho que estou saindo do assunto. Eu queria falar mesmo era sobre a descoberta a respeito do sono: de que as mulheres que dormiam mal na noite anterior divertiam-se pouco nas atividades daquele dia – até mesmo nas coisas que elas gostavam de fazer, como assistir à TV e (e isso é realmente extremo) fazer compras.

Para ser clara, o que as mulheres querem é dormir. Mas, para muitas e muitas mulheres, elas não podem dormir – principalmente nos árduos anos de começo de família, quando a gravidez, a amamentação e os hábitos de sono (ou a falta deles) dos filhos pequenos tornam uma noite de sono tão rara quanto uma babá que passe as roupas – ou então que voe. Com que freqüência a simples e pura exaustão esconde-se sob a máscara da depressão – ou até dá início a crises de psicose – entre as jovens mães? Levar uma mulher que não dorme o suficiente para um terapeuta de casais dizendo que existe a suspeita de pouca libido é mais ou menos como levar um alcoólatra para curar seu mau hálito. E em um mundo que exige cada vez mais das mulheres, a queda em nossa qualidade de sono está alcançando proporções de pesadelo. Dizem que Margaret Thatcher se sentia bem dormindo apenas cinco horas por noite, mas sejamos francos: isso não prova que estou certa?

Para o resto de nós, o sono não é um luxo do qual podemos nos abster, como chocolates belgas ou orgasmos simultâneos. É uma necessidade primária. Saber se o casamento, os filhos ou o trabalho tornam as mulheres felizes é uma completa bobagem quando não estamos tendo uma boa oxigenação cerebral.

Fico surpresa ao ver como não valorizamos nossos corpos – e depois nos questionamos por que todas as outras pessoa parecem fazer o mesmo. Mas há outras fontes óbvias de bem-estar feminino que sempre deixamos de observar. A primeira e mais importante delas são as outras mulheres.

A pergunta "O que as mulheres querem umas das outras?" – como mães, filhas, irmãs e amigas – é um assunto quase nunca abordado. Mas, para mim, é um tópico tão confrontante quanto as perguntas mais comuns a respeito do que os homens podem nos dar. Nos últimos cinco anos, aconteceu uma explosão de interesses populares e acadêmicos que um autor chama de "a desumanidade da mulher para com a mulher" e o resto de nós chama de pura maldade.

Não é novidade que as mulheres são capazes de deixar umas às outras arrasadas. Calúnias, insinuações, exclusão, fofocas: nossa virtuosidade nas artes e ciências da maldade é a indesejada barriguinha, ou a celulite, de nossa tão famosa capacidade de cuidar e proteger. E isso também é um dos obstáculos mais teimosos da complitude e do bem-estar feminino.

As mulheres são as protetoras do mundo, e isso é uma fonte de enorme força emocional. Mas nossa capacidade de protegermos a nós mesmas e nossa disposição de receber proteção de nossas irmãs nunca foi tão pouco praticada – ou mais exigida. Apesar de nossas obsessões com nossos parceiros (ou com a falta deles) e com nossos filhos (ou com a falta deles), a pesquisa nos diz que as mulheres têm mais felicidade com suas amizades. Os homens vêm e vão. Os filhos crescem. Mas as amigas de uma mulher, se ela tiver sorte, continuam sendo suas amigas para sempre.

"Todos os homens são irmãos", o poeta nos lembra. (Foi Rilke que disse isso – um homem, se é o que você estava se perguntando.) Se ao menos todas as mulheres fossem amigas... que mundo maravilhosos seria este. Mas no atual momento de confusão de papéis, manter uma amizade entre mulheres é enfrentar alguns desafios. Talvez seja inevitável o fato de que quanto mais opções de vida tenhamos, maior seja nossa insegurança de que o que escolhemos são as coisas "certas", as "melhores". Manter uma atitude de aceitação com aquelas que fizeram outras escolhas pode ser difícil, principalmente quando ficamos pensando em como as coisas poderiam ter sido para nós.

As conseqüências disso tudo para nossas amizades femininas – uma grande fonte potencial de força e apoio – podem ser cruelmente prejudiciais. Em vez de celebrarmos nossas diferenças, e de aprender com elas, estamos mais propensas do que nunca, pelo que parece, a nos fecharmos e sermos mais desconfiadas. Em um mundo perigoso, é compreensível que procuremos segurança social onde possamos encontrá-la, tornando-nos avessas aos riscos mesmo em relação às nossas amizades – ficando com as Pessoas Parecidas Conosco e deixando o resto de lado. É compreensível – mas também é destruidor.

As mulheres precisam de outras mulheres para ter apoio emocional. Nossas amizades umas com as outras não são como aperitivos psicológicos, mas (como dizem nas propagandas de cereais) parte de uma dieta equilibrada. Levar esses relacionamentos tão a sério quanto levamos aqueles geralmente priorizados por nossa sociedade – aqueles que temos com parceiros sexuais e membros de nossas famílias biológicas – merece um lugar próprio na lista de desejos pós-feministas.

•

O ditame da união é um desejo humano que as mulheres aparentam demonstrar com especial intensidade. (Por que é que escutamos tanto sobre o *fight or flight response* [reação física diante de uma situação de estresse, com aumento dos batimentos cardíacos e da pressão arterial] e tão pouco sobre a calma diante dos problemas?) Talvez isso ajude a explicar o papel que a espiritualidade e a religião podem ter em melhorar nosso bem-estar. Em quase todos os estudos sobre a felicidade, as afiliações religiosas e o bem-estar subjetivo estão muito relacionados. Como uma ex-esposa anglicana (não me pergunte nada), que flertou com o Budismo, namorou o Judaísmo e optou por Wicca, acho isso tudo fascinante.

Uma recente pesquisa com 163 mil pessoas em catorze países da Europa revelou que 84% das pessoas religiosas disseram que estavam muito satisfeitas com a vida, em comparação com 77% das não religiosas. Outra pesquisa afirmou que ter crenças firmes, sejam elas religiosas ou não, tem o mesmo efeito. Não é a fé em si que faz a diferença, essa pesquisa sugere, mas a "certeza existencial" – basicamente, acreditar que você tem razão sobre as coisas!

Outros observadores acreditam que as pessoas religiosas são mais felizes pela mesma razão que os membros de clubes esportivos, de associações de animais ou de grupos de apoio a pintores de porcelana o são: porque a afiliação lhes dá apoio social extra e uma sensação clara de que elas pertencem – talvez especialmente dentro daquelas tradições nas quais o conceito das "pessoas escolhidas" assusta. Gostamos de pensar que somos especiais, e a religião nos ajuda a fazer isso. (Minha amiga Chris diz que se afastou da religião presbiteriana quando aprendeu no catecismo que Jesus amava todas as crianças pequenas da mesma maneira. "Ele não tem senso de importância?", ela questionou, com desdém.)

Acredito que é também óbvio que as pessoas religiosas – seja lá como elas podem ser divididas – unam-se na crença de que a vida faz sentido, ou pelo menos elas tem uma certa razão por isso. Talvez ter todas as respostas não seja o principal. Talvez seja apenas a convicção de que há respostas – ou até mesmo a capacidade de cultivar uma dúvida razoável de que deve haver.

Finalmente, freqüentar um culto religioso, além de nos colocar em contato com a comunidade, nos dá mais tempo para ficarmos sozinhos e refletirmos. "Mas a necessidade de ficar sozinho e de envolver os outros é essencial à felicidade humana e à sobrevivência, com exigências igualmente provocantes", escreve a psicóloga Ester Bucholz, autora de *The Call of Solitude*. Em uma sociedade secular, observa Bucholz, corremos o risco de ver os "momentos de lazer" como intromissões improdutivas. Mas do ponto de vista espiritual, as oportunidades de reflexão são uma parte essencial da ação.

Para muitos de nós, estados reflexivos que duram mais do que o amarelo do semáforo são raros, e o mais próximo que chegamos da espiritualidade é quando rezamos para que a faxineira apareça. Com bastante freqüência, cuidamos de nossos espíritos como cuidamos de nossos corpos: sem cuidados e com pressa. Bucholz nota que, ao tratar suas pacientes, ela sempre fica surpresa com as expressões de gratidão das mulheres pelos momentos de lazer: "como presas que receberam a liberdade antes de suas penas terminarem".

Como mulheres, temos um desejo insistente de união e relacionamento. Mas a necessidade de separação também existe. Uma vida sem pausas e paradas, como um parágrafo sem pontuação, deixa você sem fôlego e lutando para alcançar a coerência.

Temos aprendido sobre o tempo "para mim" nos últimos anos, e as revistas estão cheias de conselhos sobre esse assunto – como se um banho de espuma e uma esfoliação fosse toda a manutenção que nossas almas imortais necessitam. Não me entenda mal – eu acho que o mundo seria um lugar melhor se todas nós reservássemos religiosamente uma hora de massagem corporal por semana. Mas a coisa do Day Spa Spirituality (Dia da Espiritualidade no Spa) não nos leva a lugar algum. Se a pesquisa sobre as mulheres e o bem-estar pode ser levada a sério, precisamos de mais "tempo para mim". Precisamos de tempo "Para vós" – a oportunidade de nos libertarmos de nós mesmas.

Para as feministas, a gratidão não tem sido um forte. Bem, e por que seria? A gratidão quase nunca é a resposta emocional recomendada quando você quer gerar mudança, o que provavelmente explica por que conhecemos tão poucos chefes, ativistas ambientais e defensores dos direitos humanos gratos – exagerar uma característica positiva é a melhor estratégia política usada para manter uma situação atual inalterada. Porém, para desafiá-la, precisamos exatamente do contrário.

Não é difícil entender por que o termo "feminista agradecida" parece uma frase de efeito de alguma piada sem graça. Tenho idade suficiente para me lembrar dos debates de TV dos anos 1960 (e seus equivalentes na mesa do jantar em nossa sala de jantar, contando com a participação de meus tios e tias) que traziam as seguintes idéias: "Vocês Mulheres Não Têm Idéia de Como Têm Sorte". Que acusação injusta e ignorante – e que desvio do assunto!

Mas eu acho que sou nova o bastante e, graças às minhas ancestrais feministas, forte o bastante para querer voltar à idéia da gratidão. Para voltar a exigi-la.

A pesquisa deixa claro que a gratidão é o principal componente do bem-estar. Os estudos mostram que as pessoas que, por algum motivo, não têm a capacidade – ou seria o hábito? – de se sentirem gratas, abençoadas ou afortunadas, sofrem mais de ansiedade e estresse, e gozam de menos vitalidade e otimismo do que a população em geral. Experimentos têm mostrado que os universitários que mantêm diários "de agradecimento", por exemplo, gozam de melhor saúde física, são mais otimistas, fazem exercícios com mais freqüência e se dizem mais felizes do que os outros que não têm esse hábito.

(Sem querer deprimi-la, mas os pesquisadores quase sempre citam "a prática freqüente de exercícios" como um notável sinal de bem-estar. Segundo as estatísticas, fazer exercícios três vezes ou mais por semana praticamente é garantia de felicidade. Junte isso a quatro ou mais relações sexuais por semana, e você vai delirar. Mas eu não concordo.)

Os efeitos desse tipo de cultivo de gratidão são tão inesperadamente amplos – e tão bizarramente concretos – que foi praticamente criada uma indústria de gratidão, com provas científicas ou não. Se não acredita em mim, visite o *site* www.gratefulness.org (em inglês) – e não se esqueça de acender uma vela virtual em agradecimento.

Antes, os psicólogos "costumavam ver a gratidão como um pouco mais do que uma questão de ter boas maneiras e se lembrar de dizer 'obrigado'", observa o psicólogo Dan McAdams da Northwestern University.

Hoje, está cada vez mais claro que ser grato lhe dá mais motivos para sentir-se agradecido – incluindo resultados melhores na carreira e nos relacionamentos. Robert Emmons, professor de psicologia da Universidade da Califórnia (Davis) e um guru da gratidão, observa que, apesar de a maioria das pessoas pensar na gratidão como o resultado de momentos positivos, ela também pode estar diretamente ligada com a tragédia e o azar. Um estudo realizado pela pesquisadora da Universidade de Michigan, Barbara Frederickson, por exemplo, conseguiu comparar as emoções das pessoas antes e de-pois do 11 de setembro. (Ela estava estudando isso na época dos ataques.) Apesar de a tragédia ter causado dor, medo e revolta, para muitas pessoas ela também se associou a outras emoções positivas: em especial à gratidão.

Ainda mais interessante é o fato de a gratidão não ser necessariamente uma função da ingenuidade, ou da negação. Pelo contrário, diz o livro *The Progress Paradox* ("O Paradoxo do Progresso"), do autor Gregg Easterbrook:

"As pessoas que demonstram mais gratidão também mos-tram uma consciência maior do lado ruim de suas próprias vidas e da sociedade. Na verdade, uma pesquisa observou que as pessoas agradecidas podem ser um pouco mais propensas ao cinismo do que o resto da população. Mas podem estar cansadas dos problemas da vida e, ainda assim, agradecidas pelas maneiras com que as ações das outras pessoas aliviam seu fardo."

•

Por ser uma pessoa um pouco cínica, fiquei agradecida por aprender isso. Como feminista, senti-me liberta. (Minha geração foi tão pressionada pela culpa que uma pessoa praticamente precisa de permissão para gostar de alguma coisa.)

O que as mulheres querem agora pode ser cultivar nossa gratidão pelo menos com tanta assiduidade quanto reunimos nossas mágoas – não por presunção ou superficialidade, mas porque dá uma sensação boa. E porque a sensação boa faz com que sejamos mais fiéis a nossa essência. Por falar nisso, não estou muito convencida de que manter um "diário de gratidão" seja muito o meu estilo, mas estou pensando em uma "lista de agradecimentos". Sou boa com listas. Elas são tão adoráveis e... curtas.

•

A lenda da Madame Malfadada com a qual este livro começou nos lembra que, até que nós mulheres passemos a nos responsabilizar por nosso próprio bem-estar, sempre viveremos com falsidade, sob uma identidade planejada. Uma mulher se revela – na lenda, quase literalmente – apenas quando consegue ser ela mesma.

Na história, o privilégio da autodeterminação é um presente que o cavaleiro dá – bem paradoxalmente, quando paramos para pensar. Vemos as mesmas contradições na predição do pós-feminismo. "Tudo bem, você é poderosa agora", o mundo diz para as mulheres. "Corra atrás e encontre uma vida, boa menina." Somos agradecidas pelas oportunidades – não me entenda mal. Não as devolveríamos. De jeito nenhum trocaríamos os desafios que vêm pela frente pelas certezas que deixamos para trás. Não faríamos isso nem se pudéssemos (e não podemos). Mas imaginar que a parte difícil acabou, ou que a parte difícil tem de ter acabado... bem, isso sim é uma ilusão.

Como a lenda original conta, assim que a Madame Malfadada recebe o poder de determinar seu destino, não há mais nada para ser decidido. A música surge (assim como, podemos presumir, a paixão de Sir Gawain) e a tela fica escura. Os letreiros sobem. Erros de gravação. O fim. Ei, é um conto de fadas.

Na vida real, em que até as seqüências têm seqüências, as coisas são mais bagunçadas. Na vida real, todas as vezes que um feitiço é quebrado, outro feitiço é feito. É como meu filho me diz sobre jogar Gameboy: "Você não perde. Só passa para o próximo nível".

Winona LaDuke está certa, também, quando observa que neste momento de nossa evolução, as mulheres não só querem uma fatia maior do bolo, mas um bolo diferente. Ela não vai muito longe. Algumas de nós, na verdade, prefeririam o queijo. Ou uma barra de chocolate. Outras, uma salada de espinafre, ou costeletas de cordeiro ao alho. Algumas de nós podem decidir que querem tudo e pagarem o preço com satisfação. Outras enfiariam um dedo em suas gargantas. O ponto é que o feminismo nos levou para a mesa do banquete, mas a refeição que vamos preparar depende de nós.

O que as mulheres sempre quiseram é o que têm agora: o poder de moldar seus destinos. O que querem agora é a sabedoria para usar esse poder, sem culpa nem acusação, para criar vidas mais ricas e satisfatórias. Claro, a vingança pelas injustiças do passado foi um pouco divertida enquanto durou. Mas agora acabou.

Viver bem, minha querida, é mesmo a melhor vingança. Afinal, para que serve a justiça se não for para trazer alegria?